Hiroshi MATSUI

模型のメディア論

時空間を媒介する「モノ」

松井広志

Media Theory and History
of "Mokei" in Japan

Things/Objects Mediate Time and Space

青弓社

模型のメディア論

時空間を媒介する「モノ」

目次

第1部　歴史

第2部　現在

第5章　グローバル化・デジタル化と拡散する模型――148

第3部　理論

終　章　模型のメディア論

装丁——宮田雅子

はじめに

「プラモデルは、ただのプラスチックのかたまりにすぎない」と言われることがある。それは、半分は当たっているかもしれないが、残り半分は間違っている。

私たちがあるモノを作るときのことを考えてみる。例えば、プラモデルを作る場合、人はプラスチックという「モノ」と向き合っているが、同時にそのモノを通して何か別の存在に思いを馳せてもいる。そのとき、プラモデルは、単なるモノではなく、ある種の「メディア」になっていると言える。プラモデル製作とは、常にこうした二重性のなかにある行為である。

しかも、そのあり方はプラモデルにとどまらず、木製や金属製、科学模型からスケールモデル、キャラクターモデルまでを含む「模型」全般についても、モノとメディアの二重性という視点から捉えられるのではないだろうか。これが、本書の出発点となった素朴な疑問だ。

さらに言うならば、こうした「モノがメディアとなる」関係は、模型以外の「モノとメディア」全体にも展開して考えられるのではないだろうか。

序章　模型というモノ／メディア

本書の目的は、モノやメディアという存在のありよう、さらにはそれらが織り成す文化や社会のあり方について再考を促すことである。そのために、「あるモノがどのようにメディアとして形成されるのか」という問いを立てる。先に本書の目的と全体に通底する問題意識について述べたが、以下の部分では、研究の背景や方法などについて順を追って論じていきたい。

1　本書の背景

現代社会の特徴のひとつとして、インターネットとデジタル・テクノロジーの普及に伴う「脱物質化」がしばしば指摘される。(1)これは社会の全域に及ぶ動きであって、日常的なメディア受容でも顕著である。Eメールでの情報伝達、電子ファイルによる音楽聴取といった領域から本格化したデジタル化の流れは、動画投稿サイトでの映像視聴や電子書籍による読書といったかたちで急速に進んでいる。

インターネットを中心とする情報空間では、すべてのメッセージがデジタルデータとして分け隔てなく伝送される。こうした状況では「もはやメディア形式を問う意味を見出せない」ために、マーシャル・マクルーハンによる「メディアはメッセージ」の命題が失効したと言われることもある。(2) また、このような現代社会は、実体や場所をもたないデジタルデータ化された情報それ自体による再創造が可能になった「メタ複製技術時代」だとされる。(3)

さらに、二〇一〇年代に入ってからは、デジタル化がアナログ的な世界と相補的に展開していくという方向の議論も出てきている。例えば、クリス・アンダーソンは、デジタルな「ビットの世界」での変革が、場所やモノが存在する現実の「アトムの世界」に影響を与えることで、メイカーズムーブメントが起こるという。(4) 現代社会がメタ複製技術時代だとしても、物質的なモノの意味は低下するどころか、新たな重要性をもち始めている。

ここでポイントになってくるのが、私たちの日常的な文化を構成する「メディア」との関係である。十九世紀末以来の複製技術の発展に加え、二十世紀を通じての映像メディアの発達、二十一世紀のインターネット化とデジタル化によって、現代社会ではあらゆる文化が「メディア化」されていると言える。(5)

こうしたメディアのあり方をふまえながら、本書でいま改めて「モノ」に注目するのは、現代は「モノ」や「物質性」といった概念への再考を促す局面を迎えてもいるからだ。

先に確認したように、インターネットをはじめとする情報空間のなかでは、個々のメディウムの物質性は意味をなさず、メディア形式は無化しているように見える。だが、そうしたデジタルデータでさえ、私たちは物理的なデバイスを媒介として感受している。

さらに、インターネット空間を離れたメッセージや情報一般について考えると、私たちは今日でも物質的なモノの水準でそれらを受け取っている。たしかに、情報と物体の複合物が複製されていたこれまでの時代とは異なり、メタ複製技術時代には情報そのものが複製されるという状況はある。しかし、だからこそ、顧みられてこなかった「モノ」と「メディア」の関係について根本的に再考することがますます重要になっているのだ。

2　モノとメディア

メディア研究のキーワード辞典では、「medium とはつまるところ何なのかと考えてみると、それは、信号をコミュニケーション手段として移動させるため、二者のあいだを介在する物質[6]」という定義が記されている。この説明では、メディアが物質であることは自明の前提になっている。しかし、物質あるいはモノは、はたしてメディアと「同じ」なのだろうか。もしそうでないとすれば、モノとメディアはどのような関係にあるのだろうか。

科学人類学者・社会学者のブルーノ・ラトゥールは、社会の構成要素であるアクターに「人間」だけでなく「非‐人間」を含んだ「アクターネットワーク理論」を提唱している。そこでは、それぞれのアクターは物質かつ記号として互いにはたらき合い、各アクターの性質は常に他のアクターとの関係によって規定される[7]。また、ビル・ブラウンは、物質そのものである〈モノ〉(thing) と記号化された〈対象〉(object) とを理論的に弁別したうえで、主体 (subject) がある物体へどう関わるかによって、それは〈モノ〉にも〈対象〉にもなるという「モノ理論」(thing theory) を提示している[8]。

現代の社会学やメディア論のこうした知見からは、ある「モノ」がはじめから「メディア」なのではなく、物質的なモノが特定の社会における主体との関係によって、固有の媒介性と物質性をもつ「メディア」として立ち現れてくるという発想が得られる。

ここで、「メディア」と「モノ」という概念について、本書なりの定義をおこなっておきたい。まず、「メディア」は「人と、他の人・モノ・情報とを媒介する、モノあるいは非モノ」とする。ここで非モノも含むのは、(もちろん、現在の社会ではいまだ物理的なデバイスが最終的には要請されているにしても) 非物質的なデジタルデータ自体も、原理的には「メディア」の範疇に入るからだ。実際、前節で確認したように、メディアのデジタル化・非物質化は現在のメディア研究の重要な課題になっている。そのことをふまえて本書では、ひとまずこうした包括的な意味でメディア概念を用いたい。なお、メディアの「媒介する性質」を強調する場合に「媒介性」という表記も使う。

次に、「モノ」を「物質的な実体を備えた立体物」[9]と仮に定義しておく。そのため、いわゆる「二次元」的な領域、例えば映像やウェブ空間で描かれた擬似的な立体物は「モノ」には含まないことにする。比喩的な表現ではない「物質的な実体」が、本書での「モノ」の意味である。さらに、ここでの「モノ」の定義は、「場所」や「空間」といった概念と（関係はするが、相対的には）区別される。確かに、場所や空間の概念は近年のメディア論でしばしば注目されて、関連する研究も蓄積されている。[10]しかし、本書では、物理的なモノ自体を焦点化するために、あえて場所・空間以外の立体物に焦点を当てたい。また、「物質性」という概念は、こうしたモノの物理的・物質的な性質をさす場合に用いる。

これらの定義に基づき、モノがメディアとして形成される様相を明らかにするためには、実際の社会的文脈のなかで、あるモノが特定のメディアとして人々に構想され、受容されてきた具体的な事例の分析が必要になってくる。そうした経験的分析のために、本書は日本社会における「模型」という対象に注目していく。

3 模型という分析対象――「実物との関係」と「物質的なモノ」

では、なぜ他の対象ではなく、模型[11]なのだろうか。

その理由は、模型と〈実物〉との関係にある。現在の日本語辞典で模型という語を引くと、おおむね二つの意味で理解されていることがわかる。例えば、『大辞泉』では、二つの項目に分けられていて、それぞれ「実物の形に似せて作ったもの」と「鋳造のための原型。鋳型」と解説している。また、類語として「雛形」や「ミニチュア」、関連語として「モデル」という外来語を挙げている。[12]

なお、対応する英語に関しては、a model airplane（飛行機模型）、a plastic model（プラスチックモデル）、a life-size model（実物大模型）、a scale model（スケールモデル）というように、模型という語の意味は“model”という単語と重なる部分もある。[13] しかし、人体模型を a lay figure、艦船模型を a miniature ship というように、場合によっては“figure”や“miniature”と対応して模型という言葉が用いられることもあり、一義的に英語に置き換えられない独自の意味をもつ。[14] ここからは、模型が（外来語の model とある程度対応しながらも）固有の対象を分節化する概念であることがわかる。

さらに、模型に含まれている「実物の形に似せて作ったもの」と「鋳造のための原型」という二通りの語義を〈実物〉との関わりで考えると、実に奇妙な事態に気づく。すなわち、前者では〈実物〉が先に存在していて、模型はそれを似せて形にしたものだ。しかし、後者では、複製品である鋳造に先立つ原型が模型となる。このように、模型が〈実物〉の後か前のどちらに作られるのかという点で、模型というモノと〈実物〉とされる対象との間に、異なる前後関係があることがわかる。

以上で確認した言葉の意味からは、「模型」の二つの重要な特徴を導き出すことができる。第一に、「物質的なモノ」であることだ。模型が〈実物〉を模す際には、物理的実体をもつ立体物であることが必要となる。言い換えると、物理的な形として「模す」ことが模型が存立する契機だと考えられる。このことは、物質性を備えた「モノ」の研究事例として適切な対象だということを示している。しかし、この要素だけでは、他のモノを研究対象としてもいいことになる。

そこで重要になってくるのが、第二の、〈実物〉との関係である。そもそも「模する」という行為は、その対象として外部にある何らかの存在を参照しなければ成立しない。重要なのは「模す」対象となる〈実物〉は、模型以前にすでにある存在だけでなく、いまだ存在しないものをも含んでいることだ。前者の場合は〈実物〉が先で模型が後になるが、後者の場合は模型が先で〈実物〉が後になる。この前後関係の二重性が、先に確認した現在の日本語辞典での二つの語義の前提だったと考えられる。このことから、模型は「〈実物〉と私たちをつなぐメディア」だという見方が得られる。

以上をまとめると、物質的なモノであり、〈実物〉を模すメディアであることが、「模型」を分析対象にする理由となる。このような性質をもつために、模型を通してモノとメディアをめぐる問題系について考察できるのである。

例えば、今日の模型ではプラスチックモデルが主流だが、プラスチックという素材が模型に用いられるのは、決して自明なことではない。模型の媒介性をめぐる何らかの変化があったことによって、そこにプラスチックという新材料が取り入れられたと考えられる。また、材料が供給されるためには、物質的・技術的・経済的背景も必要である。このようにして成立したプラスチック製模型は、固有の物質性をもつ。そうしたプラスチックの導入による物質性の変化があると、模型の媒介性もまた以前の材料のときと同じではいられないだろう。これは、プラスチックの導入をめぐってだけ起こった一回限りの出来事ではなく、模型というメディアで幾度も生じてきた事態である。すなわち、模型は、近代化の初期から現在まで、特定の歴史的・社会的背景のなかで物質性と媒介性を変容させてきた。

以上で挙げたプラスチックモデルはひとつの例だが、さまざまな模型についての史的検討によって、冒頭で立てた問いに答えを出していく。

4　先行研究

本節では、日本社会での「模型」をめぐる先行研究を整理しておきたい。

まず、模型を「ホビー」として扱う産業論がある。近年、模型はアニメやマンガ、ゲームの近接領域として理解され、「クール・ジャパン」政策の重要な領域である「ホビー産業」のひとつとして注目されている。こうした背景のなかで、プラモデル産業の研究もおこなわれている[15]。

また、人類学の領域でも関連する研究がある。例えば、川村清志が、『機動戦士ガンダム』のプラモデル、すなわち「ガンプラ」に注目して、ポストモダンにおける人とモノの関係性を考察するために、グローバル化した市場経済やメディア状況を視野に入れた分析をおこなっている[16]。そこでは、記号情報に回収されない「人とモノの関係」がフェティシズムの視点から探求されており、本書に近い問題関心からの研究だと言える。しかし、大きく異なる点が二つある。第一に、「メディア状況」をふまえた分析と主張されてはいるものの、そこでいう「メディア」は雑誌メディアのことであり、具体的には模型雑誌をさす。そして、模型というモノ自体もまた「メディア」であることは等閑視されている。第二に、研究対象がガンプラだけに照準されているので、その前後の模型史をふまえた考察になっていないことである。それに対して本書では、模型という「モノ」自体が「メディア」であると位置付けるとともに、長期的なスパンでこうした「モノとメディア」の関係を捉えていく。

さらに、文化社会学やメディア論の領域に目を向けると、模型と関わる対象についての重要な研究が、少数ではあるが存在してきた。

そのなかでも、辻泉は、近代化以降の日本社会での少年文化を鉄道という対象から詳細に分析した[17]。ここでは、鉄道というメディアに関して、その受容のあり方のひとつとして「模型」が位置付けられている。確かに、鉄道は長期にわたって模型の主要な題材であってきた。そのため辻の研究は、特に戦前期と戦後初期に関して本書と重なる部分も多い。しかし、同時に重要なのは、鉄道ファンの行動には「撮り鉄」や「乗り鉄」といったように、模型とは別の受容もあるという事実である。逆に、模型の側からいうと、戦時下に最も盛んだったのは航空機の模型であり、鉄道はそれに次ぐ題材であった。また、戦後の一九八〇年代には、鉄道やミリタリーものといった現実の存在だけでなく、アニメやマンガといったコンテンツに登場する架空のキャラクターを題材とする模型が主流になった。このように、鉄道と模型では具体的な実践領域で相当に異なる部分がある。これは、交通メディアとしての鉄道が、模型とは別の系譜をもつことによるだろう。
ほかにも、戦記物のマンガなどに見られるミリタリー文化との関わりで模型を論じた坂田謙司による研究がある。坂田は、戦後にブームとなったミリタリー模型を通して、教科書などに見られる公式の戦争をめぐる「知」とは違う、人の死が捨象されたオルタナティブな戦争の「知」が形成されてきたことを論じた。[18]
さらに、溝尻真也による、ラジオ自作の研究も本書と重なる部分がある。そこでは、戦後の科学やラジオに関わる雑誌の分析から、一九五〇年代の「ラジオ自作」が「模型製作」と近接する文化領域だったことを論じている。[19]これらのメディア史研究は、当該時期の「模型」に関わる動向として、本書でも参照していく。

最後に、見田宗介による、模型についての考察を挙げる必要があるだろう。それは、宮沢賢治についての評論のなかで部分的に提示されている。見田によれば、一般的な意味での「標本」は「他のたくさん存在しているものを代表して体現するもの[20]」である。だが、賢治の作品における〈標本〉は、〈化石〉や〈足跡〉のように、「すでにないものを、現にあるものとして現前するもの[21]」であり、「現在（nunc）のなかに永遠を呼び込む様式[22]」である。それに対し〈模型〉は、〈手の中の宇宙〉やレンズのように、「ひとつの局所の中に世界の総体が包摂されうる[23]」ものであり、「この場所（hic）の中に無限をつつみこむ様式[24]」だとされる。見田による以上の考察は、模型をメディアとして捉える際の枠組みになりうる。ただ、ここで示されているのはあくまで模型についての原理的な思考であって、模型の歴史をふまえた経験的な分析ではない。本書では、このような〈模型〉や〈標本〉という理念型が、実際の模型を取り巻く社会的文脈のなかでどのように現れてきたのかを分析していく。

5　メディア考古学という方法

では、模型という対象について、どのように分析していけばいいのだろうか。

同時代の文脈を重要視するメディアやそれをめぐる文化に関する研究は、一九九〇年代以降の「メディア史」の分野で盛んにおこなわれている。佐藤卓己によれば、メディア史という学問領域は新しい歴史社会学であって、あるべき規範を示すジャーナリズム史と実証的な数値で示すマス・コミュニケーション史に対し、業界の外部から批判的に見ていく視点を特徴とする。(25)

その流れのなかで、さらに二〇〇〇年代以降には、「これまで注目されてこなかった連続性と断絶を強調することで、メディア文化とメディア理論から拒絶された歴史に取り組」む「メディア考古学」という研究動向が出てきている。(26)エルキ・フータモがメディア考古学の代表的研究者だが、日本のメディア研究でもこうした視座に基づく歴史研究は盛んになってきている。(27)

メディア考古学はその名のとおり、ミシェル・フーコーの「考古学」(archaeology)を方法論的な基盤にしている。フーコーは、近代的人間観と決別した「知」の考古学をおこなった。(28)考古学は、ある時代に固有の考え方から過去を語るという点で、(歴史の単線的展開を前提にする)進歩主義史観や(思想を下部構造に還元する)唯物史観に対するオルタナティブとして提起された歴史の捉え方である。フーコーによれば、どんな思想にも暗黙の規則が含まれていて、これらの規則が知の及ぶ範囲を限定していることが重視される。そのため、考古学的分析の対象は、個々のテクストではなく、テクストが位置する「遺跡」の全体的な布陣となるのである。

これを批判的に捉える論者も多く、例えばフーコーによる『狂気の歴史』(一九六一年)に対しては、歴史学者から数々の誤認が指摘されてきた。しかし、ガリー・ガッティングによれば、こうした批判は的外れであって、フーコーの方法はひとつでも反例があれば退けられるような一般化をおこなったのではない。考古学は、膨大なデータを全体として実りあるものにし、新たな研究方針を提起するかどうかという点から評価されるべき研究なのである。[29]

また、しばしば誤解されるように、フーコーの方法は「言説」をさまざまな社会的事象の基底とみなす考え方では全くない。フーコー自身が『知の考古学』で明言しているように、「非言説的な領域」(domaines non discursifs) のうえに、言説の編成が分節化されるのである。[30]

前述したメディア考古学は、当時の関心に即して資料を読み解き、ある社会での思考様式を明らかにしようとする思考法を、フーコーの考古学から受け継いでいる。考古学の方法を応用したメディア文化研究は、ある作品や事象をそれが生産された当時の時代背景と対照しながら分析することで、「メディア」や「文化」がどのような社会的文脈のなかで成立したのかを明らかにする。

このようなメディア考古学は、「あるモノが特定のメディアとして形成される」具体的な場面を明らかにするために模型の歴史を分析する本書にとっても、適合的な方法だと考えられる。[31]

6 本書の構成

序章の最後に、本書全体の構成について述べておこう。

第1部「歴史」では、日本社会での模型メディアの考古学的分析をおこなう。

第1章は、日本社会で模型メディアが成立した戦前期、一九三〇年代までを扱う。次に第2章では、総力戦体制に組み入れられた四〇年代の模型について論じる。そして第3章は、戦後すぐから七〇年代までの動きを検討する。[32]

第2部「現在」では、一九八〇年代から現在までの、多元化していく模型のあり方を論じていく。第4章は、〈実物〉の範囲が虚構の対象まで拡大したキャラクターモデルについて、一九八〇年代から九〇年代を中心に扱う。第5章では、二〇〇〇年代以降から一〇年代までの、グローバル化・デジタル化時代における模型の動向を分析する。

第3部「理論」では、前述の模型についての知見をふまえながら、そこから敷衍した「モノとメディア」をめぐる理論的研究をおこなう。より広い視点からモノやメディアについて議論しているので、理論的な指向性が強い読者は第3部から読んでいただきたい。

第6章では、ポピュラー文化での「モノ」の位置を明らかにするために、いくつかの枠組みを整理したうえで、総合的に考察していく。最後の第7章では、現代の先端的なメディア状況を批判的に捉えるための「モノのメディア論」について構想する。

結論部の終章では、第1部から第3部までの各章で明らかにした知見をまとめることによって、序章で立てた問いに答えていく。

注

(1) 例えば、コリン・レンフリューは、今日のコミュニケーションと物質の間にある分離に言及しながら、コミュニケーションがますます有形でなく電子的になっていると述べている(Colin Renfrew, *Figuring It Out*, Thames and Hudson, 2003, pp. 185-186.)。

(2) 丸田一『「場所」論——ウェブのリアリズム、地域のロマンチシズム』(叢書コムニス)、NTT出版、二〇〇八年、一五五—一五九ページ

(3) 遠藤薫は、ヴァルター・ベンヤミンの複製技術論を発展させて、現在を近代初期に大きな変質を見た芸術作品のさ

らなる変容が生じた「メタ複製技術時代」と捉える。すなわち、十九世紀末以降の複製技術は、フィルムに焼き付けられた映像やレコードとしてプレスされた音声のように、実在する物体としての「複製」を可能にする技術であった。それに対して、現在グローバルな空間に広がっているのは、実体や場所をもたない抽象世界での情報自体の再製を可能にする「メタ複製技術」である（遠藤薫『廃墟で歌う天使――ベンヤミン『複製技術時代の芸術作品』を読み直す』〔いま読む！名著〕、現代書館、二〇一三年、八―九ページ）。

（4）メイカーズムーブメントの特徴は、デジタル機械を使ってデザインすること、それらをオンラインのコミュニティーで共有すること、ファイルの標準化によって誰でも自分のデザインを製造業者に作ってもらえるようになったことだとされる。アンダーソンは、こうしたムーブメントが、デジタル経済より大きい経済全体に影響を与えるとする（クリス・アンダーソン『MAKERS――21世紀の産業革命が始まる』関美和訳、ＮＨＫ出版、二〇一二年、一五ページ、三二ページ）。

（5）社会学の領域では、メディアの重要性が増してきたことは繰り返し主張されてきた。それは、電話やテレビ、パソコンなどのメディアが浸透した日常について、吉見俊哉が「メディア時代」と呼んだことに象徴されるだろう（吉見俊哉『メディア時代の文化社会学』新曜社、一九九四年）。

（6）トニー・ベネット／ローレンス・グロスバーグ／メギャン・モリス編『新キーワード辞典――文化と社会を読み解くための語彙集』河野真太郎／秦邦生／大貫隆史訳、ミネルヴァ書房、二〇一一年、三一五ページ

（7）ブルーノ・ラトゥール『科学論の実在――パンドラの希望』川崎勝／平川秀幸訳、産業図書、二〇〇七年、八八―九五ページ

（8）Bill Brown, "Thing Theory", in *Critical Inquiry*, 28(1), 2001.

（9）もちろん、最も広義に「モノ」という概念について考えると、「情報」の対義語としての捉え方もできるだろう。こうした定義を追求するならば、「モノ」は「言語で定義できない余剰」として立ち現れることになる。しかし、そうした定義を採用すると、言葉でおこなう営みである社会学の経験的研究の対象として記述すること自体が難しくなってしまう。そのため、こうした根本的思考をふまえながらも、本書では、私たちが通常の社会生活で「モノ」と言うときの実感にも近い前記の定義を採用した。

(10) 例えば、村田麻里子は、ミュージアムを「人と人、人とモノ、人と社会がさまざまな局面において出会い、せめぎあう空間メディア」として考察している(村田麻里子『思想としてのミュージアム――ものと空間のメディア論』人文書院、二〇一四年、三五ページ)。
(11) ここでの「模型」は、言葉とモノの関係に注目して、〈日本語で「模型」と呼ばれてきたモノ〉と仮に定義しておく。あえてこのように意味を宙吊りにしておくのは、時代ごとの意味やあり方の変遷それ自体を適切に捉えるためである。
(12) 小学館国語辞典編集部『大辞泉(第二版)』小学館、二〇一二年
(13) *Oxford English Dictionary* によれば、model という語の大意として、"Representation of structure", "Type of design", "An object of imitation" が挙げられている (John Simpson, ed., *Oxford English Dictionary (2nd Edition)*, Oxford University Press.Simpson, 1989, pp. 940-942.)。
(14) 実際、model の日本語の直接的な対応語としての「モデル」という言葉は、自然科学に端を発する学術的な概念として社会学でも用いられてきた。例えば『現代社会学事典』では、「モデル」という項目を太郎丸博が執筆し、「現実世界や社会学理論を単純化・明確化・デフォルメすることによって作られた心的構築物で、現実を見るためのアナロジーとして作用するもの」として、「モデルの中核は数式で表現されるのが典型的であるが、プログラミング言語や日常言語で表現される場合もある」(太郎丸博「モデル」、大澤真幸/吉見俊哉/鷲田清一編『現代社会学事典』所収、弘文堂、二〇一二年、一二六一ページ)という説明を与えている。この説明は、「現実」との関係などの点で「模型」と共通する内容も見られる。ただ、ここで中心となっているのは数式やそれをアウトプットした図像やCG(コンピューターグラフィックス)などの、計量モデルや数理モデルを念頭に置いた説明であり、その意味で本書での「模型」とは異なる概念だと言える。
(15) 例えば、尹大栄《ユン・テーヨン》は、日本のマンガやアニメ産業よりもゲーム産業やホビー産業が世界的な競争力をもつことに注目している。そのうえで、ホビー産業の重要な領域として、プラモデル産業の経済的な実態を明らかにしている(尹大栄「プラモデル産業」「地域イノベーション」第四号、法政大学地域研究センター、二〇一一年)。
(16) 川村清志「ガンプラというフェティシズム――モノと物語の相互作用」、田中雅一編『越境するモノ』(「フェティ

シズム研究」第二巻）所収、京都大学学術出版会、二〇一四年
（17）辻泉「鉄道の意味論と〈少年文化〉の変遷――日本社会の近代化とその過去・現在・未来」東京都立大学博士学位請求論文、二〇〇八年、および、辻泉「なぜ鉄道オタクなのか――「想像力」の社会史」、宮台真司監修、辻泉／岡部大介／伊藤瑞子編『オタク的想像力のリミット――〈歴史・空間・交流〉から問う』所収、筑摩書房、二〇一四年。
（18）坂田謙司「プラモデルと戦争の「知」――「死の不在」とかっこよさ」、高井昌吏編『「反戦」と「好戦」のポピュラー・カルチャー――メディア／ジェンダー／ツーリズム』所収、人文書院、二〇一一年。とはいえ、プラモデルで形成された「知」が実際に死を捨象したものだったかどうかについては、留保が必要だろう。例えば、ライターの平野克己は、さまざまなプラモデルを紹介する著書のなかで、「兵器についての興味も知識も人一倍培っていたが、それと同時に間違いなく厭戦家ともなっていった」と述べている。さらに、プラモデルを製作するとともに、「元々戦争の兵器とは殺戮の道具に過ぎない。だからと言って死を前提にした兵器があって良いとは思えない」という意見を表明している（平野克己『もういちど、プラモデル――昭和から平成へ。時代を駆け抜けた全てのプラモデルへ贈る賛歌』ネコ・パブリッシング、二〇一一年、九九―一〇一ページ）。
（19）溝尻真也「ラジオ自作のメディア史――戦前／戦後期日本におけるメディアと技術をめぐる経験の変容」「マス・コミュニケーション研究」第七十六号、日本マス・コミュニケーション学会、二〇一〇年
（20）見田宗介『宮沢賢治――存在の祭りの中へ』（「定本　見田宗介著作集」第九巻）、岩波書店、二〇一二年（初出一九八四年）、二一一ページ
（21）同書二二一ページ
（22）同書三〇ページ
（23）同書三二ページ
（24）同書三〇ページ
（25）佐藤卓己「メディア史の可能性――コミュニケーション研究との間」「ヒューマン・コミュニケーション研究」第四十一号、日本コミュニケーション学会、二〇一三年、七―八ページ
（26）エルキ・フータモ「メディア考古学の考古学」『メディア考古学――過去・現在・未来の対話のために』太田純貴

訳、NTT出版、二〇一五年、八ページ
(27)代表的な研究として、初期映画（長谷正人『映画というテクノロジー経験』〔「視覚文化叢書」第二巻〕、青弓社、二〇一〇年）、テレビコマーシャル（高野光平／難波功士編『テレビ・コマーシャルの考古学――昭和30年代のメディアと文化』世界思想社、二〇一〇年）、「活映」（赤上裕幸『ポスト活字の考古学――「活映」のメディア史1911-1958』柏書房、二〇一三年）、視覚装置（大久保遼『映像のアルケオロジー――視覚理論・光学メディア・映像文化』〔「視覚文化叢書」第四巻〕、青弓社、二〇一五年）、初期テレビジョン（飯田豊『テレビが見世物だったころ――初期テレビジョンの考古学』青弓社、二〇一六年）などがある。
(28)ミシェル・フーコー『知の考古学』慎改康之訳（河出文庫）、河出書房新社、二〇一二年
(29)ガリー・ガッティング『フーコー』井原健一郎訳（一冊でわかる）、岩波書店、二〇〇七年、五七―五八ページ
(30)内田隆三は、フーコーの『監視と処罰』での「刑罰についての言説」と「刑罰の執行装置」を例に挙げることで、言説と非言説的実践の関係について説明している（内田隆三『ミシェル・フーコー――主体の系譜学』〔講談社現代新書〕、講談社、一九九〇年、一六八―一七〇ページ）。すなわち、刑事司法の言説が求めるつぐないや社会化という要請を満たすために、監獄という行刑装置が用いられるのである。
(31)本書の歴史記述で用いる資料の詳細については各章で述べるが、大きくは①模型製品、②模型雑誌、③一般の新聞、④官公庁の統計や通知、⑤業界団体の年鑑、⑥模型メーカーによる社史・解説書などの刊行物、という六つの種類に分けられる。そのなかでも、参照するのが難しいのが①である。重要な一次資料と言える製品化されたモノ自体を体系的に収集している組織は存在しない。企業や博物館やコレクターによって保存されている、残存する貴重な個体によって断片的にその姿をうかがうことができるだけである。また、模型に関する重要な資料である雑誌について、明治初頭から二〇〇〇年代までの長期にわたって通時的に存在する雑誌はない。そのため、比較的短い時期を集中して扱う場合と異なり、例えばある単独の雑誌についての量的な内容分析は、模型の長い歴史を対象とする本書には不適当である。また、特に戦中期では雑誌資料の現物があまり残っておらず、欠号も多い状態である。例えば、戦前・戦中期の代表的な雑誌である「模型」（日光書院）や「模型航空」（毎日新聞社）は、国立国会図書館や大宅壮一文庫には網羅的に収蔵されていない。そのため、個別に残存する号だけを、図書館や個人のコレクターの収蔵から閲覧する

か、あるいは古書店やネットオークションで購入する手順になる。これらの条件から、できるだけ多くの資料を総合的に用いた記述によって、模型のメディア史を浮かび上がらせる手法を取る。

(32) なお、第1部の各章の節構成は、意味をもたせた分け方になっている。各章の第1節は、前の時代からの連続性をふまえながら、模型と関わる当時の社会的文脈や先行研究の所説について概観している。第2節では、科学模型、兵器模型、スケールモデルといった、その時代での画期となった模型のジャンルを見いだし、その形成過程を分析する。第3節では、木製模型、代用材、プラスチックモデルなど、物質性の側面から捉えた模型について、材質や技術、産業、経済といった要素とともに検討する。最後の節では、前記三つの節の知見をまとめながら、それぞれの時期における模型メディアについて小括していく。

*歴史的資料の引用に関しては、読みやすさを考慮して、旧漢字・旧仮名遣いを一部書き改めた。

第1部　歴史

第1章　日本の近代化と科学模型

1　江戸期における模型の起源

近世と近代の連続性

「近代になってすべてが変わった」という歴史認識は、社会学だけでなく、歴史学、思想史など多くの人文学・社会科学分野で過去のものになっている。特に近年、西洋以外の地域の歴史を捉える際に、狭義の（西洋化した）「近代」より以前、つまり広義の近代の前半期をさす「近世」（early modern）との連続性が強調されている。

日本史学では、一九二〇年代に内藤湖南が「それ以前の事は外国の歴史と同じ位にしか感ぜられませぬが、応仁の乱以後は我々の真の身体骨肉に直接触れた歴史」(1)と述べていたように、応仁の乱を画期とした戦国時代以降が近現代に直接的な連続性をもつ時代であると、以前から主張されていた。

近年の歴史研究の成果は、こうした指摘を実証的に裏付けている。歴史学者の尾藤正英は、「近代」が「明治維新以降の「西洋化」された近代」であるのに対し、「近世」は「日本史の固有の発展から生まれた日本的な近代」(2)だと定義している。近世を広義の「近代」であると捉える含意は、「役」や「家」などの概念を中心に、個人の立場を超えた役割意識や社会の規律化といういわゆる「近代化」の特徴の一部が、江戸時代にすでに存在したことにあるという。

また、日本思想史を専門とする田尻祐一郎によれば、江戸期の思想に見られる世俗的な秩序化の背景には、市場を通した商品経済の浸透がある。江戸時代には「あらゆるものが商品とされ市場において流通した。（略）京阪を中心に江戸も加わって、列島を一つにした商品市場が確立[3]」していた。大名たちの江戸への参勤交代もこうした文脈で可能になり、それが市場をより強化して、人・モノ・情報のネットワークを編成していたのだ。

前期近代としての江戸時代の世俗的な秩序化や商品市場の確立といった研究動向をふまえるならば、近代以降に誕生したと思われている「模型」の起源も江戸期にさかのぼれるのではないかという疑問が浮かぶ。本節では、こうした近世の江戸期における模型の起源について確認していきたい。

妖怪玩具と模型の不在

本書に直接的に関係する対象では、香川雅信による妖怪玩具研究[4]とフィギュアをめぐる論考[5]が、近世から近代・現代までの連続性を重視している。香川によれば、江戸時代における貨幣経済と商品経済の浸透によって、都市部を中心に妖怪が、絵双六、カルタ、おもちゃ絵、凧など多種多様に商品化されていた[6]。だが、立体物に関しては例外であり、玩具としての妖怪人形は作られていなかった。それは「人形が質量を持つ立体物であったことに起因している」という。さらに、その理由として、江戸時代には「人間は、人や動物などの形をした立体物に出会ったとき、それをただのモノとは認識せず、生きた人や動物に対するのと同じ認知のメカニズムを働かせてしまう[7]」ことが指摘されている。

つまり、江戸期には、妖怪という人々の想像力を刺激する存在について、それが二次元的な平面物として受容されてはいたけれども、三次元的な立体物としては作られていなかった。ただ、当然ながらあらゆる立体物にそうしたタブーがあったのではない。そもそも、生活財のほとんどは「立体物」である。そのなかで、香川が指摘したのは、「人や動物などの形をした立体物」が特別視されていた事情である。これを本書の言葉で言い換えると、人や動物を模した立体物だけが特に、ある種の「媒介性」を備えている「メディア」として感受されていたということになる。

ここからは、モノとメディアの関係について、「初期近代」である近世から近代への連続性とともに、いわゆる「西洋の衝撃」(the Western Impact)以降の狭義の「近代」との断絶もあることが示唆される。したがって本書では、近世から持続した側面を念頭に置きながらも、近代化を契機として登場する「模型」というモノ/メディアに照準して歴史分析をおこなっていく。そうした作業を通して、三次元的な立体物としての「モノ」がどのように「メディア」となっていくのかという問いに答えるための手がかりを得たい。

模型の起源

前項では、江戸期からの社会的・思想的な連続性、さらに妖怪玩具のような「想像力を刺激するメディア」の流行について概観した。こうした近世におけるある種の「近代」性にもかかわらず、「模型」概念は不在であった。類似の概念として、それ以前には「雛形」という言葉が使われていた。

妖怪玩具とは別に、江戸時代には「雛人形」は一般的な存在であった。縁日や御命日などの露店で売り出されたのを端緒として、商品市場が成熟した江戸中期以降には毎年決まった時期に雛市が立ち、雛仲間という同業組合が生まれるほどになっていた。[8] さらに、複製品としての雛人形を作る型は「雛形(雛型)」と呼ばれた。おそらくその名残で、後に「模型」と呼ばれることになる「科学的な〈実物〉を模すモノ」も、明治初期までは「雛形」という概念で認識されていたと思われる。

例えば、一八七五年の「読売新聞」には、「新発明の船をこしらへるとて此せつ頻りに勉強して居」た結果、「雛形」を作ったとある。[9] また、同時期の「朝日新聞」でも、「梅田停車場の雛形」[10] という用法が見られる。

次節で詳しく述べるように、「模型」という言葉が当時の資料に見いだされるのは一八八〇年前後のことである。あるモノが「模型」として分節化されることは、そのモノが何らかの対象を「模す」媒体として（その概念を用いる主体に）構想されていることを意味するだろう。もちろん、これは「模型」という概念を用いる主体がそうした「メディアの媒介性」を強く意識していることを意味しない。むしろ本書では、社会のなかに「模型」という概念が登場し、あるモノがそのように捉えられることで、（意識的か無意識的かにかかわらず）実質的にある種の媒介性が構想されていることに着目するのである。

では、そうした媒介性を含意した「メディア」としての模型は、いつどのように誕生するのだろうか。次節では、西洋的な「近代化」、すなわち科学技術との関わりのなかで「模型」というあり方が登場する過程について検討していく。

2　近代化と科学模型

模型の誕生

近代化以降の「模型」の位置を鉄道との関係で明確化した先行研究に、序章でも挙げた辻泉による研究がある。これは直接的には鉄道というメディアを通した少年文化の社会学的研究だが、特に戦前期に関しては模型メディアの歴史と大きく重なる。辻によれば、現在まで続く鉄道文化の原点として、戦前期の「模型鉄道」がある。〈実物〉がまずあってそれを模型にする現在の通念に反して、戦前の日本では〈実物〉のあるべき理想として先に模型が作られていた。その背景としては、「日本社会の近代化が後発的なものであり、少なくともある時代までは「発展途上国」であった以上、そもそも鉄道は輸入された模型から始まるしかなかった」[11]ことが指摘されている。そのため、当時の模型は、後の時代に「自由型」（フリーランス）と呼ばれるような、構想から製作までをすべて自分でおこなうタイプが主流だった。

辻による以上の分析は、かなりの説得力をもつ。実際、江戸末期の一八五二年には佐賀藩の中村奇輔らによって汽船や蒸気機関車などの模型が作られたが、こうした模型は「文書による知識から実物製作の橋渡しの過程」[12]だった。また、五三年にロシアのエフィム・プチャーチンが、翌年にアメリカのマシュー・ペリーが蒸気機関車模型を持参していたのに対して、日本で新橋―横浜間に鉄道が開通したのは明治期の七二年である。

しかし、本研究の立場からはいくつか補足すべき点や批判がある。以下、辻による議論には含まれていない、模型の誕生をめぐる三つの点について述べる。

第一に、ペリー来航時の「日本への贈り物」についてである。ペリーの航海記では、一回目の航海時に幕府へ進呈されたのは、「一／四の大きさの機関車、炭水車、客車、レール等一式」とだけ記載されている。つまり、単に縮尺が小さい「本物」の機関車であって、これが日本語の「模型」という概念で捉えられたのは、事後的である可能性が高い。かわりに記述されているのは、「小型機関車の円周軌道を敷設するため平坦な土地を選定し（略）機関車士のゲイとダンビーが管理する小型蒸気機関車、客車、炭水車をそろえた鉄道も、興味をそそる点ではひけをとらなかった」といった、「日本人」が近代科学による文物に興味をもつ様子である。[13]また、その後に続く「間違いなく日本人は（略）非常に模倣が巧みで（略）高度な文明諸国の高尚な原理や裕福な生活は無理だとしても、外国の風俗習慣を比較的容易に取り入れるに違いない」[14]という記述からは、そうした機関車に対して「日本人」が「模す」べきまなざしを注いでいたことが読み取れる。

第二に注意したいのは、「模型」概念が一般化する時期である。国立国会図書館サーチによる検索結果から、データベース上でだけ付与されたキーワードを除くと、[15]書名にはじめて「模型」という言葉が用いられている資料は、一八八〇年の『飯坂十綱橋中野新道模型及請書』である。また、書名には出ていないものの、その前々年と前年に出された『東京大学法理文三学部年報』（東京大学）の本文にも「模型」という言葉が用いられている。

一方、新聞記事でも、同時期に「模型」が用いられるようになった。例えば、『読売新聞』では、七六年に「模型」が紙面にはじめて登場するが、「キコンストレイキ」[16]の言い換えとして用いられている。[17]『朝日新聞』では、八〇年に「淀川流域諸山の砂防及び修河工事の模型」として初登場する。[18] こうした資料からは、「模型」という概念が十九世紀末に一般化し、当初は理工学的文脈の使用が多かったことがわかる。

第三に、本書にとってこれが最も重要だが、模型と実物の前後関係は決して鉄道だけに限定されないことである。むしろ「現在の日本の模型業界のルーツでもあり、その発展を支えて来たもの」[19] は「模型飛行機」だった。実際、日本での初飛行は、一八九一年に二宮忠八が動力にゴム糸、プロペラに竹とんぼを用いて製作した模型飛行機による。[20] それに対して、代々木練兵場で日野熊蔵・徳川好敏両大尉による日本での実物の飛行機による初飛行がおこなわれたのは一九一〇年である。[21] このように、日本では実物の飛行機より先に模型飛行機が空を飛んでいた。したがって、「文書による知識から実物製作の橋渡しの過程」[22] は、鉄道や蒸気船だけではなく、明治に入ってからの飛行機でも成り立つのである。

こうした三つの点をふまえるならば、この時期の模型は、飛行機をはじめとした鉄道、蒸気船、建築物、人体などの多様な題材について、その構造を近代科学的な視点から捉えるための「科学模型」だったことがわかる。

科学模型と未来

日野・徳川両大尉による日本での初飛行は、日露戦争の「勝利」後から続いていた熱気と相まって、新聞を通して広く報じられた。[23] こうした時代背景のなかで、一九一〇年前後の模型業界は「黄金時代」と呼ばれる隆盛を迎える。[24] それに伴って、科学模型に特有の媒介性も確立されていった。

例えば、「東京朝日新聞」の「飛行機熱心の少年」という記事では、次のように述べている。

今年八月の頃軍用気球研究会へ一封の書状舞来り自分は子供の頃より機械好きにて今現に飛行機の模型製作中なるが何卒気球研究会の小使にでも使用されたしと申し込みたる者あり、気球研究会にては又例の発明狂者の類なるべしと考え（略）余り深入りせぬがよからんと其れとなく忠告を与え置きしに（略）再び同人

図1　「少年技師ハンドブック 模型の国工作全集」シリーズの広告
（出典：「読売新聞」1930年9月1日付）

> より気球研究会へ書面来り、（略）飛行機模型は愈完成し成績も我ながら良好と思はるれば貴会に於て何卒審査下されたしと書面に添え四葉の模型写真を送り来れり（略）気球研究会にては最近の会議に於て一応其審査を行ひたるがなにぶん審査の事故実験は為し難きも構造すこぶる精巧にして若し本人の通知の如く飛行し得たるものならば将来有望の飛行機たるを望むるに至れり[25]

ここでは、「少年」が「機械好き」のあまり飛行機模型を作り、それを「審査」してもらうため、写真を気球研究会に送ったことが報じられている。この「少年」は植田庄太郎という二十二歳の男性であって、今日的な言い方では「少年」というより成人した「青年」と言える年齢である。また、「例の発明狂者の類」として理解されていることから、植田氏のような形で模型製作をおこなう人が目立っていたことがわかる。

さらに、先の引用に続く部分では、「研究の動機」として「尋常小学校三年の頃其受持教師より現今欧米の各国では人間が飛ぶと云う事を研究中なりとの話を聞き子供心にも非常に面白く感じたる」と述べている。ここからは、「人間が飛ぶ」という「欧米」の進んだ科学への憧れが、模型製作の原動力になっている様子が読み取れる。
実際、一九一一年の東京国民新聞社主催による模型飛行機競技会や国民新聞模型飛行機競技会、是風会主催の模型飛行競技会をはじめとして、この時期には新聞社や各種団体が主催する模型競技会が数多く開催されている。また、同年には、それまで見られなかった『飛行機模型のつくりかた』（河本清一、南井商店）、一五年には『模型飛行機之研究』（中川健二、日本飛行研究会）などの専門のマニュアル本も出版された。さらに、大阪や名古屋をはじめとした東京以外の都市にも専門の模型店や模型同好会ができた。[26]
その後、第一次世界大戦後になると、模型をめぐるメディア文化はさらに広がりをもつようになる。工作書は引き続き数多く出版されたが、そのなかでも、一九三〇年に出版された「少年技師ハンドブック 模型の国工作全集」シリーズ（誠文堂新光社）は有名である。同書は、「飛行機、飛行船、軍艦、汽車、汽船、自動車、電車その他何でも自由自在に作られる面白い」全集とされていた（図1）。

科学模型と機能

次に、雑誌との関わりでいうと、一九二四年創刊の少年向け科学雑誌「子供の科学」（子供の科学社）に、製作記事が部分的に掲載されていた。また、発行元の子供の科学社は、「模型の国展覧会」という少年向けの模型展覧会を開催していた（図2）。ただ、二〇年代後半までは、模型製作を専門的に扱った雑誌は存在しなかった。

しかし、一九二九年には、日本初の模型専門誌「鉄道」（模型電気鉄道研究会）が発刊された。また三〇年には、大阪にあった朝日屋理科模型店という模型の製造・販売をおこなっていた会社が、さまざまな科学模型の記事を掲載する「科学と模型」（朝日屋理科模型店出版部科学と模型社）を創刊した。さらに、三三年には「鉄道趣味」（鉄道趣味社）、三六年には「模型鉄道」（模型鉄道研究会）といった雑誌の創刊が相次いだ。こうした二〇年代末から三〇年代にかけての模型誌の創刊は、模型製作の広がりを前提としていたのだろう。だが一方で、こうした専門の模型誌は、模型製作の参照点となることで模型メディアのあり方自体を方向付けることにもなったと考え

図2　「模型の国展覧会」の出展物と審査風景
（出典：「子供の科学」1927年11月号、誠文堂子供の科学社、44ページ）

られる。

このうち「科学と模型」誌は、当時から「我が国唯一の模型雑誌[27]」と言われたように、さまざまな題材の模型を扱った総合的な模型雑誌であり、この時代の模型を考えるうえで参考になる資料である。以下では、創刊されて間もない一九三〇年代の同誌から、当時の模型のあり方について検討したい。

まず、「スピード時代に知らねばならぬ流線形の話」という記事では、「鳥類、昆虫類、魚類の中で「ハイスピード」を出すことが出来る者の外形のみに就いて良く視察して見なさい」として、飛行機や飛行船、自動車などが「流線形」である理由を解説している[28]。これは、科学的な性能を実現する目的から、手段としての外形が注目されていることを示す。

さらに、「科学と模型」の創刊二周年号の巻頭言では、次の文章が見られる。

> 文化の歩みは超スピードに進んで行きます。（略）殊に天恵の産物に乏しい我が国は諸君の奮起を希望して居ります。（略）模型は発明の母なりと申します。模型製作に努力せらる内に

何物かを得られる事と思ひます。益々其の道に精進せられ本誌愛読者より第二のエジソンの生まれ出でん事を昭和七年初頭にあたり希望致します。(29)

ここでは、日本が「天恵の産物に乏しい」国であることが自覚され、だからこそ「文化の歩み」に追いつくことが必要であるとされている。そうした状況で、模型製作が重要な「何物かを得」るための手段として位置付けられ、「模型は発明の母なり」と述べられている。「エジソン」が理想とされていることからわかるとおり、ここで得るための「何物か」は科学的な「発明」であった。

さらに、「こんな簡単な事から」という記事では、科学模型の解説のなかで以下の文章が付されている。

今日世上に現はれてゐる、またやがて近き将来に現はれて来るであらう、諸々の機械、装置などは、其根元を導《たず》ねてみると、極めて簡単な吾人が日常接触してゐるほんの茶飯事が、組立てられて出来上つて居るので、何にも驚く程のことはないのである。(30)

図3　飛行機・自動車・蒸気機関車のイラスト
（出典：「科学と模型」1930年4月創刊号、朝日屋理科模型店出版部科学と模型社、表紙）

この記事では、「やがて近き将来に現はれて来る」機械や装置を事前に現実化するのが模型であると考えられている。この時期の模型が媒介した時間的側面は、科学知識を学ぶことによって現実に達成可能な「近き将来」であったのだ。実際、飛行機や自動車、蒸気機関車が描かれた「科学と模型」の表紙は、そうした科学的機能や未来を媒介する模型の

↑ ＥＦ五三型電氣機關車

名古屋市 淺井清

→ 電氣金庫

東京市 伴源市

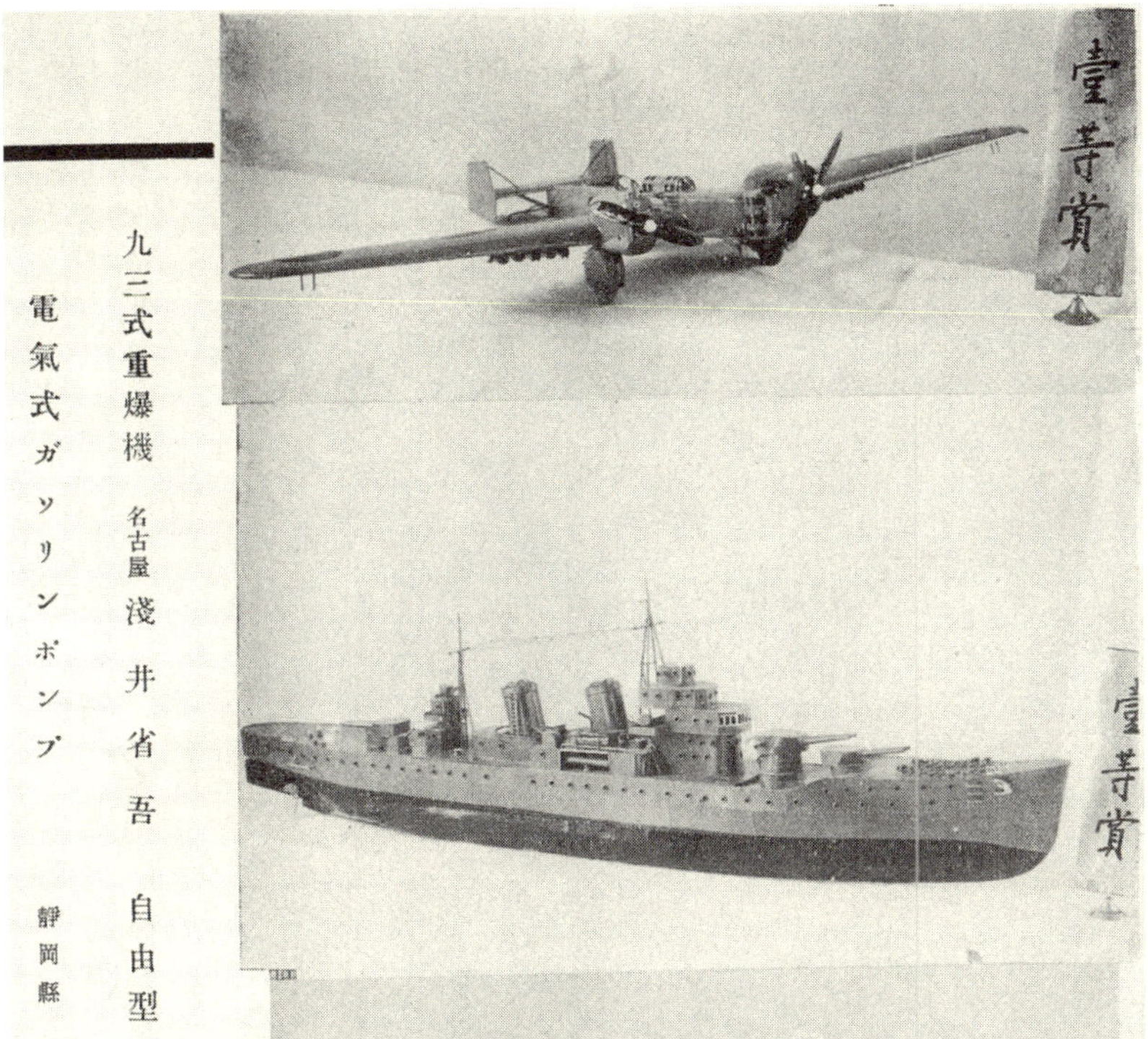

図4　「全国学生科学模型展覧会」の入選作品
（出典：「科学と模型」1937年7月号、朝日屋理科模型店出版部科学と模型社、14―15ページ）

位置を象徴していたと思われる（図3）。

また、戦前期には模型の展示会や競技会がしばしばおこなわれていた。なかでも、一九三三年から大手模型店の朝日屋と科学と模型社によって開催されていた全国学生科学模型展覧会は、前述した同社発行の雑誌「科学と模型」誌上で特集記事が組まれていて、その様子をうかがい知ることが可能である。しかも、展示会の記事は雑誌社の記者や審査員の品評だけでなく、出展者自身による感想文も掲載されていて、そうした面からも模型の受容を捉えることができる（図4）。

実際に、展覧会の審査基準を見ていこう。まず「作品審査報告」で「審査は設計・機構・外観・性能・技術の各項を採点して最も最高点より順位等級を決定[31]」したとある。しかし、これらの要素が同じように重要視されていたわけではなかった。例えば、審査員である李家正武は、特等の第一に選ばれた「電気金庫」という作品を評して「本審査の第一目標の独想力の如何が此出品に於て一層よく表れて[32]」いたと述べている。一方、同じく特等の「蒸気機関車」については、「蒸気機関車の勇壮なタイプを充分表現」しているうえ、「動作機構に於いても蒸気機関車として自動給油装置、汽笛、安全弁、燃焼装置」なども装備しているために、「外観技術共に高得点」だったと評価している[33]。また、続く一等賞については、「自由型軍艦」という作品が「全部自由型、独創的」だったことが評価され、逆に「EF五三形電関」という作品は「実物の通りのスケール」が認められながらも、「一歩進んで独創的装置が欲しかった」ことが特等に入れなかった理由として挙げられている[34]。

では、こうした評価を、製作者である「学生」たちはどのように受け止めていたのだろうか。例えば、特等に選ばれた小川重夫による感想を見ると、誌面の二ページ分が割かれた彼の記述うち、ほとんどが設計の意図とメカニズムの説明になっている。そのうえで最後には、次のように述べている。


設計は約四年前の昭和九年の夏頃に着手しましたが其の頃はまだ適当なる参考書も無く実物に付諸々研究致しました結果、三ヶ月程を要して設計完成致しました。重なる設計の主旨は性能本位に致しましたから完全なアメリカ型では無く、アメリカ型を主とした合註式で特に燃料の燃焼を良くする為火室を充分広くし、発生蒸気量を多くするためボイラーの直径は型の制限がありますので長さを長く致しました。[35]

ここでは、製作の苦労とともに、「アメリカ型」の設計からはじめながらも、そこに独自の改良を加えることで、より進歩した科学的機能を目指したことが読み取れる。こうした姿勢は、感想文中にある「性能本位」という言葉に集約されている。このような資料からは、製作者も審査員と同様に〈機能〉重視の模型観を共有していて、そうした基準を十分に内面化したうえで、実現できる技術を身につけた人が上位の入選を果たしていたことがわかる。

ところで、そうした模型メディアの受容者、つまり模型製作の主体はどのような人々だったのだろうか。

主体としてのエンジニア

前述した江戸期の雛形から科学模型への変遷を考えると、明治期の模型は成人男性が研究する対象であった。例えば、一八八九年には、帝国模型船帆走会員による帆船模型競漕会が築地海軍大学校構内で開催されたという記事が見られる。[36]また、一九一〇年代のブームの際に盛んにおこなわれた模型の競技会や展覧会は大人を対象にした催しだった。[37]さらに、同時期には「贅沢な汽車模型　大人が夢中で遊ぶ[38]」という記事があるように、科学研究の目的を超えて模型で「遊ぶ」主体についても、決して「少年」だけに限定されていたわけではなかった。

しかし、模型の受容者層は徐々に大人から少年たちへと広がっていく。展覧会に関しては、一九二七年の時点で、前述した科学と模型社主催の全国学生科学模型展覧会が、「近頃は少年少女達に科学の事を教える事が盛んにな」ったことを受けて開かれ、この種の試みが「日本で初めて」だったことが、新聞で報じられている。[39]

また、競技会についても、一九二八年に代々木練兵場で開催された、帝国飛行協会主催の全日本少年飛行機競技大会が、「子供の作った模型飛行機を飛ばす会」としては「日本で初めてのこと[40]」だと強調されている。このように二〇年代後半から三〇年代はじめには、模型製作者が大人から少年へと広がっていた。

では、そうした模型製作の主体は、どのような特徴をもつ人々だったのだろうか。そのことが端的に表れている文章が、「科学と模型」の三周年記念号の巻頭言にある。


過去三ヶ年に渉りて数多のエンジニヤーを養成し多大の犠牲を払つて競技会を開催し模型製作の普及を計り我が国科学界の為めに多大の貢献を為せるは今更申上ぐるまでも御座いません。(略)科学の歩みは年と共に早くなつて参ります。科学研究の第一歩模型製作に励まれん事を望みます。(41)


ここでは、(模型製作者を呼ぶ際に現在使われる「モデラー」ではなく)「エンジニヤー」という概念で製作の主体が表現されている。メディアの媒介性と受け手のあり方は相互に関係するから、エンジニアとしての模型製作の主体は、前述した「やがて近き将来に現はれて来る」科学的な「何か」を「発明」する模型メディアのあり方と密接不可分だと考えられる。

そのなかでも、特に「少年技師」と呼ばれた青少年層は、模型製作の理念的な主体と考えられるようになった。辻泉によれば、鉄道模型のマニュアル本では、「少年技師」という言い方が広く用いられていたという。(42)同時に、例えば「少年技師必読の知識 発明の仕方と特許の取り方(43)」といったように、鉄道以外の模型でもこの呼び方は見られる。

それでは、模型主体が「少年」に照準されていく背景には、どういう事情があったのだろうか。模型は第一次世界大戦後に文化としての広がりをもつとともに、戦間期には公権力からもプロパガンダ的な意味合いをもつ「媒体」として注目されることになる。そうした位置付けが端的に表れているのが、官界から模型業界への批判である。当時の官界からの批判は、模型が学校教育や航空界と縁遠くなり、「少年たち」の射幸心をあおるだけになっているという内容だった。(44)注目すべきは、それに続けて「模型飛行機をひとつの啓蒙媒体にして、一般への認識を深めていこう」[45]という主張が展開されていたことである。当時の模型業界にとっても、官界が示唆した方向性に動くことは、「少年」たちへのより一層の模型製作の広がりにつながると期待されたため、決して不利益になることではなかったのだろう。

こうした流れのなかで、前述した模型飛行機競技会や全国模型電気機関車展覧会及競技会、模型モーターボート競技会などの一般向けの大会に加えて、科学と模型社が主催する全国学生科学模型展覧会をはじめとした「少年」に照準した模型関係の大会が、新聞・雑誌社や官公庁、市町村によって開催された。こうした「少年」への注視は、次章で述べる一九四〇年代の模型航空教育へと展開していくことになる。

本節では、戦前期に主流だった科学模型を中心として、当時の模型の媒介性について分析してきた。では、当時の模型はそもそもどういう材料で作られ、どのような生産体制のもとにあったのだろうか。次節では、一九三〇年代までの模型メディアの物質性について検討していく。

3　木製・金属製模型と工業化

模型の材料と産業

日本での模型店の始まりは、アメリカ合衆国から模型飛行機を持ち帰った外国航路の船員が一九〇八年にその材料を売った店である。[46]やがて、前節で述べた模型製作の広がりとともに、模型をめぐる産業も形成されていく。一九一一年には、東京府だけでなく、大阪・京都・神戸などの関西、さらに名古屋や九州、四国にも模型飛行機を販売する専門の業者ができていたという。[47]

その後、第一次世界大戦前後に模型業界は一時閑散とするが、一九二〇年代にはアメリカやヨーロッパなど海外への輸出も広くおこなわれるようになった。[48]さらに、「工場統計表」（農商務省統計課）に一九年から「玩具類」の下位分類として「木製」「金属製」の項目が設定された。[49] ここから、戦間期には工業的な分類項が立てられるほどの一定量以上の「玩具類」の生産がおこなわれていたことがわかる。

こうした工業的分類と本書での「模型」がどの程度対応しているのかを実証的に明らかにするのは難しいが、前節で挙げた模型誌やマニュアル本の製作法を見るかぎり、この時代の模型の材料は、模型飛行機については木材が主たる材料であって、他に竹、紙、針金が比較的多く使われていた。また、模型鉄道は、金属製が多く、部分的に木やその他の材料が用いられていた。

そのため、模型産業としては、木製模型では江戸期以来の木材加工技術が蓄積されていた静岡と、金属製模型では工業化を担う生産組織を発達させてきた東京が重要な生産地だったと考えられる。以下、木製模型と静岡、金属製と東京に分けてそれぞれの模型の材料面と産業について検討することによって、戦前期の模型の物質性を考える手がかりとしたい。

木製模型と静岡の木材産業

静岡は江戸期から木材産業が発達してきたが、その自然条件的な背景には富士山麓の豊かな森林資源があるとされる。[50] また、近世以降の要因については、徳川家発祥の地であったことが関係している。安土桃山時代には徳川家康による駿府城の造営があり、さらに江戸期に入ってからは徳川家のゆかりの神社である駿河の浅間神社が二度にわたって大造営された。この際に、全国から集められた木工職人が、造営終了後も静岡に住み着き、家具や仏壇、雛人形などの木工産業を発展させていった。これが、現在静岡が「模型発祥の地」とされるゆえんである。[51]

こうした技術的・産業的蓄積が近代以降に生まれた模型というメディアに結実していく。その典型的な事例が、現在まで中堅模型メーカーとして続く青島文化教材社の前身、青島飛行機研究所の設立である。創業者の青島次郎はもともと静岡の建具屋の奉公人だった。前節で述べた一九一〇年の実物の飛行機の日本初飛行に刺激された青島は、それまで奉公に入っていた建具屋を辞め、工員として伊藤飛行機研究所に入所した。当時は実物の飛行機自体、機体が木材で作られていて、大工や建具屋が建造や整備をおこなうのは常識的なことだった。その勤務のなかで青島は、飛行機操縦士の免許を取得し、二四年に独立して青島飛行機研究所を設立した。地元の有力紙「静岡新報」の告知もあって、青島による初の飛行には一万五千人の観衆が訪れたという。しかしその後、彼自身の飛行機事故をきっかけに、青島は実物の飛行機から模型の飛行機に関心を移す。そして、三二年に模型飛行機を販売する「青島模型飛行機」を設立し、後に製造もおこなうようになった(52)。

ここからは、当時の実物と模型の飛行機が非常に近い位置にあるとともに、両者の主たる材料が木材であって、製作技術も共通点を有していたことがわかる。つまり、木製という材料に由来する物質的側面が、前節で見たような科学模型というジャンルと密接に関わっていたのである(図5)。

また、こうした模型の基盤となった木材という素材やその加工技術は、城郭から雛人形までを作り上げていた江戸期以来の発展のうえに成立していた。その意味で、当時の模型の物質性は過去(近世)から未来(近代)へと連続していて、「進歩していく未来」という同時期の模型の媒介性とも結び付きやすい状況にあったと考えられる。このことからは、模型のなかで、木材という素材やその加工をめぐる「物質性」と、来るべき近代の科学を実現する「媒介性」が不可分な関係をもっていたことが示唆される。

金属製玩具と工業化

一方、鉄道や自動車などの模型は金属で作られることが多く、近代化に伴う東京の都市部を中心とする地域で発達した。

日本近代経済史を専門とする谷本雅之は、戦間期日本の玩具工業が工業化を担う分散型生産組織の典型であると述べている。近代日本の産業は、いわゆる「問屋制家内工業」などの分散型の生産組織によって発展してきたが、そのひとつに金属加工を中心とする都市部の玩具産業があった。戦間期の都市部で、分散型生産組織による

一體《たい》どんな艦《ふね》かと申しますと、魚雷《ぎよらい》を主要兵器《へいき》とする小型高速艦艇《かうそくかんてい》の一種で三三乃至四五節《のつと》といふ速力を有し排水量《はいすいれう》は大は二千噸から小は五六百噸迄《まで》あります。我が海軍では一千噸《とん》以上を一等《とう》それ以下を二等驅《く》逐艦《ちくかん》として區分《くぶん》されて居ります

何と言《い》つても驅逐艦はあの物凄《ものすご》い魚形水雷の威力《いりよく》を以て大型の艦船近く肉迫《にくはく》し自身は捨身《すてみ》の行動を取つて大浮城《だいふぜう》たる戰艦、航空母艦等《かうくうぼかんなど》を撃沈したり、艦隊《かんたい》の行動を隱匿《いんとく》する爲に煙幕《えんまく》を張《は》つたり其の他種々《しゆぐ》の働きを致します。僅《わづ》か百米餘の小《ちひ》さい艦《かん》ではありますが、その威力《いりよく》たるや實に驚異《けうい》的《てき》なものが見られませう。

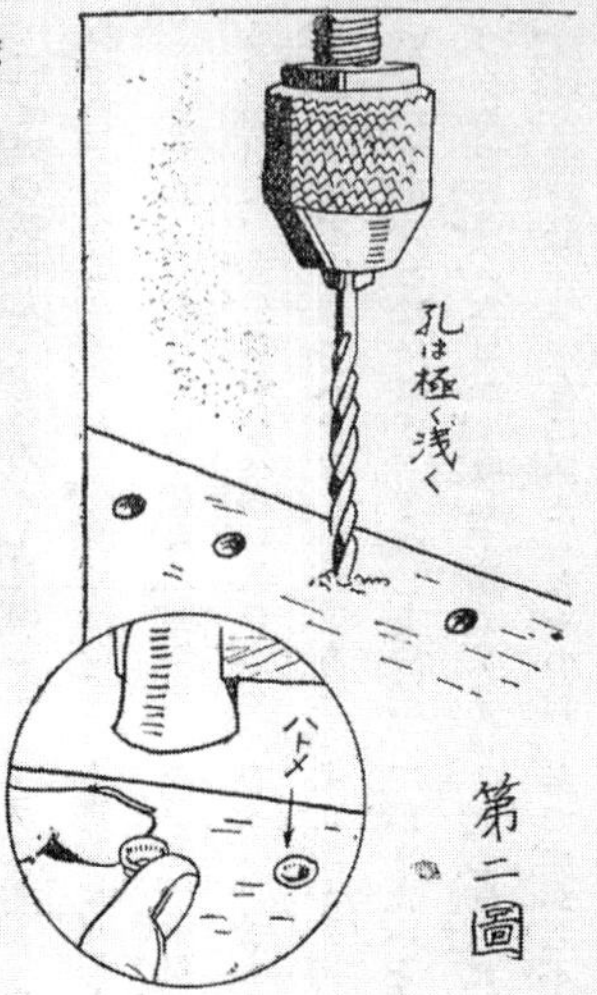

第二圖

三、船體

では之から製作《せいさく》を始めますが附錄《ふろく》設計圖を自分の作《つく》らうと思ふ大きさに擴大致《くわくだいいた》します。大體《だいたい》三倍以上が工作し易《やす》く私のも一米三十糎《せんち》位です。設計圖の擴大《くわくだい》は大變面倒《めんどう》な様ですが、その方《はう》が製作するに便利で且正確《かつせいかく》に出來ます。

第一圖は船體《せんたい》の分解圖で大體《だいたい》どの様に作つて行くかゞお分《わか》りになるでせう。甲《かん》板《ぱん》は四粍厚位の檜板《ひのきいた》が一番よい様です。

船體としては紅松等《べにまつなど》が細工し易《やす》く朴材等よりは安價《あんか》な事と思ひますが勿論《もちろん》他の木材でも結構《けつこう》です。

先づ始《はじ》めに薄《うす》い檜板で甲板《かんぱん》を作ります

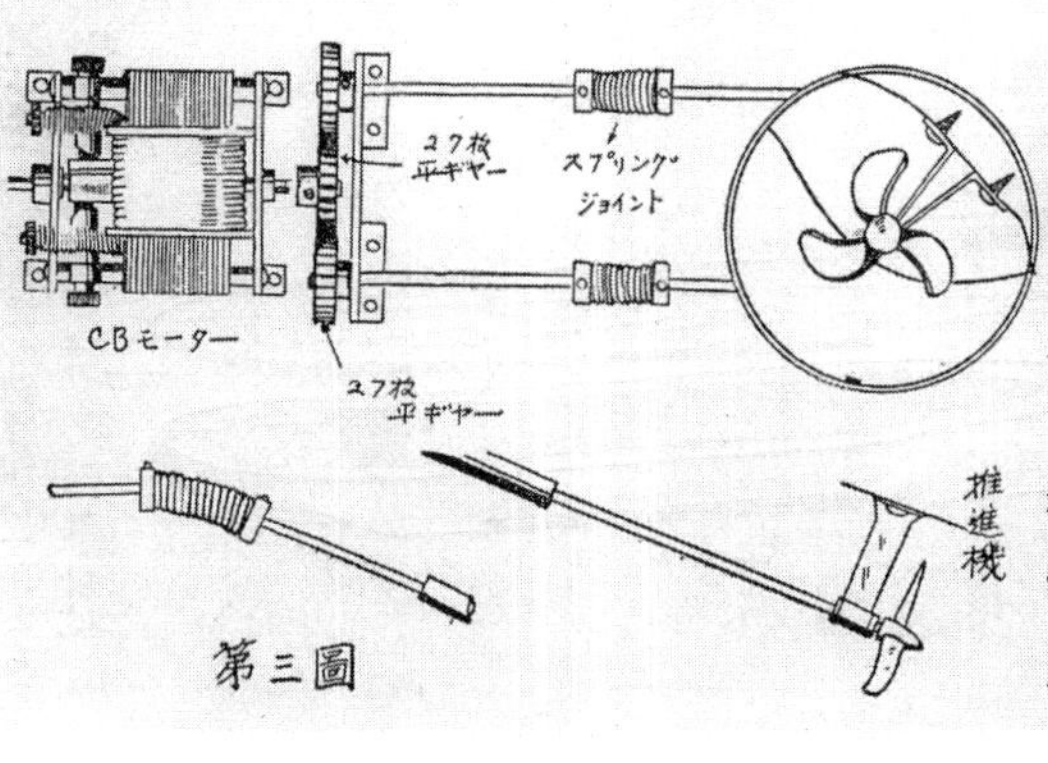

第三圖

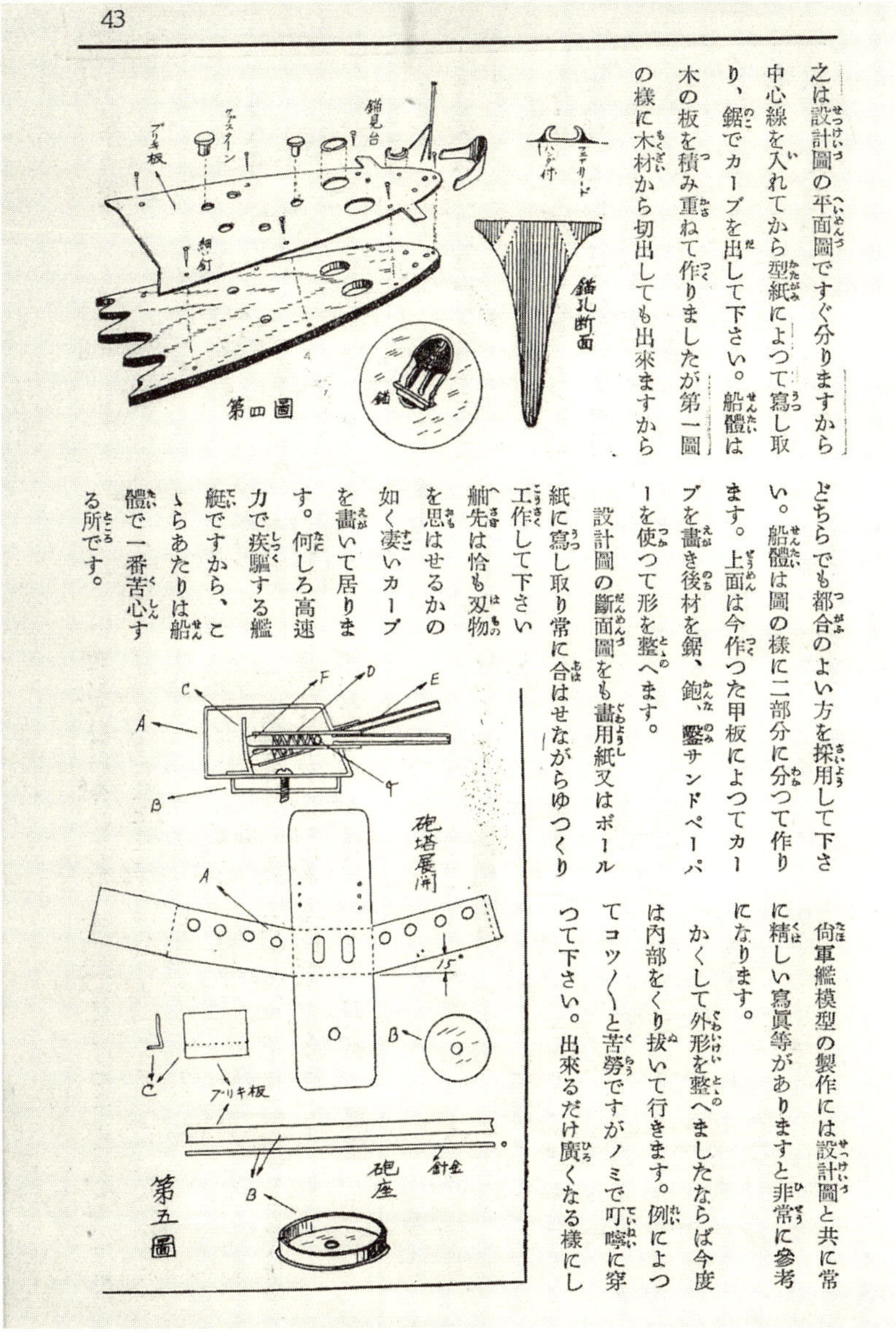
43

之は設計圖《せつけいづ》の平面圖《へいめんづ》ですぐ分りますから中心線を入《い》れてから型紙《かたがみ》によつて寫《うつ》し取り、鋸《のこ》でカーブを出《だ》して下さい。船體《せんたい》は木の板を積《つ》み重《かさ》ねて作《つく》りましたが第一圖の様に木材《もくざい》から切出しても出來ますから

どちらでも都合《つがふ》のよい方を採用《さいよう》して下さい。船體《せんたい》は圖の様に二部分に分《わ》つて作ります。上面《じやうめん》は今作《つく》つた甲板によつてカーブを書《か》き後材《のち》を鋸、鉋《かんな》、鑿《のみ》サンドペーパーを使《つか》つて形を整《とゝの》へます。

設計圖の斷面圖《だんめんづ》をも畫用紙《ぐわようし》又はボール紙に寫《うつ》し取り常に合《あは》はせながらゆつくり工作《こうさく》して下さい

舳先《へさき》は恰も刄物《はもの》を思《おも》はせるかの如く凄《すご》いカーブを書《か》いて居ります。何《なに》しろ高速力で疾驅《しつく》する艦艇《てい》ですから、こゝらあたりは船《せん》體《たい》で一番苦心《くしん》する所《ところ》です。

尚《なほ》軍艦模型の製作には設計圖《せつけいづ》と共に常に精《くは》しい寫眞等がありますと非常《ひじやう》に參考になります。

かくして外形《ぐわいけい》を整《とゝの》へましたならば今度は内部をくり抜《ぬ》いて行きます。例《れい》によつてコツ〳〵と苦勞《くらう》ですがノミで叮嚀《ていねい》に穿つて下さい。出來るだけ廣《ひろ》くなる様にし

図5　模型製作に必要な木材加工の説明
（出典：「科学と模型」1937年8月号、朝日屋理科模型店出版部科学と模型社、42―43ページ）

玩具生産が展開した背景には、農村の過剰人口の吸収、多品種生産をおこなう必要による小規模組織の維持と、輸出市場と関わる殖産興業といった多様な理由がある。[53]

第1節で確認したように、近世にはすでに玩具の商品市場は存在したが、明治初期の一八八七年に東京玩物雛人形問屋組合が成立してからも「玩具」の中心は雛人形だった。それに対し、第一次世界大戦後に東京で本格化した玩具生産は、金属製・セルロイド製・ゴム製の玩具だった。実際、金属製・セルロイド製を中心とした東京府の玩具生産は、一九二〇年代に増加し、昭和恐慌期の停滞を経て三〇年代にさらに急成長している。

模型のうち「模型鉄道」は金属製の部品が多いため、工業的な「金属製玩具」カテゴリーとある程度は重なっていると思われる。[54]なお、一九三七年をピークとして三八年からは特に金属玩具の生産量が急落しているが、これは谷本が指摘する戦時経済下の軍需物資との素材競合[55]という一般の社会情勢に加えて、模型業界の個別的事情としては、次章で述べる鉄道模型の禁止によって金属製模型を扱っていた業者が廃業したことが関係しているだろう。

また、戦間期の金属製模型の普及には、工作面での変化も関わっていると思われる。一九二三年には、今村善次郎が日本初の化学接着剤セメダインAを発売した。セメダインによって、模型製作は飛躍的に容易になった。それまで模型製作の接着作業には、高価なイギリス製のメンダインやアメリカ製のセナシチンなどの輸入品がなければ、木製模型には飯粒を練りつぶして作った糊である「そくい」が用いられ、金属製ならハンダ付けがおこなわれていた。そのため、国産の安価な接着剤であるセメダインの登場は、画期的なことだった。こうした技術的展開が、戦間期の模型製作の広がりの前提のひとつとなっていたのである。その後、今村が設立した今村化学研究所は模型競技大会を運営するなど模型業界との関わりを深めるが、その背景には模型製作実践と接着剤の結び付きがあった。

さて、本節で論じてきた木製や金属製の模型は、その後消え去ったわけではなく、少しずつその物質性を変えながら現在まで連続している。例えば、尹大栄によれば、現在の日本のプラモデル業界の形成には、木製飛行機を手がけていた静岡のメーカーと、玩具を中心に生産してきた東京の玩具メーカーの二つの流れがあるという[56]。この二つの流れの淵源こそ、本節で概観してきた戦前期の木製模型と金属製玩具だと考えられる。

また、現在では、経済産業省の工業統計調査で「プラスチックモデルキット」が「がん具」のなかに分類されていることに対して、「しっくりこない」という感覚をもつモデラーが多いとされる[57]。しかし、この「しっくりこな」さにもかかわらず、「がん具」に「プラスチックモデルキット」という模型が組み入れられているのは、戦前期の農商務省「工場統計」時代の分類に由来している。「玩具」の項目が工場統計調査に追加された一九一九年は、模型飛行機がブームであったと同時に、都心部で分散型の玩具工業が盛んになっていた時期だった。この時期には、いまだ「玩具」と「模型」の両者が社会のなかで明確に分節化されていなかったのである。

4　未来の機能を実現するメディア

第1章の最後となる本節では、以上三つの節で述べてきた戦前期の模型のあり方を、メディアの媒介性と物質性という視点から小括していきたい。

まず、「模型」という概念は、近代化を背景にした「科学」と強く結び付いていた。こうした科学模型では、いまだ存在しない未来の時間的位相にある〈実物〉を試作品として形にすることが目指された。したがって、近代化に伴って出現した日本の模型は、進歩している西洋の科学を現実化するための手段であり、未来を媒介する時間のメディアだったと言える。

次に、一九三〇年代までの模型では、外見的な形状に対する科学的な機能の優位が前提となっていた。ただ、形状への言及が全く出てこないわけではない。しかし、当時の模型はあくまで科学に基づく機能を実現することが第一義となっていたことを、展覧会の評価基準などから検討してきた。そのため、模型が媒介していた〈実物〉の空間的位相は、外観の物理的形状ではなく、中身の機能だったと考えられる。

以上のように、明治から一九三〇年代の戦前期の模型は、近代化のなかで科学と強く結び付いたメディアとして誕生した。また、こうした科学模型は、江戸期から連続的に発展した加工技術と産業、さらに明治期以降の工業化に伴って展開した分散型生産組織に支えられて、木製模型や金属製模型としての物質性を成立させていた。

この時代の模型が媒介する対象は、近代化の理想と関係する未来および、科学の機能である。すなわち、木製や金属製の「科学模型」が中心だった一九三〇年代までの戦前期の模型は、〈未来の機能を実現するメディア〉と総括できる。

未来への私たちの想像力に関して、社会学者の若林幹夫は、「未来の時間」が「場所」のように想定されていることに注目したうえで、そこでは時間が「空間化」されていると述べている。[58] なぜなら、「私たちが見たり、聞いたり、触ったり、嗅いだり、味わったりできるのは、現在ここにある事物だけ[59]」だからである。

こうした指摘をふまえると、時間的な未来の媒介性と、どちらかというと空間的な要素であるモノの機能とは、それぞれ別個の性質なのではなく、密接不可分に結び付いていると言える。これは、以降の時代の模型メディアを考えるときにも重要な論点になるだろう。

では、このような模型は、戦争が激化する時期に入ると、媒介性と物質性をどのように変容させていくのだろうか。次の章では、一九四〇年代の模型メディアについて分析していく。

注

(1) 内藤湖南「応仁の乱について」『東洋文化史』(中公クラシックス)、中央公論新社、二〇〇四年(原著・一九二一年)、六二ページ
(2) 尾藤正英『江戸時代とはなにか——日本史上の近世と近代』(岩波現代文庫)、岩波書店、二〇〇六年、viiiページ

(3) 田尻祐一郎『江戸の思想史――人物・方法・連環』(中公新書)、中央公論新社、二〇一一年、一四―一五ページ
(4) 香川雅信『江戸の妖怪革命』河出書房新社、二〇〇五年
(5) 香川雅信「妖怪／フィギュア論」「比較日本文化研究」第十五号、比較日本文化研究会、二〇一二年
(6) 前掲『江戸の妖怪革命』第四章
(7) 前掲「妖怪／フィギュア論」一九ページ
(8) 東京玩具人形問屋協同組合七十周年記念事業委員会編『東京玩具人形問屋協同組合七十年史』東京玩具人形問屋協同組合、一九五六年、五―一〇ページ
(9)「読売新聞」一八七五年九月二十二日付
(10)「朝日新聞」一八八〇年十月九日付
(11) 前掲「鉄道の意味論と〈少年文化〉の変遷」一二二ページ
(12) 原田勝正「開国と鉄道」、野田正穂／原田勝正／青木栄一／老川慶喜編『日本の鉄道――成立と展開』(「鉄道史叢書」第二巻)所収、日本経済評論社、一九八六年、五ページ
(13) マシュー・カルブレイス・ペリー『ペリー艦隊日本遠征記』上、オフィス宮崎編訳、加藤祐三／伊藤久子解説、万来舎、二〇〇九年、一七七ページ
(14) 同書一八〇ページ
(15) 例えば、「模型」というキーワード検索には引っかかるものの、実際に本文を確認すると「雛形」という言葉しか用いられていない資料は省いている。
(16) ここでの「キコンストレイキ」は、現代的な表記でいう「キンストレーキ」をさすと思われる。キンストレーキとは、一八二二年にフランスの解剖学者ルイ・トマジェローム・オズーが開発した「紙製の人体解剖模型」のことである。十六世紀に新解剖学が登場して以降、解剖可能な死体は慢性的に不足し、蠟製人体模型は高価なうえに手で触ることができない欠点をもっていた。この問題を解決するものとして登場したのが「分解できる人体全身模型」キンストレーキであった。日本にも彼が製作したキンストレーキ数体が幕末に輸入されたが、明治に入ると国産品も作られた。日本各地の医学校で使われて、明治後期まで日本の医学教育に多大な貢献をしたという(「金沢大学創基

一五〇年記念事業 修復記念・資料館特別展示 キンストレーキ（人体解剖模型）」（http://www.kanazawa-u.ac.jp/kanazawa150/img/kunst.pdf）［アクセス二〇一四年十月二十四日］。

（17）「読売新聞」一八七六年九月二十日付

（18）「朝日新聞」一八八〇年十一月七日付

（19）日本の模型業界七十五年史編集委員会編『日本の模型――業界七十五年史』東京都科学模型教材協同組合、一九八六年、一ページ

（20）同書一二―一三ページ

（21）日本航空協会編『日本航空史　明治・大正篇』日本航空協会、一九五六年、三二―三五ページ

（22）前掲「開国と鉄道」五ページ

（23）少なくとも「東京日日新聞」「東京読売新聞」「東京朝日新聞」の三紙は、一九一〇年十二月二十日付の紙面で前日の日野と徳川による「日本初飛行」を伝えている。

（24）前掲『日本の模型』三一ページ

（25）「東京朝日新聞」一九〇九年十一月二十二日付

（26）前掲『日本の模型』三一―三二ページ

（27）「科学と模型」一九三三年一月号、朝日屋理科模型店出版部科学と模型社、一四ページ

（28）「科学と模型」一九三〇年四月号、朝日屋理科模型店出版部科学と模型社、一四ページ

（29）「科学と模型」一九三二年一月号、朝日屋理科模型店出版部科学と模型社、一九ページ

（30）前掲「科学と模型」一九三〇年四月号、三〇ページ

（31）「科学と模型」一九三七年七月号、朝日屋理科模型店出版部科学と模型社、三九ページ

（32）同誌四〇ページ

（33）同誌四〇―四一ページ

（34）同誌四一ページ

（35）同誌五三ページ

(36)「読売新聞」一九八九年六月二十二日付
(37)展覧会に関しては、前項で検討した全国学生科学模型展覧会のような一九三〇年代の少年を対象とした催しと同様の基準が、先んじて一〇年代の大人向けの展覧会にも見られる。例えば、一二年に東京の芝公園で開催された飛行機模型展覧会への「読売新聞」による批評では、「材料は何も普通の木材金属を用いたるも製作極めて粗笨にして単に形状を損じたる」という形状面の批判だけでなく、「真に斯界に裨補するところあらば第一各部の構造名称を附し物に依ては手若くは其他の方法に依りて操縦又は滑走等の実演までも見せて貰いたし」(「読売新聞」一九一二年一月十八日付)という、展覧会の形式自体がそもそも模型にふさわしくないと言わんばかりの言論が展開されている。こうした批評が成立するほど、〈機能〉重視の模型観が前提となっている証左だろう。
(38)「東京朝日新聞」一九一四年八月十九日付
(39)「読売新聞」一九二七年九月四日付
(40)「読売新聞」一九二八年八月十二日付
(41)前掲「科学と模型」一九三三年一月号、一五ページ
(42)前掲「鉄道の意味論と〈少年文化〉の変遷」三二—三三ページ
(43)前掲「科学と模型」一九三三年一月号、六五ページ
(44)前掲『日本の模型』六二ページ
(45)同書六三ページ
(46)同書一五ページ
(47)同書三〇ページ
(48)戦前期の模型の輸出を直接示すのは難しいが、関連するカテゴリーとして「玩具」の輸出統計がある。このうち「木製」は、本書での木製模型に重なる部分があると思われる。「玩具」は一九三七年の輸出額で一八九六年の百四十倍に達していて、同時期には陶磁器・鉄製品・綿織糸に次いで第四位の重要輸出品であり、輸出先はアメリカ合衆国、イギリス、イギリス領インドが上位三国(地域)だった。また、そのうち「木製」は「玩具」の輸出額の一割強を継続的に占めていた(前掲『東京玩具人形問屋協同組合七十年史』七九—八〇ページ)。

(49) 経済産業省「工業統計アーカイブス」(http://www.meti.go.jp/statistics/tyo/kougyo/archives/index.html)［アクセス二〇一三年五月二十日］による。

(50) 芳賀正之「ホビーのまち静岡 その五〇年」、静岡県文化財団『しずおかホビーは凄い!』(「しずおかの文化新書」第二巻、シリーズ知の産業)所収、静岡県文化財団、二〇一一年、一一ページ

(51) 静岡模型教材協同組合編『静岡模型全史――50人の証言でつづる木製模型からプラモデルの歴史』静岡模型教材協同組合、二〇一一年、二八一ページ

(52) はぬまあん著、スタジオハード編『アオシマプラモの世界』(「超絶プラモ道」第二巻)、竹書房、二〇〇一年、一七八―一七九ページ

(53) 谷本雅之「分散型生産組織の〝新展開〟――戦間期日本の玩具工業」、岡崎哲二編『生産組織の経済史』所収、東京大学出版会、二〇〇五年、二三二―二三三ページ

(54) 反対に、セルロイド製やゴム製玩具は、一九一七年を中心として大正期に流行した「キューピー人形」をはじめとする「人形」というジャンルと重なっていて、当時の人々が認識する「模型」ジャンルには含まれていなかったと考えられる。実際、本書で用いた新聞や雑誌の記事では、こうしたセルロイド製やゴム製玩具ではなく、木製の飛行機や金属製の鉄道玩具などが「模型」として認識されている。

(55) 前掲「分散型生産組織の〝新展開〟」二三四ページ

(56) 前掲『プラモデル産業』一四ページ

(57) 同論文一五ページ

(58) 若林幹夫『未来の社会学』(河出ブックス)、河出書房新社、二〇一四年、一六ページ

(59) 同書二〇―二一ページ

第2章　帝国日本の戦争と兵器模型

1　模型航空教育と啓蒙

総力戦体制論と戦時下のメディア

近年の歴史学では、戦時下の変革が戦後も含めた日本社会の基盤を形成したことが指摘されてきた。この研究動向をふまえて、近年の社会学で「戦争社会学」という新たな研究領域が構想されている。[1]メディア史の領域でも、狭義の政治的制度にとどまらず、新聞やラジオ、映画といったマスメディアの戦争との結び付きが研究されてきた。[2]さらに、広告[3]や漫画映画[4]といったメディア文化領域でも、それぞれの対象を取り巻く制度が編成されるうえで、一九四〇年代の総力戦体制期が決定的な役割を果たしたことが明らかにされている。

以上の研究成果によれば、一九四〇年代の日本は典型的な総力戦体制下にあり、「大東亜共栄圏」の確立というスローガンの下、現在遂行中の戦争のために国力のすべてを投入していた。こうした歴史的背景のなかで、模型もまたモノとしての、さらにメディアとしてのあり方を変えていく。

戦時下の模型と啓蒙

一九三七年からの日中戦争は、北支事変と称された当初の予測を超え、中国全土で長期化していった。こうした背景から、四〇年代には戦前期の模型をめぐる状況は一変する。例えば、この時期に鉄道模型雑誌は同好会誌まで含めて、軍事上の機密からその多くが姿を消していたことが指摘されている(5)。

しかし、鉄道以外の模型にも目を配ると、逆に創刊された模型雑誌があったことがわかる。一九四一年には「模型」という雑誌が日光書院から、四二年には「模型航空」が東京日日新聞社・大阪毎日新聞社から創刊されている。この背景には、二〇年代以来続く航空事業の推進(6)といった新聞社側の事情や、題材としての航空機自体が特に真珠湾攻撃以降の日米戦で軍事的重要性をもっていたこと(7)が挙げられるだろう。とはいえ、これらの点だけでは、国家や新聞社が関わる社会的な航空熱一般を説明することはできても、なぜそれがほかならぬ「模型」という対象に結実していたかを理解することは難しい。

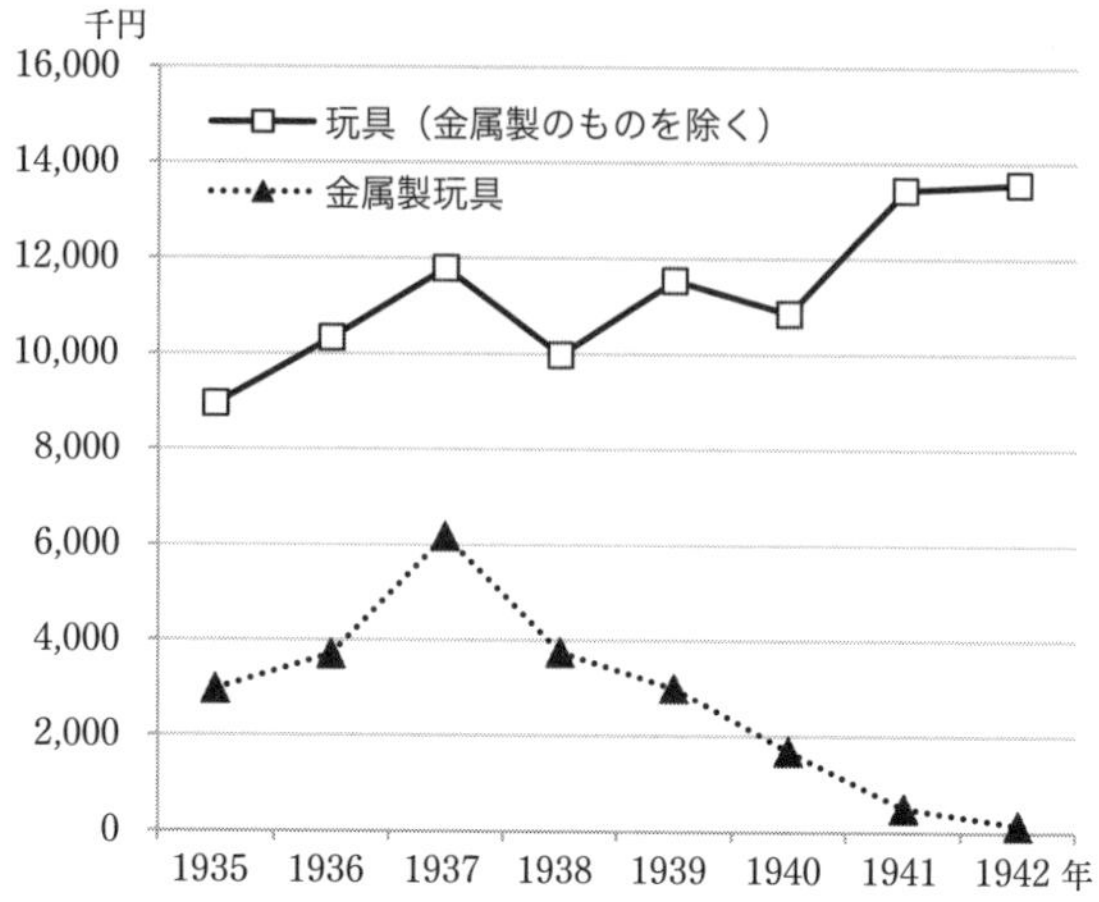

図6　戦時期の「玩具」出荷額
（出典：「工業統計」から筆者作成）

そこで注目されるのが「模型航空教育」という制度である。模型航空教育の内実は次項で述べるが、ここではまず制度化に至る経緯を確認しておく。

前章で述べたように、すでに一九三〇年代には、模型飛行機を「啓蒙媒体」として活用しようとする発想が公権力の側から出ていた。しかし、そうした動きが本格化するのは、三〇年代末からである。三八年の国家総動員法制定以降、日本社会の物質的状況は次第に厳しくなっていた。特に模型業界に関しては、材料が木・竹・紙などに制限されてからは、金属系の材料を使用していた模型鉄道関係の業種が廃業に追いやられた。そのため、模型飛行機を生産していた当時の業界団体が木製の材料も同様に統制されることを危惧し、積極的陳情をおこなうようになったという(8)。

前章で述べたように、「金属製玩具」は一九三七年まで基本的に生産高を増加させ続けていた。しかし、三八年の国家総動員法以降には、「金属製玩具」の出荷額が一貫して低下していることがわかる。だが、さらに注目すべきなのは、そうした金属製玩具とは反対に「玩具（金属製のものを除く）(9)」については逆に増加していることである（図6）。

こうした生産面の変化からは、戦時下では単に模型が消え去ったのではなく、木や紙に素材転換しながら、製作実践自体はおこなわれ続けていたことがわかる。物質的状況の変化が模型の製作実践に及ぼした影響については、後の第3節で詳しく検討していく。

図7　模型航空機教育教程
（出典：文部省編『模型航空機教育教程（試案）』日光書院、1942年、表紙）

模型航空教育の実施

一九四〇年に成立した第二次近衛内閣のスローガンは、文部大臣・橋田邦彦の著書名に基づいた「科学する心」だった。こうした科学的啓蒙の一環として、少年に身近な存在であり、人気を博していた模型飛行機の利用が構想された(10)。その結果が模型航空教育の推進である。

実施に至る経緯を確認していくと、一九三九年には、尋常小学校と高等小学校の正課として模型飛行機製作が採用された。さらに四一年に設置された国民学校では、模型航空教育が芸能科や理数科のなかで、以前より多くの時間を使って積極的に実施されることになった[11]。中心となって推進したのは、文部省の関口隆克らの提唱から設立された模型航空機教育教程編纂委員会である。同委員会での数年前からの審議の結果、四二年に交付されたのが国民学校に対する『模型航空機教育教程』だった(図7)。

　その「本旨」が以下の文章である。

> 国民学校に於ける模型航空機教育の本旨は模型航空機の製作、修理、調整、飛行等を通じ航空に関する知識技能の修練を為さしめ航空思想を涵養し以て国運発展の素地に培ふものとす[12]。

以上の目標を実現するための手引が同教程だった。続く「指導上の方針」では、「航空機の進歩が国運の進展と深き関係を有し、特に国防上重要なる意義を有すること」を前提として、航空機が「自然の理法の推究に基づく科学研究の所産」だと述べている。そのうえで、模型の製作によって「材料および構造に関し、科学的態度をもって研究するの気風を養うべし[13]」という論理が展開された。

　こうした模型教育の実施を支援する目的から、一九四一年、先に確認した雑誌「模型」が文部省内の組織である模型教育研究会の主導で創刊された(図8)。

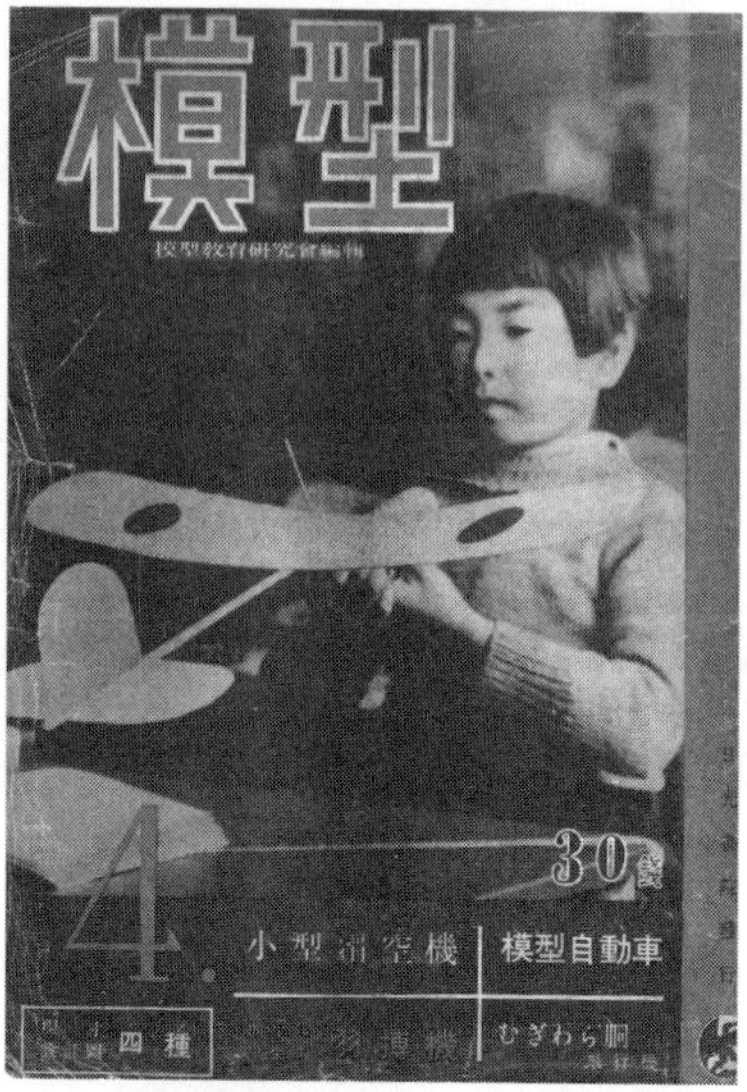

図8　模型航空教育に特化した雑誌
(出典：「模型」1943年4月号、日光書院、表紙)

　関口隆克は創刊の経緯について、「任地に行ってしまってはお互いに音信をする機会もなくなる」多くの教育者に向けて、模型航空機の「研究機関を作ろうと云うことになってこの会が生れ、そして連絡及び研究の舞台として」[14]発刊したと述べている。このような模型教育運動の経緯からは、すでに形成されていた科学と模型の結び付きを前提にして、模型の啓蒙メディアとしての利用がより進められたと考えることができる。

2　兵器模型と戦争

模型と軍事の結び付き

模型教育の運動と並行して、一九四〇年代の模型には、それ以前よりも強い軍事との結び付きが見られるようになる。

戦時下の模型誌について検討すると、まず工学分野の研究者による科学記事という、戦前期からの連続が見られる。例えば、「模型航空」には創刊号から毎号、東京帝国大学助教授・木村秀政による模型をめぐる科学的考察が巻頭に連載されていた。木村は模型教育の具体的な実施にも大きく関わっていて、戦中期におこなわれた学校教員向けの講習会の講師も務めていた人物である。[15]だが、記事の内容からは戦前期とは違った模型についての理解がうかがえる。

模型飛行機を飛ばせて、空高く舞い上がつて行く小さな機影を凝視してゐると、自分の心がそれに乗つて昇つていくやうに感ぜられて、何ともいへず楽しいから不思議である。この楽しさはすべての模型飛行家に共通なものであらうが、日本中の人たちをこの楽しさで捉へてしまふことこそ、我国を世界一の空軍国にするに必要な基礎工事であろうと思ふ。模型航空の指命は、先づ第一にそこにおかれなければならぬと信ずる。

模型飛行機は何といつても性能第一である。性能の悪いものは、どんなに工作が見事であらうが、飛びぶりが美しからうが、本流を歩んでゐるとは云へない。（略）今よりももつともつと性能のよいものを作り、

図9　「模型は兵器だ」
（出典：「模型航空」1943年3月号、毎日新聞社、表紙）

メリケンやソ連の記録を足下に蹂躙することこそ、我が高級模型航空の行くべき本筋であると思ふ。(16)

　木村は、まず「模型飛行家に共通」の「楽しさ」を語っている。だが、その「楽しさで捉へてしまふこと」は、「我国を世界一の空軍国にするに必要な基礎工事」だという。これは、模型航空の楽しみが、日本の軍事を強化するための手段として位置付けられたことを示す。また、続く文章では、模型飛行機は「美しさ」よりも「性能」が「第一」だと述べている。しかし、その「性能のよいものを作」ることも、「記録」上とはいえ「メリケンやソ連」を「足下に蹂躙する」ためだった。

　こうした文章からは、一九三〇年代以前の機能重視は持続しているものの、新たに「日本」や「軍事」といった要素とのつながりも強くなってきたことがわかる。

　さらに戦時期には、国家や軍事的要素をより直接的に模型に見いだそうとする姿勢があった。佐官級や将官級の高位の軍人による記事が、一九四〇年代の模型誌にはしばしば掲載されている。(17)そのなかでも特に、陸軍航空総監の陸軍大将・土肥原賢二による次の文章は、戦時期の模型の位置を端的に示している。

　模型航空の特長は、それ自身青少年の興味の中心であつて、極めて容易に入り得、かつ自然のうちに航空に対する愛着と理解を獲得し得る。（略）従つて、これが正常なる普及と発達によつて国家が得べき便益は誠に期して待つべきものがあり、ひとり陸海空軍のみならず、ひいては大東亜共栄圏建設のためにも極めて大なる寄与をなすものと信ずる。[18]

土肥原は、模型航空が「興味の中心」と航空への「理解」と同時に、直接的には「陸海空軍」、究極的には「大東亜共栄圏建設」のために「寄与」するものだと述べた。ここには、模型航空の大衆的人気と科学の重視という一九三〇年代以前からの連続性もうかがえる。しかし同時に、西洋を理想とした姿勢は消滅し、かわりに軍事的要素や帝国日本が模型と結び付くようになっている。

このような記事から考えると、戦時下の「模型」は、科学を伝える啓蒙メディアや大衆的な人気をもつ娯楽メディアであることを超えて、帝国日本に資する「兵器」の知識を伝えるメディアとなっていた可能性がある。こうした模型の位置を象徴的に示しているのが、図9の「模型航空」の表紙である。ここには「撃ちてし止まむ模型は兵器だ」として、戦時下で形成された「模型＝兵器」という新たなあり方がうかがえる。さらにそれは、次項で述べる「兵器模型」という概念によってはっきりと現されていた。

兵器模型と少国民

軍事と模型の関係は、戦時下に登場した「兵器模型」に結実する。では、兵器模型とは、どういったメディアとして構想されていたのだろうか。

ここで重要なのは、一九四二年には教育学者の横井曹一によって『兵器模型』という工作書が出されていることである（図10）。

横井は小学校教諭を経て高等師範学校教授になった経歴の持ち主だが、教育学の分野では現在でも、大正新教育時代以来の「自由主義」に基づいて生徒の自主性を発揮させる「改革的」な手工教育を推進した人物だとされている。[19] この事実は、同時期に実施された模型航空教育という制度と「兵器模型」というジャンルが密接に関係していたことを示している。その意味で横井による『兵器模型』は、模型航空教育と深く結び付いた「兵器模

図10　兵器模型
（出典：横井曹一『兵器模型——少年科学工作』〔少国民選書〕、文祥堂、1942年、表紙）

型」を理解するうえで、重要な資料となる。

まず、同書の冒頭で、横井は「少国民のみなさん」という表題のもと、こう語りかけていた。

> 皆さんは、誰でも工作は好きでしょう。殊に軍艦や、飛行機や、高射砲のような、勇ましい兵器を作ることは、きつと大好きでしょう。僅かな道具で、いろいろの材料を工夫して、こつこつと根気よく作つて行くその楽しみは！又一つのものが出来上がつた時の愉快さは！本気で工作した人でないと味えない、大きな楽しみですね。[20]
>
> この書物は、大体国民学校の五六年生の方を目標にして書きました。（略）何れも兵器の模型で、皆さんに喜んで作つていただけるものばかりを集めました。[21]

語られたのは、「勇ましい兵器」を題材とする模型製作がみんなの「楽しみ」でありながら、そうして培われた「頭と手の両方」が「皇国の発展」にもつながるという内容だった。[22]こうした言表からは、模型が従来の「科学模型」における科学や工作に加え、軍事や国家といった要素と強く結び付いていたことがわかる。科学と模型の結合自体は、先の雑誌記事とも共通する。しかしここではさらに、「兵器模型」が、戦時下に形成された「少国民」を明確な担い手として想定されていたメディアだったことが読み取れる。

尋常小学校と高等小学校が国民学校に改組されたこの時代の日本は、少年や少女が「少国民」として大人と同様に、軍事教練や勤労奉仕などで戦争に動員された社会であった。こうした少国民に戦争遂行の重要性を啓蒙するために、すでにその魅力が広く認知されていた模型メディアが利用されたのである。

戦時下の模型と現在

さらに同書の中身を分析していくと、そこに掲載されたのは、カタパルト[23]、鉄兜、機関銃、防毒面、高射砲、飛行機、潜水艦、装甲自動車、戦艦、グライダー、モーターボート、戦車、航空母艦などの「模型」の製作法だった。そのうち、「スクリューで走る戦艦の作り方[24]」や「簡単でよく飛ぶ模型飛行機の作り方[25]」などの項目では、科学的な機能が強調されている。

その一方で、新たな模型への理解も見られる。第一に、「スマートな潜水艦の工作[26]」や「勇壮なる戦艦の設計と製作[27]」といった項目からは、外観的な美が求められるようになっている。例えば、製作上の注意が、「実際の戦艦は大変に複雑なものでありますが、要点だけを作つて戦艦らしい特徴を表はすように」や「船の特徴を十分表はすやうに形を作り[28]」といった表現でなされている。もちろん、前章の第2節の「科学模型と機能」の項目で模型展示会の品評について検討したように、戦前期にも外見の仕上げが無視されていたわけではなかった。しかし、戦時中に見られるのは、そうした外観を「勇壮さ」や「本物らしさ」として、より重視する姿勢である。

第二に、「簡単に出来る鉄兜[29]」や「高射砲の設計と製作[30]」といった項目には、これまでの時期に見られなかった「実用性」がある。もちろん、実際の武器や防具よりは簡略化されているものの、鉄兜などは実物のサイズどおりで頭にかぶるために作られている。また、高射砲は当然、実際の戦闘に役立つ性能では到底ないものの、竹と木を砲身の主材料として豆玉を飛ばせる仕様になっている。このように、兵器模型の概念には、ある種の実用性が強く含まれていた。ここからは、戦時下では実物と模型が限りなく近接していたことがわかる。

以上二つの点に共通するのは、〈いま・ここ〉で現実におこなわれている「戦争」との関係である。戦争のリアリティーを媒介するためには、実際の兵器の「勇壮な」外観を伝える必要があり、実際の戦闘での実用性が必須となるからである。こうした模型の媒介性が明確に現れているのは、次の文章である。

今！日本の国には、頭と手の両方がよく利く立派な人が、どんなに沢山あつても足りない時です。どうか全日本の少国民の皆さん！この兵器模型工作によつて、皆さん自身の眼を練り、手を養い、頭を作つて、皇国の発展の為めに、貴い身命を捧げて下さい。(31)

横井による「今！」という表記は、現在という時間を強調したものだ。ここからは、当時の模型製作に、いままさに遂行中の戦争に資することが要求されていたことがわかる。

以上の「兵器模型」の登場と合わせて考えたいのは、模型のなかでもエンジン機やガソリン機が、物質面では最も浪費的であるにもかかわらず重視されていたことである。例えば、「模型航空」一九四四年九月号では「エンジン機研究」という特集を組み、その巻頭記事「ガソリン機設計製作の基礎」では、「ガソリン機は模型の中で最も実物機に近い性質をもつている」ことを強調している。同号の「編集後記」には、次の記述がある。

模型は従来青少年の航空教育の第一階程としての重要性を専ら認められてゐた。然し最近実物機研究に利用しようとする機運が、各方面に高まりつつある。（略）整備員の教育をする場合、ガソリン機を取り扱つた経験のある者は、他の者に比べて訓練時間が半分ですむ。(32)

このように、戦時下では、兵器模型やガソリン機のような「今すぐに役に立つ」実用性をもつ模型が評価されるようになっていた。こうした模型を戦前期の科学模型と比べるならば、来るべき未来の媒介性ではなく、代わって目下遂行中の戦争に関係する「現在」という位相を媒介するようになったと考えられる。

さらに、戦時下の物資不足がきわめて深刻になるにつれて模型の物質性も変わっていくことになる。次節では、そうした状況について検討する。

3　物資不足と代用材

物資不足と模型の物質性

戦争の長期化に伴う物資不足から、模型の材料も変わらざるをえない。例えば、新聞紙上では、「割箸一本、竹ひご約二十糎一本、画用紙四つ切り一枚、糊、糸、針」[33]だけで作れる製作法が紹介されている。このように、太平洋戦争開戦前にはすでに模型飛行機の材料面での「工夫」が広く語られていた。

とはいえ、一九四〇年代初頭までは、木材を中心とする模型航空用の材料に関しては、比較的有利な供給体制のもとにあった。例えば、価格統制令に基づいた四二年の告示では、前述の教程に沿って初等科六学年と高等科二学年の学年別に分けられた「国民学校教材用模型航空機材料」（図11）と、丸竹ひごや木製棒などの材料・形状別に定められた「一般航空機部分品」とが区分されていて、前者は後者より安価に抑えられていた[34]。

しかし、一九四一年の日米戦開戦以降は戦争がさらに激化していき、この時期の模型誌でも「撃ちてし止まむ」といった戦時スローガンが頻出するようになる。例えば、「模型」誌の一九四三年五月号には「航空戦力の増強に邁進せよ　撃ちてし止まむ」という表題の記事が掲載されている。そこでは、まず「敵英米」が「膨大なる物質力を総動員して我国に必死の反攻を企てて来」ている現状と、「敵の頼む物質力」が「その大部分を航空勢力の増強」に向けているという分析を述べている。イギリス・アメリカに対抗するには「航空知識の養と、その理科的知識、工作の技能を養ふ」ことが必要だが、その理由は日本に「資材の不足」という絶対的な状況があるからだとされる[35]。

こうした記事では、前節で論じた「兵器模型」としての理解とともに「資材の不足」という点がそれ以前の時期にも増して強調されていたのである。では、戦時下の物資不足のなかで、模型の物質性はどのように変容したのだろうか。

代用材のブリコラージュ

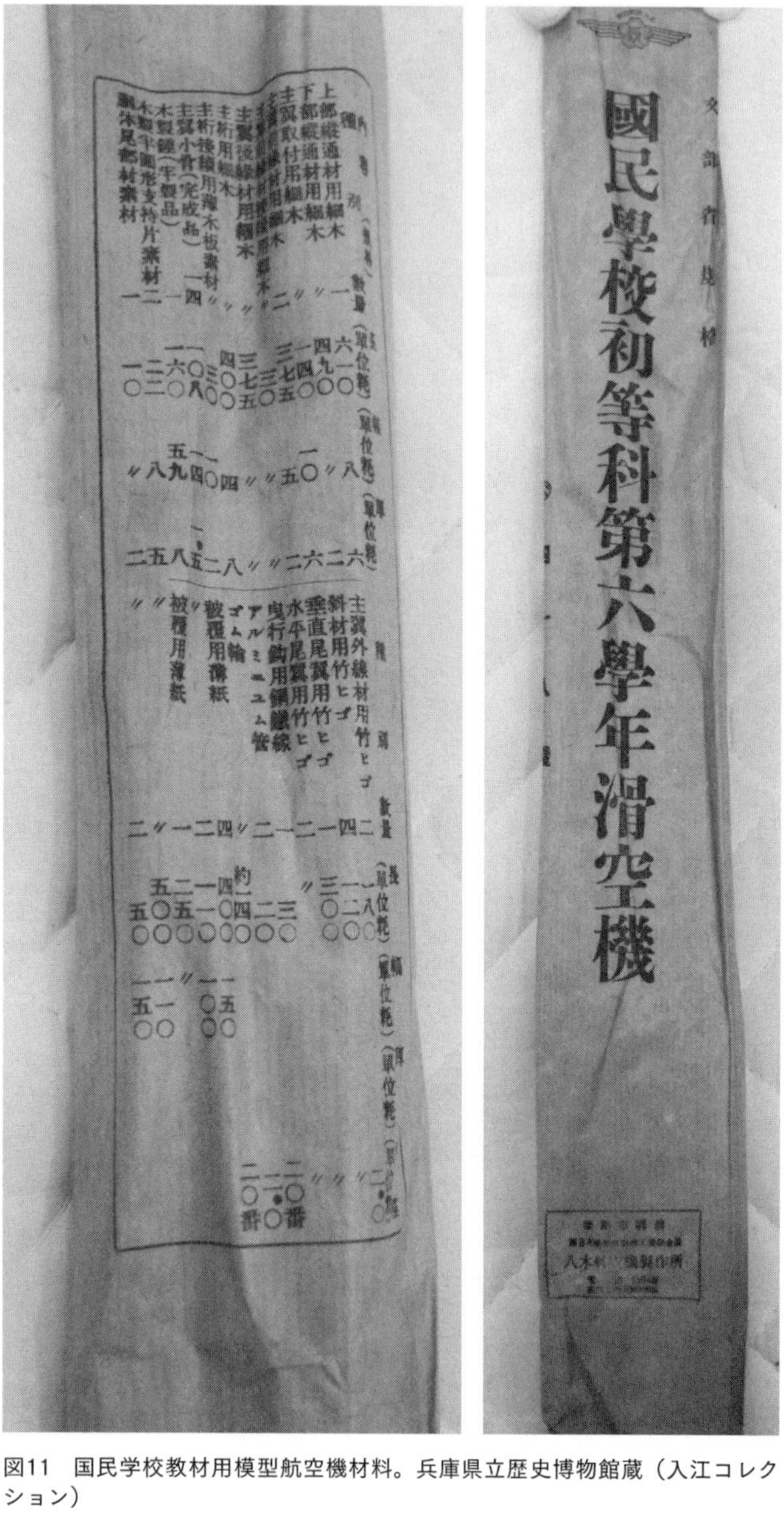

図11　国民学校教材用模型航空機材料。兵庫県立歴史博物館蔵（入江コレクション）

日米戦の開戦当初にはおこなわれていた模型航空教育への優先的な資材供給も、長くは続かなかった。その後何度かの改定があったが、一九四五年四月には「国民学校教材用模型航空機材料」と「一般航空機部分品」の区分は廃止され、まとめて「細木」や「合板」といった大きな分類項目での価格指定に至った[36]。

このように、戦局が悪化する時期になると、以前の金属に加えて木材や竹、紙などの材料不足も深刻になっていた。しかし、こうした状況でも模型製作は断念されない。そこで、廃材や身近な植物が模型の「新材料」として用いられることになる。一九四三年から敗戦までの時期の模型誌には、代用材についての記事が見られる。例えば、「模型」誌では、次のように述べられている。

いくら高性能の飛行機でも、滑空機でも、又他の工作教材でも、入手困難な資材、又は、高価な材料によるものでは普遍的ではない。本誌の設計図は（略）材料も総て手近なもののみである。其の他何か代用材に依る製作でも性能に変化ないものばかりである。「材料は野に山に押入れに」である[37]。

同様の内容は「模型航空」でも見られる。例えば、一九四三年の十一月号では「軽量素材としてのススキの優秀性に就いて」という特集が数ページにわたって掲載されていた。

何台も何台も材料を吟味して作つて居る中に、ススキが軽量模型機の胴体材料としては実に良い材料である事がわかりました[38]。

市販の檜や松は全然使ひません。至る所の山野にススキが生えて居ますし、しかも上述の様に良い材料である事が判つたからです。（略）一般にススキは極く弱いものと考へられがちですが、案外丈夫なもので其の証拠には炭俵に使つてあるススキの茎は仲々折れて居りません。実際に模型飛行機に使つても手ぎは良く作れば自分で激突しても絶対破壊しません。[39]

さらに翌年には、ススキの穂茎やコスモスの茎、ヨシ、カヤ、アカザなどを用いた「代用機材による模型航空機概説」が論じられている（図12）。これは「資材不足を如何に打開して模型航空機教育を実施せんかと、ここ二個年間（略）模型機として強靭・軽量・製作容易・安価といふ四点に主眼を置き、代用材料の研究を続けて来た[40]」成果とされた。

こうした記事にうかがえる戦時下の模型製作は、モノをめぐる「ブリコラージュ」という視点で捉えられるべき文化実践だろう。ブリコラージュは、クロード・レヴィ＝ストロースに由来にする概念で、現在の課題を達成するために、手持ちの道具・材料を組み合わせて自分の手でモノを作ることをさす。[41]その道具や材料は、計画的に収集されたのではなく、偶然の結果もたらされた。

これを製作主体の側から言い換えると、戦時下の模型製作者は、それ以前の「エンジニア」というより、職人もどきの日曜大工としての「ブリコルール」（ブリコラージュをおこなう者）だったということができる。ブリコルールが使う材料や道具の集合は、ある計画によってではなく、その潜在的な有用性によって定義されるのである。

以上のように戦局が悪化する時期になると、従来見向きもされず、模型に使用されることがなかった身近な植物が、代用材として模型材料に組み入れられるようになった。こうした模型のあり方は、総力戦体制に伴う物資不足から強いられた状況ではあったが、それによって模型の材料・製作面でのブリコラージュ的な工夫が培われたとも考えられる。日本社会での模型は、くしくも戦時下の極限状況のなかで、あらゆる利用可能な材料を総動員して目的を達成していく独特の文化を発達させたのである。手持ちの資源を総動員して目的のモノを製作する「工夫」自体は、入手可能な素材を縦横無尽に用いるブリコラージュ的な製作実践として、戦後の模型文化における「改造」などの行為につながっていく。

帝国日本における適材料

代用材の開発は、当然ながら積極的におこなわれたわけではなく、戦争の長期化に伴う物資不足が最大の理由だった。もちろん、模型誌でもこうした窮状は隠されているわけではない。しかし、同時に新たな物質性に積極的な意味が見いだされていることにも注目すべきである。例えば、先の「代用機材による模型航空機概説」記事を受けた「編集後記」では、以下のように述べられている。

物によると代用材の方が却って優秀で代用材どころか文字通りの適材と思へる物もある。中鉢氏のすすきの研究、中村氏の各種代用材の研究は、これらの物が代用材といふより、新材料または適材料といへる事を知らしめるもので、この工夫努力が今日の日本に最も必要である。(42)

こうした記事には、厳しい物質的状況であるからこそ発見された身近な「新材料」が「適材料」として再解釈されるという逆説的な論理が見られる。そして、その「適材料」は「日本」というナショナリティーと強く結び付けて語られていた。次の記事では、こうした位置付けがさらに顕著になっている。

わが国は太古からトヨアシハラのミヅホの国といはれる程で、材料は日本全国いたるところに在り余るほど茂つてゐます。模型機の資材不足の折から、ぜひ大に全国で活用したいものです。(43)

引用文の直前では、「代用材としての葦」の「優秀」性を示すため、葦の茎と檜棒とを比べた「自己流の性能試験」の結果を述べている。ここでの葦という模型材料は、「トヨアシハラのミヅホの国」である「日本」だからこそ存在する「適材料」と位置付けられたのである。

代用機材による模型航空機概說

埼玉縣北足立郡蕨第一國民學校　中村正行

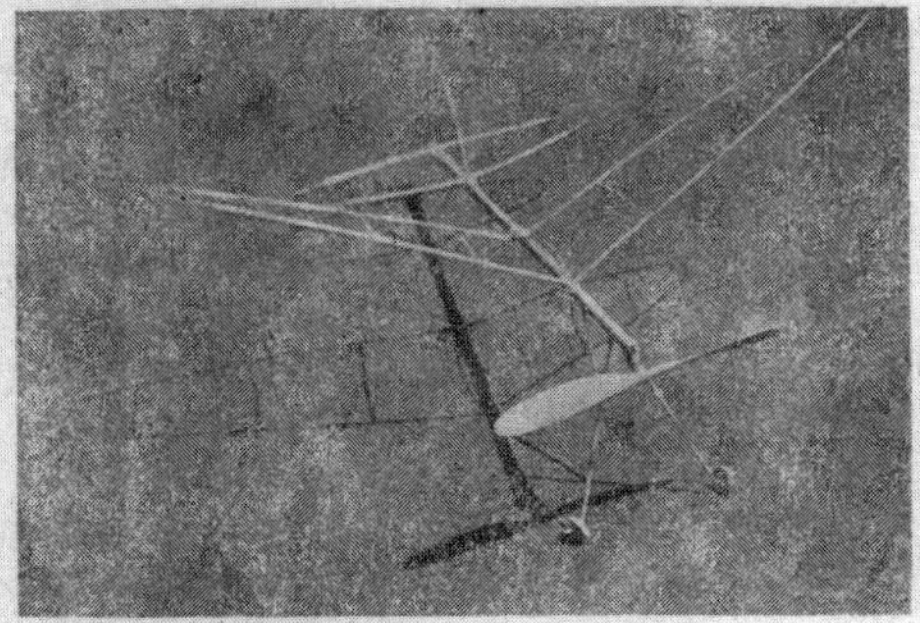

代用材を使用した初五型機

時局下の少國民工作發育中、むづかしい問題は、現在ベニヤ合板、檜材、桐材等の模型用材料が、實物機増産にふりむけられて少なくなつた事である。筆者はこの資材不足を如何に打開して模型航空機教育を實施せんかと、こゝ二個年間、滑空の恩師菊地教官の御指導御援助により、模型機として強靱・輕量・製作容易、安價といふ四點に主眼を置き、代用材料の研究を續けて來たが、昨年末その製作に成功したので、その製作の概略を記述して參考に供したい。

(1) 代用材にはどんなものがあるか

研究製作の結果、一番多く使用し得る材はススキの穗莖で、次にコスモスの莖、ヨシ、カヤ、アカザ等がある。その他餅草の莖、アサの木、雜木の枯れたもの、名も知れぬ野草や灌木中に數多く見つける事ができる。

プロペラ材には、杉を除く他は、どんな材でも製作容易である。たゞ、なるべく輕い材が必要と思ふ。

竹ヒゴは割竹を各自に持參させ、ヒゴ拔きにて兒童自身により製作させる事が、敎育目的に叶ふ重要事と思はれる。なほビーズ代用としては豆を使用する。またコメタル及び機首、尾部材は、プロペラ材と同じものを使用すること。

以上が全部代用的材料で、これ等のものだけで、一品も購入せずに、立派に製作できるが、はじめての子供に、いきなりこれで製作させる事は、材に馴れぬ爲めと、工作要領が十分飲み込めない爲めに、失敗することが多い。よつて、それまでの中間的製作方法として、次の材だけ使用する方法を說明する。

高一機製作用材料

主翼主桁用細木と、小骨用薄木板素材、機首、尾部材（完成品を

第一圖

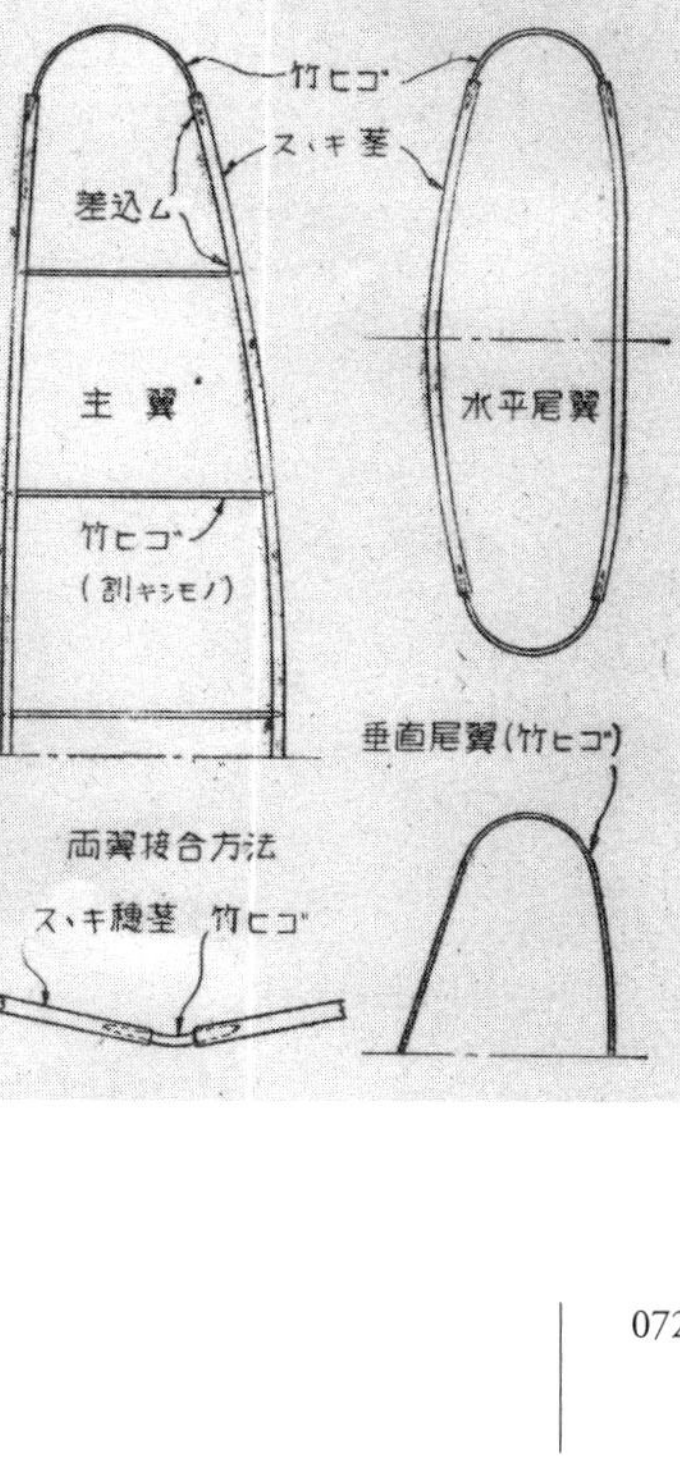

（75）

3

第二圖

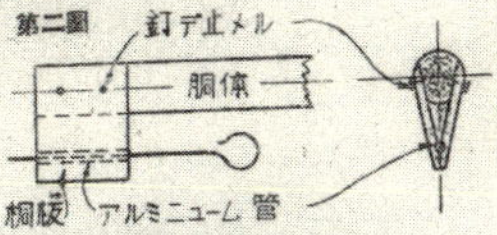

（胴体、桐板、アルミニューム管、竹ヒゴの大小、切れない小刀、セメダインが必要である。尚入手困難な材料は求むる事）及び框用合板、以上四種のみを購入し、あとは代用材を使ふ。

次に翼及び胴體用薄紙は、習字用半紙や障子紙の反古等を利用する。

(2) 代用材の採集方法

特にススキは長い穗莖をたくさんに集めて置くことが必要である。またヨシ、アカザ等は眞直なものを採集するやうにする。

(3) 代用材の活用法

特に五年用飛行機、六年用滑空機、高一用飛行機に就いて、代用材の活用方法を述べよう。

（イ）五年用飛行機

ススキの穗莖を下記の代用材として使用。主翼骨格用竹ヒゴ代用材、尾翼骨格用竹ヒゴ代用材、水平尾翼及び主翼中部接續用、アルミニウム代用。脚材。

ヨシ、アカザは胴體用細木として使用。

（ロ）六年用滑空機

ヨシ、アカザ、カヤを上部及び下部の縦通材用細木に使用し、特に太さと重量に注意を拂ふこと。またススキの穗莖は主翼前後縁材、主翼主桁用細木（上部）小骨用薄板の代用、アルミニウム管の代用、胴體補强斜材として使用する。

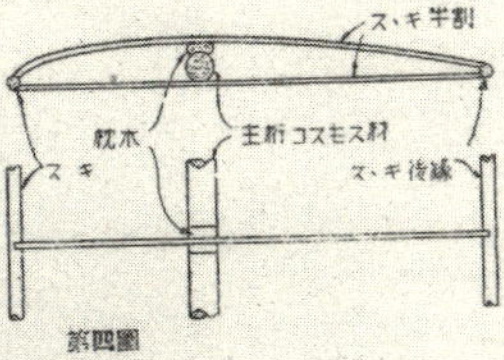

第四圖

（ハ）高一用飛行機

ススキの穗莖が下記の代用材として十分に活用できる。框用材、胴體補强斜材用細木、上下部縦通材用細木、主翼前後縁材用細木、小骨用薄板素材、尾翼前後緣及び垂直尾翼緣材用細木脚用細木、脚支持軸用竹ヒゴ、脚斜支柱用竹ヒゴ。なほススキ材は、太さの適當なものを使用のこと。

ヨシ、コスモスの莖は主翼主桁用細木として使用する。

以上記述したものは特に使用容易で、適當な材であるが、この他に竹ヒゴを少量使用すれば、完全な代用機材の役を果す事ができる。

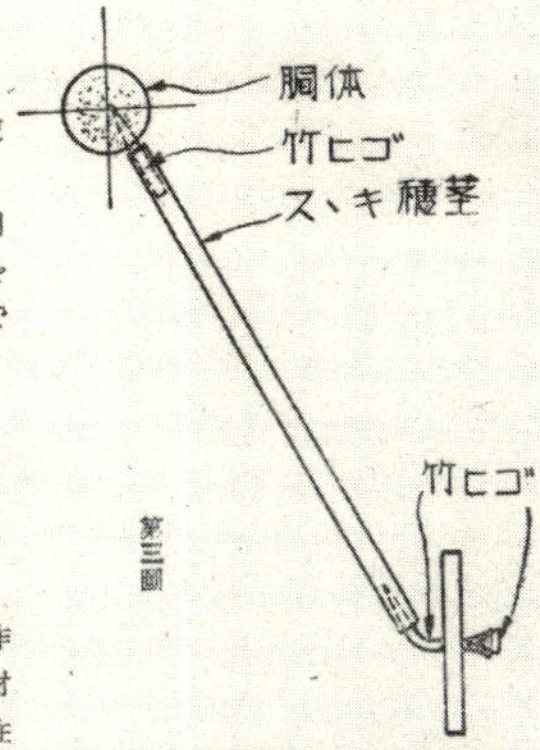

第三圖

(4) 代用材の長所

従來製作に用ひた材料と、現在の代用材とを比較すると、次の如き長所を代用材に見出すことができる。

（イ）中空圓柱にして强靱である。（ロ）輕量である。（ハ）製作が容易である。(1) 切りやすい。(2) 曲げ易く折れにくい。(3) 材料は氣溫濕度による變化少なし。(4) 結合接着に便なり。セメダイン使用の際接着良好なり。特に竹ヒゴとの連結結合には、ススキ材はアルミニウム管以上に便利である。アルミ管ではセメダインがよくつかない。（ニ）材料は豐富で費用がかゝらない。山野に捨てられてゐる雜草や雜木であり、一番多く到るところの山野にある材料である。ただ採集さへすれば、立派な工作材として、自己の前に形を變へて出現するものである。

以上の四點は、最も大切な長所と考へる。なほ次の諸點も長所に數へられよう。即ち（ホ）製作物が美的で自然的な感じをもつ事。（ヘ）初等科低學年のキビガラ細工と殆んど變りない。即ちキビガラ細工の延長と言へる。（ト）補修が容易である。

(5) 採集及び製作に於ける精神的價値

(1) 採　取

山野を跋渉して數千本の中から適當な材をより多くとるところに、眞劍味と觀察力の向上が得られる。

図12　代用材による模型製作の解説
（出典：「模型航空」1944年4・5・6月合併号、毎日新聞社、2ページ）

さらに、こうした代用材によって作られた模型は、狭義の日本を超えて、「大東亜共栄圏」という帝国日本の理念に関わる意味を付与されていた。模型のそうしたあり方が現れているのが、次の文章である。

ススキは軽量機の胴体材料としてのみでなく、各種模型機の色々の部分に応用されます。（略）ススキは竹と同様大東亜共栄圏特有のものの様ですが、我々は天恵に感謝すると共に、せいぜい之を活用したいと思ひます。竹は昔から色々な細工に使はれて居る関係上模型製作にも無くてはならぬものとなつて居ますが、反対にススキは他に余り利用の途が無い為、模型機には優秀な材料でありながら今迄全然閑却されて居りました。(44)

ここでは、ススキや竹などの模型代用材が、「大東亜共栄圏」に「特有」の材料として規定されている。確かに、ススキや竹は、現在の日本（内地）にも自生する植物だから、「大東亜共栄圏」を持ち出す必然性はないかもしれない。にもかかわらず、わざわざそうした材料が日本だけでなく東アジアにも共通していることが強調されている点こそ重要である。

ひとつ確認しておきたいのは、当時の「日本」は現在とは異なる意味を帯びていたことである。米谷匡史によれば、日中戦争期の「東亜共同体」論からアジア・太平洋戦争期の「大東亜共栄圏」論に至る流れは、日本帝国主義の覇権と東アジア民族運動の抵抗のなかで現れた特異なものだった。そうして生まれた「大東亜共栄圏」の思想は、アジア諸民族が共生する広域的な空間として「日本」の勢力圏を再定義した理念だったという。(45)

このような戦時下での特殊な言説状況が、物資不足にもかかわらず模型製作を推進しなければならない力学と合わさった。その結果として、「西洋」由来ではない身近な植物からなる「適材料」を用いて模型を製作する「工夫」が、戦時下における「帝国日本」の理念と結び付けられることになったと考えられる。(46)

それでは、本章で検討してきた総力戦体制下の模型は、どのようなメディアだと総括できるのだろうか。

4　現在の理念を体現するメディア

本節では、本章の三つの節で述べてきた戦前期の模型のあり方を、メディアの媒介性と物質性という視点から小括していきたい。

一九三〇年代までの模型は〈未来の機能を実現するメディア〉だった。しかし、四〇年代の戦時期には、大衆的人気に着目した啓蒙的な模型航空教育が実施された。それと並行して模型は、軍事知識を涵養する「兵器」として規定されるようになった。

一九四〇年代前半の模型メディアは、国家があらゆる資源を投入した戦争という現実のなかで形成された。軍事知識の啓蒙を目指した模型航空教育と関係して、兵器模型という新たなあり方が登場した。そこでは、当時の模型が、戦争の現実と合致していくことが求められたために、現在という媒介性をもつように変化していったことがわかった。

しかし、総力戦体制における物資不足から、従来と同等の木材や金属といった素材を用いることは難しくなっていた。そのため、代用材としてのススキや葦によってなんとか形にするブリコラージュが発達し、それがさらに帝国化した「日本」という理念と結合していった。

以上を総括すると、戦時下の模型が媒介する〈実物〉は、時間的には戦争を遂行する現在、空間的には「大東亜共栄圏」といった帝国日本の理念だったと言える。すなわち、代用材による「兵器模型」が中心だった一九四〇年代の戦時期の模型は、〈現在の理念を体現するメディア〉とまとめることができる。

では、敗戦を迎えた後、模型の媒介性と物質性はどのように形成されていくのだろうか。次の第3章では、一九四五年以降の模型メディアについて検討していく。

注

(1) 福間良明/野上元/蘭信三/石原俊編『戦争社会学の構想——制度・体験・メディア』勉誠出版、二〇一三年

(2) 佐藤卓己『現代メディア史』(岩波テキストブックス)、岩波書店、一九九八年

(3) 難波功士『「撃ちてし止まむ」——太平洋戦争と広告の技術者たち』(講談社選書メチエ)、講談社、一九九八年

(4) 大塚英志は、戦時下の漫画や漫画映画(特に表現面)が戦後日本の「おたく文化」に与えた影響を強調している(大塚英志『ミッキーの書式——戦後まんがの戦時下起源』〔角川叢書〕、角川学芸出版、二〇一三年)。また、雪村まゆみは、戦時中に制度化された国策的な漫画映画の制作体制が、日本の後のアニメーターに与えた影響について述べている(雪村まゆみ「戦争とアニメーション——職業としてのアニメーターの誕生プロセスについての考察から」、ソシオロジ編集委員会編「ソシオロジ」第五十二巻第一号、社会学研究会、二〇〇七年、八七—一〇二ページ)。

(5) 前掲「鉄道の意味論と〈少年文化〉の変遷」一三八ページ

(6) 津金澤聰廣「『大阪朝日』『大阪毎日』による航空事業の競演」、津金澤聰廣/有山輝雄編『戦時期日本のメディア・イベント』所収、世界思想社、一九九八年、九一—一一二ページ

(7) 山田朗『軍備拡張の近代史——日本軍の膨張と崩壊』(歴史文化ライブラリー)、吉川弘文館、一九九七年、一三二—一五六ページ

(8) 前掲『日本の模型』一一〇ページ

(9) 「工場(工業)統計」にはしばしば項目の変化が見られ、一九一九年からの「木製玩具」は三八年でなくなり、三九年から四二年までは金属以外の他の材料の玩具とともに「玩具(金属製のものを除く)」項目に一元化された。また、四三年と四四年はデータ自体が存在しない。なお「玩具(金属製のものを除く)」項目の三五年から三七年の数値については、三八年以降に表記されている過年度分の表記を参照した。

(10) 東京高等師範学校附属国民学校初等教育研究会編『国民学校理数科理科教育の実践——初一、二、三年自然の観察教授細目』大日本出版、一九四一年、一二五—一二六、二二六—二三〇ページ

(11) 和歌山県師範学校附属国民学校編『芸能科工作の実際』(「国民学校教科経営実際問題の研究」第十一輯)、和歌山

県教育会、一九四一年
(12) 文部省編『模型航空機教育教程（試案）』日光書院、一九四二年、ページ表記なし
(13) 同書一―二ページ
(14)「模型」一九四三年四月号、日光書院、四ページ
(15)「東京朝日新聞」一九四〇年三月二十八日付
(16)「模型航空」一九四三年八月号、毎日新聞社、一ページ
(17) この時期の「科学と模型」でも、軍人による模型関係の記事はしばしば見られる。例としては、海軍中将・濱田吉治朗による「海戦の科学を語る」という記事がある（「科学と模型」一九四二年十月号、朝日屋理科模型店出版部科学と模型社、九ページ）。
(18)「模型航空」一九四二年八月号、毎日新聞社、一ページ
(19) 菅生均「横井曹一の手工教育観に関する一考察」「熊本大学教育学部紀要 人文科学」第四十四号、熊本大学教育学部、一九九五年、一〇七―一二三ページ
(20) 横井曹一『兵器模型――少年科学工作』（少国民選書）、文祥堂、一九四二年、一ページ
(21) 同書五―六ページ
(22) 同書六ページ
(23) カタパルトとは、航空母艦などの甲板上から飛行機を射出する装置のこと。
(24) 前掲『兵器模型』第九章
(25) 同書、第十三章
(26) 同書、第七章
(27) 同書、第十一章
(28) 同書九六ページ
(29) 同書、第二章
(30) 同書、第五章

（31）同書六ページ
（32）「模型航空」一九四四年九月号、毎日新聞社、二四ページ
（33）「読売新聞」一九四〇年十月二十七日付
（34）「官報」（商工省告示第四百八十一号）一九四二年四月三十日付
（35）「模型」一九四三年五月号、日光書院、五ページ
（36）「官報」（農商省告示第二百二十八号）一九四五年四月十二日付
（37）前掲「模型」一九四三年五月号、二〇ページ
（38）前掲「模型航空」一九四三年十一月号、三ページ
（39）同誌四ページ
（40）「模型航空」一九四四年四・五・六月合併号、毎日新聞社、二ページ
（41）クロード・レヴィ＝ストロース『野生の思考』大橋保夫訳、みすず書房、一九七六年、一―四一ページ
（42）前掲「模型航空」一九四四年四・五・六月合併号、三三ページ
（43）前掲「模型航空」一九四四年九月号、一八ページ
（44）「模型航空」一九四三年十一月号、毎日新聞社、八ページ
（45）米谷匡史『アジア／日本』（思考のフロンティア）、岩波書店、二〇〇六年、一二〇―一二七ページ
（46）近年では、いわゆる「おたく文化」と呼ばれるマンガやアニメなどの日本のポピュラー文化について、国民国家としての日本にとどまらない、戦時下の東アジアでの広がりを射程に入れる研究がおこなわれてきている。例えば、大塚英志が編集する「TOBIO Critiques：東アジアまんがアニメーション研究」（第一号・二〇一五年、第二号・二〇一六年、太田出版）は、誌名のとおり「東アジア」という枠組みで「まんがアニメーション」を捉え直そうとする論考を収めている。

同様に模型についても、帝国日本の勢力圏だった東アジア・東南アジア諸地域でさまざまな実践がおこなわれていたことが資料から確認できる。例えば、「お土産の模型機を贈呈　泰国文相、学童の作品に感心」（「朝日新聞」一九四一年六月二十八日付）という記事では、朝日新聞社の航空部次長がタイ国の文部相を訪問、日本からの土産に模型

飛行機など五百機を贈呈、これらの「模型はただちに全国の中小学校に配布されることになったが国立美術工芸学校では日本人講師横田二郎氏の指導で全国中等学校男女教諭に模型製作の講習を開始した」とある。また、模型誌では、朝鮮半島や中国での模型競技会の様子がしばしば報じられていた。例えば、前掲「模型航空」一九四四年九月号、一七ページでは、上海新公演で開かれた華中鉄道主催の模型機大会の様子が、三つの写真とともに掲載されていた。そこでは、「内地の皆さんには想像できない資材難を克服してこの人々は敢闘しているのです。何しろ木材と羊羹とが同体積で同値だというのですから大変です」と物資不足ゆえの工夫が強調されるとともに、「しかも中国人の間にも最近模型熱は湧き上がつて来ています」と、当時の中国での模型をめぐる動きの一端が述べられている。

第3章　戦後社会とスケールモデル／プラスチックモデル

1　占領期における模型

模型航空教育の「楽しみ」

当然ながら、敗戦によってすべてが変わったのではない。歴史学の戦時戦後体制論[1]、経済学の一九四〇年体制論[2]といった、戦中と戦後を連続した時代として扱う試みは多い。そのため、戦前／戦後という区切りは便宜上のものにすぎない。

前章で検討してきたように、戦時下の思想状況のなかで模型航空教育が実施され、総力戦体制下の物質的状況のなかで兵器模型というあり方が形成された。戦後初期の模型には、そうした戦時からの連続性が強く見られる。本章では戦後社会における模型メディアの媒介性と物質性について検討していくが、まず本節では、占領期の模型について記述する。

はじめに確認したいのは、後に大手模型メーカー・田宮模型（以下、タミヤと略記）の社長となる田宮俊作による少年時代の回想である。田宮は一九三四年に静岡県で生まれ、早稲田大学卒業後、父が経営する田宮商事に入社する。戦前期、同社の前身は運送業だったが、戦後に製材業に転身、四六年に田宮商事となる。その後、四七年に木製木工部門を設立し、さらに五三年には一般建築材の製造・販売をやめ、模型専業メーカーとなった。このようにタミヤは、戦中期以来の学校教材用の材木を卸す事業から、模型の専業メーカーとして業界の中心に位置する存在へと推移した。その立役者だった田宮俊作が自身の原体験と語るのが、戦中期の模型航空教育での飛行機の製作である。

私の模型初体験は、学校の授業で作った飛行機模型です。一九四二年、小学二年生の夏でした。（略）学校教材が模型の世界の入口だったのです。（略）飛行機模型といっても、簡単なつくりのグライダーです。上等なものではありませんが、遊び道具の少ない時世だっただけに、みんな大喜びでした。（略）幼稚園のころから飛行機が大好きだった私は、この日が来るのを待ちわびていたのです。やっと手に入れた宝物のように、はしゃぎました。[3]

もちろん、ここでの田宮の記述には、後の時代から振り返ったことによる誇張があるかもしれず、必ずしも当時の感情そのままではない可能性がある。しかし、本書ではひとつの解釈として、素朴に理解しておきたい。この田宮の記述に見られるのは、物資の欠乏した戦時中での、貴重なモノを作る「喜び」である。さらに、模型製作は学校の授業内で終わらなかった。そして、それは「宿題というより、家に帰ってからのお楽しみ」[4]だったという。ここからは、模型製作が少なくとも一部の少年たちにとっては「楽しみ」を感じる娯楽的なメディア受容となっていた可能性が示唆される。さらに注目したいのは、次の思い出である。

グライダーが手から離れる瞬間の感触は、何度飛ばしてみてもゾクゾクッとするものがありました。自分の指先と飛んでいくグライダーが、見えない糸でつながっているような不思議な感動がありました。その日

はあきることなく何回も何回もグライダーを飛ばし、斜面を登り降りし、友だちと日が暮れるまで遊びました。(5)

田宮の述懐が示唆するのは、模型を作ったり飛ばしたりする「楽しみ」が、モノに感じる質感と深く結び付いていたことである。

ヴァルター・ベンヤミンは「昔のおもちゃ」というエッセーで、「おもちゃに対していちばん影響力のある修正を行なうのは、決して教育者や製造業者や文士などの大人ではなく、子供たち自身が、遊びながらそうした修正を行なう」(6)と指摘している。この視点を応用すると、戦時下で模型教育を推進したのは、まさに文部省の関口隆克ら「教育者」や模型関係の「製造業者」だったし、『兵器模型』の解説文を書いたのは横井曹一という「文士」だった。だが、啓蒙的意図とは相対的に独立した水準で、「少国民」であったはずの田宮が「遊びながらそうした修正を行な」っていたのである。

もちろん、戦時下の模型航空教育での製作は、戦争に関わる軍事知識や「大東亜共栄圏」の理念も伝達していただろう。しかし、実際の「少国民」による受容の局面では、兵器の「かっこよさ」は残る一方で、思想性はある程度剝落していた可能性も考えなければならない。模型製作の楽しさは、模型航空教育のねらいとは別の位相にある物質性に即した実践によってもたらされていたのである。

自粛から科学模型の復権へ

それでは、こうした戦時下から敗戦を迎えた後、戦後初期の模型はどのような状況にあったのだろうか。敗戦後の占領改革を主導したＧＨＱ（連合国軍総司令部）によって、一九四五年九月、航空機の設計・製造を禁止する「航空禁止令」が出された。後の時代から振り返ると、このときのＧＨＱの意図はあくまで〈実物〉の飛行機の研究を禁じたのであって、航空機の「模型」は含まれていなかった。だが、当時の模型関係業者が「愛好家の飛ばす模型もダメ」と早とちりした結果、自粛的に模型飛行機の製造・販売もおこなわれなくなったという。[7]

実際、戦後に復刊した「子供の科学」の「エンジン模型飛行機を作るたのしみ」という記事では、「模型飛行機についての誤解」という項目で次のような文章が掲載されている。

終戦後、米軍総司令部からの命令で、日本人は模型飛行機を作ったり、飛ばしたりすることは禁止されたと各新聞に発表されましたので、皆さんがよくこしらえていたゴム動力のライトプレーンでさえいけないと、一般の人はもちろん、学校の先生の中にもそう思っている人々があるようです。ところが、これはたいへんなまちがいで、事の起こりは米軍総司令部からの指令の翻訳の誤りであって、皆さん方が模型飛行機を作ったり飛ばしてたのしむことは、少しもさしつかえありません。[8]

ところで、この「誤解」ほど、占領期での模型の位置付けを示しているエピソードはないだろう。前章で明らかにしたように、戦時中には「模型＝実物」の強い結び付きが形成された。そして、占領期の模型の自粛の動きからは、当時の関係者の理解では、模型飛行機は実物の飛行機とほとんど区別されていなかったことがわかる。戦後初期の占領下でも、戦前期に始まり戦中期に強力に編成された「実物と不可分な模型」という理解が、少なくとも業界関係者には共有されていたのである。

しかし、その後模型飛行機の禁止が誤解であったことは徐々に広まり、模型の生産・販売が次第に再開されていくことになった。次の「模型飛行機」と題された一九五一年の新聞記事は、この時代の空気をうまく伝えている。

一時飛行機熱は軍国主義意識と同一視され自粛の傾向をたどっていたが今や「飛行機をいじっている少年は健全だ」というアメリカの諺のように健全な常識となった。[9]

図13 「快走」
（出典：「科学と模型」1946年6月復刊第1号、朝日屋理科模型店出版部科学と模型社、表紙）

また、戦前期に盛んだった競技会も復活した。一九五二年に開催された学生生徒模型飛行機製作講習競技会では、戦前の模型業界でも活躍した木村秀政が講師を務めている。[10]

では、こうした時代の模型誌は、模型というモノとの関わり合いをどのように提示していたのだろうか。

辻泉は、敗戦後の「科学と模型」（一九四七年二・三月号、朝日屋理科模型店出版部科学と模型社）の目次から軍艦や戦闘機が完全に姿を消して鉄道専門雑誌のようになったことを示し、その背景に「富国強兵」が消え去って「殖産興業」に特化した日本社会の変化があることを指摘している。[11] 確かにこうした側面はあったと思われる。

しかし、模型というモノがメディアとして形成され、変容していくプロセスを探求する本書の視座からは、また別の側面がうかがえる。同時期の「科学と模型」の誌面を子細に検討すると、明示された戦時からの断絶と、比較的見えにくい連続性が浮かび上がってくるのである（図13）。

> 戦時中当局の命に依り休刊して居りましたが（略）戦時中は模型といへば航空機と模型航空機製作を通しての軍閥の戦争へのかりたてに依り学校の工作科を始としてものすごい勢で全国に流行しました。戦は終りました（略）今回の敗戦の原因は申上げるまでもありませんが科学に敗れたのです。（略）敗戦国日本を救ふ道は若きエンヂニア諸君の双肩にかかつて居ります。（略）科学日本建設の為[12]

ここでは、軍事思想の消滅と戦争に模型が利用されたことに対する指摘と合わせて、「戦争へのかりたて」の主体が「軍閥」に一元化され、敗戦の原因が「科学」だとされている。一方、「科学日本建設の為」という目標が掲げられていて、「敗戦国日本を救ふ」科学は推奨される。つまり、戦争をもたらす「悪い科学」と建設的な「良い科学」が区別されているのである。

こうした記事からは、科学が重要という認識自体は変わらず、科学と模型との結び付きが戦後も消え去っていなかったことがわかる。科学模型の復権は、一九四〇年代後半から五〇年代初頭まで広く見られる。例えば、戦後に創刊された「模型少年」[13]（教誠社科学教材）では、「新年のことば」というコーナーで、次のエピソードを紹介している。

上野の科学博物館に、田口さんをおたずねした日のことです。（略）折から小学校や中学校の生徒の団体観覧者で（略）ミカンの皮、カキの種、ブドウのたべかす、そして紙くずの山です。（略）もし、模型というものを通じて、機械とか科学とかいうものに、少しでも親しみと理解とをもっている生徒だったら、科学博物館の中に、自分のたべた物を吐き散らすような不作法はしないだろう。[14]

この記事の筆者は、科学模型というあり方を前提に、模型製作を通じて単なる知識だけでなく、規範的な意識をも身につけることができると主張している。ここでの「科学＝模型」という理解は、まるで一九三〇年代以前の時期に回帰したようである。社会的背景を考えると、戦中期に目立った軍事知識や帝国日本の理念との媒介性が消えたことが影響しているのだろう。その結果、三〇年代以前の戦前期に中心的だった、未来の科学を媒介する模型というあり方が復活したのだ。

また、第1章で述べた「少年技師ハンドブック　模型の国工作全集」シリーズの著者のひとり山北藤一郎は、戦後の模型誌でも引き続き活躍していた。その山北が、占領期の一九五〇年に以下の記事を書いている。

模型愛好者の中には、「作ることを楽しむ」型と、「でき上がつたものを動かして楽しむ」型とがある（略）前者がイギリス風であり、後者がアメリカ式だという結論になつた（略）わたくしの経験からいうと、アメリカ式は手つとり早いけれども、本当の模型というものに対する面白さは半分になると思います。むろんいくら作ることが楽しみとはいつても、作つたものが巧く動かなくてはお話になりません。しかしコツコツ作りながら、果たして計算どおり巧く走るかどうかを心配したり、または試運転のスイッチを入れるときの光景を胸にえがいたりして、本当に時間のたつのも忘れる三昧境は、やはり「作ることを楽しむ」側の人々のみが知る喜びでしょう。[15]

山北は、「作ることを楽しむ」型と「でき上がつたものを動かして楽しむ」型を比較し、前者に価値を置いている。ここには、前項で取り上げた田宮の回顧と同様の論理が見られる。

現在の媒介性と「アメリカ」

しかし、この時期でもうひとつ重要なのは、必ずしも戦時期の模型にあった媒介性のすべてが消え去りはしなかった点である。一九五〇年に朝鮮戦争が勃発すると、戦争で「活躍」する戦闘機の模型が発売され、人気を博することになった。例えば、五〇年に富山玩具製作所[16]がアメリカ軍のB29爆撃機の模型「B29双発プロペラ回転式飛行機」を発売し、世界的なヒットになった。また、五〇年に創業した萬代屋（その後のバンダイ、現・バンダイナムコホールディングス）は、五一年になるとB29をデフォルメしたオリジナルのブリキ製玩具「B26」を発売した（図14）。

このような一九五〇年代初頭の朝鮮戦争で用いられたミリタリー兵器の模型や玩具の流行からは、戦時下の

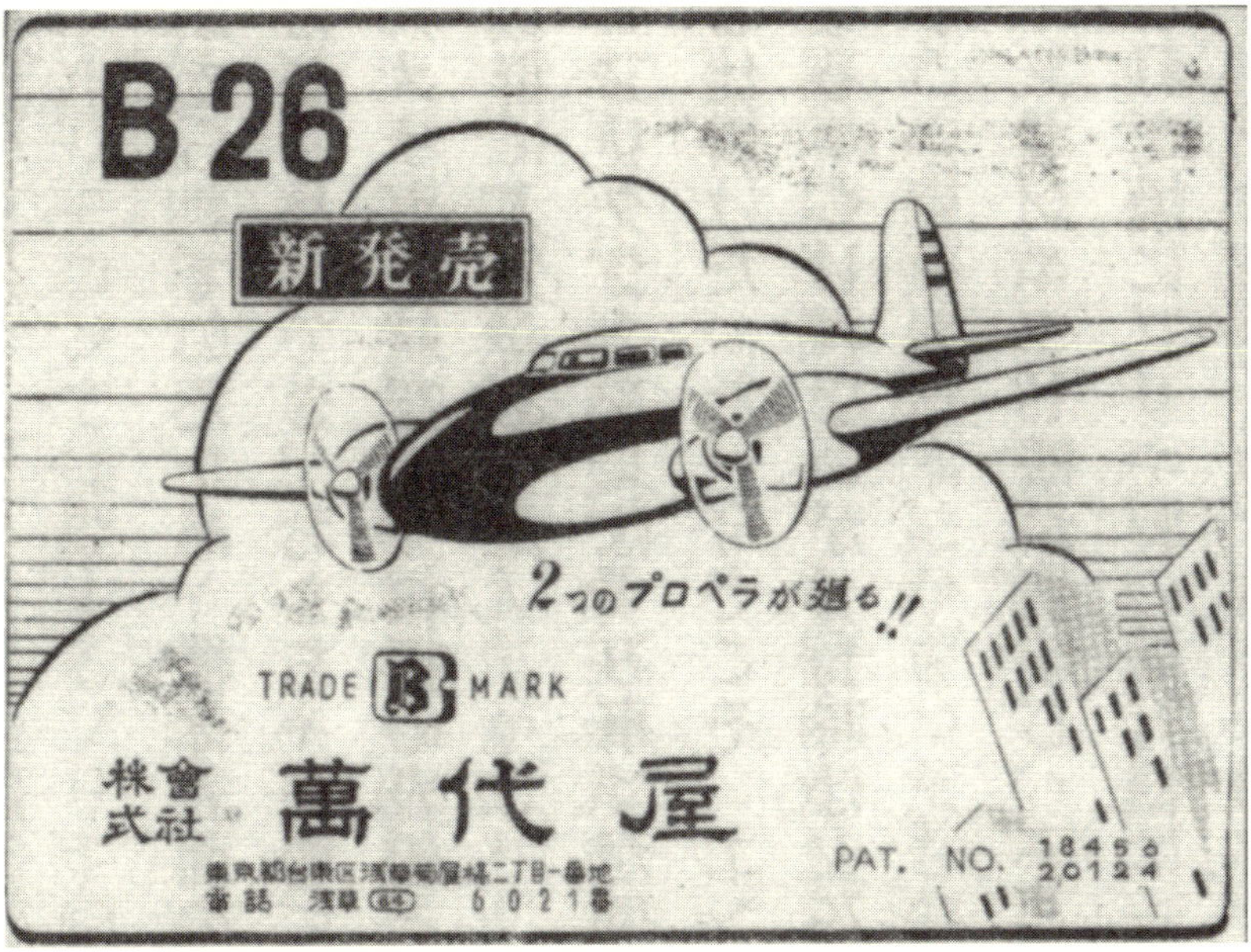

図14　1951年発売の萬代屋「B26」
（出典：櫻田純『面白すぎる「おもちゃ」研究序説』〔中経の文庫〕、中経出版、2009年、33ページ）

「現在」を媒介する模型のあり方が継続していたと考えることができる。敗戦後、国内では具体的な戦闘こそなくなったものの、五一年まで依然として占領下にあった日本では、アメリカ軍の戦闘機が空を飛び、アメリカ軍払い下げの輸送車が道を走るのは、日常的な風景だった。さらに、朝鮮半島に目を向けると、「熱い戦争」がいままさにおこなわれていた。こうした時代状況のなかで、ある種の「戦時」的な気分が持続し、「現在の戦争を媒介するメディア」としてのミリタリー模型が受け入れられていたと考えられる。

　模型における現在の媒介性は、一九四〇年代後半から五〇年代まで続いたように思われる。この時期の模型誌には、アメリカ軍の自動車模型がしばしば掲載されている。例えば、「ラジオと模型」（少年文化社）では、「米軍払下自動車全集」という記事のなかで以下のように述べている。

自動車のエンジンカバーに、幅四インチ

の白線を、はちまきのように引いたアメリカ製の軍用自動車が、たくさん市街や田舎の道を走っている。（略）かつての日本の軍用車のように、ぬかるみで兵隊を苦労させるようなことはない。米軍は自動車不足で都市交通手段や、産業復興に困つた日本に、昨年来一万数千台の軍用車を払下げた。これらの車は豊富な材料と、多量生産に熟練した技術でつくられているので、我国のかつての戦時型簡易車両と異り、なかなか優秀である。[17]

こうした記事からは、占領期の模型が、「現在」活躍中の実物との媒介性をもちながらも、戦時下の「帝国日本」に代わって、「アメリカ」という参照点がせり上がってきている様子がうかがえる。吉見俊哉によれば、敗戦以降一九五〇年代半ばまでの日本での「アメリカ」は、軍事的な暴力と消費的な欲望が表裏一体となった占領者であった。[18]そこでのアメリカによるポスト帝国的秩序は、戦前の帝国日本から引き継がれた要素だった。模型でも、戦前以来の「機能」や戦時下の「現在」といった媒介性はそのままに、参照する題材、模型の記号性だけが「日本」から「アメリカ」に転移していたと考えられる。

本節では、占領期での模型について、戦前・戦中期からの持続と変容という点から検討した。では、高度経済成長に向かう一九五〇年代半ばから六〇年代にかけての模型は、どういったメディアへと変遷を遂げていくのだろうか。

2　スケールモデルと「趣味」

アメリカの豊かさと模型

戦後初期の模型を関係するメディアから論じた研究として、序章で触れたラジオ自作のメディア史がある。溝尻真也によれば、ラジオ自作は戦後、模型製作の隣接分野とみなされるようになっていった。ただ、戦前期の模型製作が、近代の象徴としての科学技術への憧れに支えられていたのに対し、戦後期にラジオ工作を楽しむ少年たちがまなざしていたのは、アメリカに象徴される「豊かさ」だった。そして、戦後初期には、自作すること自体が楽しむべき「趣味」と化していったという(19)。

実際、前節の終わりに引用した模型誌の記事でも、アメリカの自動車が「豊富な材料と、多量生産に熟練した技術で作られている」ことが強調されていた。吉見俊哉は、軍事的な暴力の面を含んだ多様な意味をもっていた占領期の「アメリカ」が、一九五〇年代半ば以降は消費生活が前面に出たイメージへと推移していったと述べている(20)。

こうした時代背景のなかで、一九五〇年代の模型誌の表紙には、模型とは直接的に関わらない「自由の女神」のような「アメリカ」を象徴する図像が用いられていた（図15）。ここから、模型もまた「アメリカ」の「豊かさ」をめぐる観念と密接に関係していたことがわかる。

図15　自由の女神
（出典：「科学と模型」1952年1月号、朝日屋理科模型店出版部科学と模型社、表紙）

この時期の模型誌について見ると、戦後まで続いた「科学と模型」は一九五三年に廃刊したが、前節で挙げた占領期の「模型少年」や「ラジオと模型」があり、さらに五五年に「模型とラジオ」（科学教材社）、六一年には「模型と工作」（技術出版）が創刊された。これらの雑誌の多くはラジオ自作と模型をともに扱っていて、五〇年代後半から六〇年代にかけてラジオと模型の両メディウムの歴史が接点をもっていたことを示している。しかし、七〇年代に入ると、ラジオ自作がオーディオ自作へとシフトしていくとともに、ラジオがもっていたマテリアルな側面がそぎ落とされていくという。[21]同時期の変化についてラジオ自作の方向から考察している溝尻に対し、本書でおこなっていくのは模型の側からの記述である。
実際に前記の雑誌を子細に検討すると、その多くは鉄道や艦船模型とラジオ自作を同格に並列して載せているが、鋭敏な読者からはその「不自然」さが指摘されていた。そうした読者投稿を紹介した「編集あとさき」というコーナーに載せられた、編集部による回答が次の文章である。

本誌の読者層のねらいが、ちよつとピンボケではあるまいかとの御忠告を前から少なからず戴いていたが、これは一冊の中に、ラジオと模型の両方を完載しなければならないという必然的な喰い違いの結果であつて、編集者としても、ずいぶん苦労してきた問題であつた。[22]

この記事からは、早くも一九五〇年前後に「模型」と「ラジオ」が分岐する萌芽があったことがわかる。しかし同時に、そうした「喰い違い」がありながらも、なんとか一冊の雑誌にラジオと模型の「両方を完載」させようとする努力も見られる。それは、ある程度無理しなければならないほど、「読者層」にラジオ自作と模型製作をともに受容している重なりがあったからだろう。
また、この時期の模型と関わる重要な要素として、坂田謙司は、戦争玩具を排除する動きを挙げている。戦争玩具追放運動は、一九五一年の日教組(日本教職員組合)中央委員会から始まり、新聞報道で広がった。しかし、購買する子ども側の需要の高さから、追放運動は失敗に終わったという。[23]
こうした戦争玩具を取り巻く状況は、前節で触れたB29の模型が人気を得ていたことからもうかがい知ることができる。戦争玩具追放運動の顚末は、戦争模型にも同様の問題を投げかけたと思われる。それは、受容者にとってのミリタリーの魅力と、戦後日本がスローガンに掲げる「平和主義」とが矛盾する状況を表していた。

趣味としての模型

一九五一年のサンフランシスコ講和条約の署名と翌年の効力発生によって、日本は独立国家となった。こうした五〇年代の模型には、占領期や、それ以前の戦前・戦中期とは異なるあり方への変化が見られるようになる。

辻泉は、一九五〇年代の鉄道への関心を考える文脈のなかで、四七年に創刊された代表的な鉄道模型誌である「鉄道模型趣味」(機芸出版社)に、イギリス流の「モデルエンジニアリング」から「モデルレイルローディング」というあり方への変化を見いだしている。そこでは、技能を学ぶために作る「科学としての模型」から、製品がリアルに模型化することを目指す「趣味としての模型」へと変わることが訴えられていた。[24]

模型のこうした変化は、鉄道以外の模型誌にも見られる。先駆的なものとしては、一九四〇年代後半の「科学と模型」にすでにそうした例がある。その「モデルシップの作り方」という記事では、以下のように述べている。

今迄模型会ではモデルシップは無かった様ですが、作つて見ると中々面白く趣味的にも魅力の有る物です。ぜひ皆さんも一つ作り机の上にでも飾つて可愛がつてください。一風変わつてゐて何時迄も目を楽しませてくれます。(略)それにモデルシップではさうきつちりした設計図もいらないのです。[25]

ここでは、科学的な機能ではなく、外観を重視した「モデルシップ」が作られ、それが「趣味」として魅力あることが語られている。したがって、科学に基づいてきちんと動くかどうかに関わる「設計図」は不要とされる。とはいえ、一九四〇年代後半の時点ではこうした模型は、まだ「一風変わつてゐ」ることが筆者にも自覚されていた。

模型が媒介する〈実物〉の位相の違いについては、この時期の模型製作者にも意識されていたようで、先述の山北藤一郎は、「模型少年」に「模型と実物」という文章を書いている。

一口に模型といっても、模型電気機関車と模型モーターや変圧器とは意味がちがう。模型電気機関車の方は、「実物の機関車の模型」であるが、モーターや変圧器は、「実物の模型」ではなくて、「模型を動かすのに使う小さいモーターまたは変圧器」ということになる。だから、模型モーターや変圧器は、必ずしも実物の形をそのまま小さくしたような形をしていないで、よけいな飾りものを省いてしまった模型独自の形になる[26]

ここでは、「実物の形をそのまま小さくしたような形」をした（機関車などの）模型と、「よけいな飾りものを省いてしまった模型独自の形になる」（モーターや変圧器といった）模型とが、「実物」との関係で対比されている。これは本書の言葉では、形状（外観）か機能かという、模型の二つの媒介性の違いにあたる。

やがて一九五〇年代になると各種模型誌で形状を重視した内容の記事が少しずつ増え、さらに模型専門誌にとどまらず、一般の新聞紙上でも同様の理解が見られるようになる。その例としては、「朝日新聞」の「戦艦「大和」を再現」という見出しの記事が挙げられる。

全金属の模型が完成（略）戦艦大和を再現した一／一五〇の模型が一二日ほぼ完成した。（略）川本八郎氏（二七）らが七人の助手と協力、約一年がかりで製作したもので（略）設計図などの資料集めには元海軍技術少佐福井静夫氏ら「大和」にゆかりの人たちの応援を求めてざっと三年かかったが、それだけに全部本物を縮小した精巧さである。（略）製作費は安く見積もっても百万円は下らず、おかげで同家の家計は沈没の危機に立ったという[27]

模型の題材は、太平洋戦争の決戦兵器として位置付けられていた戦艦大和である。旧日本軍の兵器を題材とし

図16　1959年発売のタミヤによる全長1メートル31センチの「1/200 日本海軍戦艦武蔵」
（出典：田宮模型編『田宮模型全仕事 1946-2000 ビジュアル版3―― SHIP, AIRCRAFT MODELS』文春ネスコ、2000年、142ページ）

た模型が堂々と公表できた直接の契機には、日本の独立回復があるだろう。

だが、ここで注目したいのは、これまでとは異なる模型の媒介性である。一九五三年のこの記事に取り上げられた戦艦大和の「全部本物を縮小」する行為は、かつて存在した〈実物〉の外観を「精巧」に「再現」することを目指したものだった。また、国家的事業とは全く無関係に、仲間同士による（「家計」を圧迫するような）私的営みとしておこなわれていることも、戦中期の兵器模型との決定的な違いである。こうした模型の変化と呼応して、五〇年代後半以降は、多くの模型メーカーが戦艦大和や零戦をはじめとした第二次世界大戦期の日本軍の兵器を題材とした模型を発売するようになる。

この時期の模型製品は、ボックススケールと呼ばれる三十センチ級、四十センチ級、五十センチ級など、パッケージとなる箱のサイズに合わせてそれぞれバラバラなスケールで発売されていて、後の時代のように、七十二分の一、百四十四分の一、七百分の一などの統一スケールによるシリーズ化はされていなかった。しかしすでに、単に「動く」だけでなく、模型の精巧な外観が求められるようになってはきていた。そこで重要になってくるのが、模型メーカーの「命」とも言われる、大量複製のもとになる「金型」である。

例えば、タミヤは、静岡の地場産業である下駄やサンダルのメーカーが量産するために使用した金属型を使ってフライス盤で木彫をする技術を応用して、自動木彫による船体の美しいラインを実現していた。(28) さらに、相当こだわって細部を工作できる、一メートルを超える大型スケールの木製艦船模型も発売していた（図16）。

こうした模型が開発されたこと自体もまた、もはや戦前期以来の実用性とは相対的に離れ、「趣味」領域で外観や形状が重視されていく流れのなかにあったと言えるだろう。

模型とミリタリズム

一方、ミリタリー模型について、坂田謙司は、「「人の死」をもたらす兵器を作っているのではなく、あくまでも単なる「かっこいい機械としての兵器の外見」を作っているにすぎない」[29]という。坂田が重視するのは、それによって教科書などの公式の戦争の「知」とは異なるもう一つの戦争の「知」が編成されるということである。戦後日本のミリタリー模型が、キットに付属している解説書からも「人の死」を捨象し、「かっこいい」兵器の外観に特化していったこと自体は妥当な主張だと考えられる。

こうした流れは少し後の時期になると、より顕著に現れてくる。次節で述べるように、一九六〇年代になると、プラスチックの導入と相まって、模型の主流は、「動く」模型から正確な縮尺設定をもつ「スケールモデル」へと移っていく。

このような状況に関係して坂田は、戦記マンガが悪書として追放される一方、ミリタリーを中心とするプラスチックモデルは排除の対象にならなかったことに注目している。その理由として挙げられているのが、マンガが単なる娯楽ではなく文学の一種として捉えられる一方で、プラモデルは「人間の死」が捨象されることで逆に現実の戦争に対する肯定・否定からは切り離されたこと、さらに、模型は工作の一種でもあって、教育面の効果がある程度肯定的な論調を呼んだことである[30]。

ここには、当時の模型メディアがもつ二面性が見られる。つまり、戦前期から連続する「工作」という物質的・身体的実践の側面と、軍国主義的理想を脱色したうえで現実の戦争と切断する「娯楽」という側面である。

伊藤公雄は、戦後の戦記マンガについて、それが公式の「平和主義」に対する「エクスキューズ」[31]のために「ミリタリー・カルチャーの徹底した商品化[32]」をおこなったことを指摘している。この構造は、少し異なる内実で模型にも共通して存在していたように思われる。戦後の日本社会でのミリタリー的要素の商品化という大きな動きのなかで、戦後のミリタリー模型は、「実用性」をもった戦時下の兵器模型から自らを切り離し、実際の殺傷につながる「機能」とは無縁の「趣味」となっていったと考えられる。

すなわち、模型から「楽しみ」を受け取るあり方が、敗戦で軍事優位の思想が後退した戦後期に、周辺的なものから中心へとせり出した結果、「趣味」領域にあるという（今日まで続く）模型の社会的位置が形成されたのである。では、「趣味」化した模型の物質性はどのような推移を遂げていくのだろうか。次節では、経済的・技術的背景とともに、プラスチックという新材料の導入によって一九六〇年代以降に生じた模型の物質性の変容を検討していく。

3　プラスチックモデルと高度経済成長

重化学工業とプラスチック

一九五五年から七〇年代初頭までの日本では、人口ボーナスによる若年低賃金労働者の豊富な供給、一ドル三百六十円の固定相場制の維持、石油を中心とする原料・燃料の安価な調達などを背景にして、高度経済成長が達成された[33]。そのなかでも、産業別に見ると、重化学工業の技術水準の向上や生産力の増大が顕著な特徴であり、高度経済成長期に欧米諸国へのキャッチアップ、さらには一部では追い抜きを果たしたという[34]。

こうした高度経済成長は、模型の物質性にも強く作用している。それは、高度経済成長による「豊かさの達成」という日本社会の多くの領域を覆う社会変動一般にとどまらない。模型の場合はさらに、一九六〇年代以降の代表的なあり方、石油化学工業の成果であるプラスチックによって作られた模型という、より物質的な側面に関わる論点もあるからである。

プラスチックは石油由来の人工物だ。模型産業は石油化学産業による材質の供給があってはじめて、商品化されたプラスチック製模型を生産できる。そのため、戦後の模型にプラスチックが使われることの意味を考える前提として、高度経済成長期でのプラスチック製品一般の状況を概観しておく必要がある。

高度経済成長期には、日本社会の隅々までプラスチックを材料とする製品が爆発的に普及した。林隆紀は、その理由として、次の三点を挙げている。まず、同強度を有する他の材料に比べて、圧倒的に軽量であり、多くの製品の軽量化・小型化を可能にしたこと。次に、人工材料として分子レベルでの設計が可能であることから、製品特性を微妙にコントロールすることができること。さらに、一九五〇年代からオイルショックまでの旺盛な石油資源の発掘を背景として、経済的視点からも非常に魅力的な材料だったことである。(35)

確かに、身の回りのプラスチック製品を手に取ると、手触りや曲げたときの具合がそれぞれ少し違う。言い換えると、プラスチックには材料ごとに（人間が受容するときの）質感の違いがある。これは、一口にプラスチックとはいえ、粘性と弾性がさまざまに異なる事実に由来している。ある材料の質感が多様なこと自体は、あらゆる材質に言えることだろう。そのうえで、こうした性質を人工的に細かく設計できる点が、プラスチックの特性なのだ。

プラスチックの普及と模型への導入

では、模型で、一九五〇年代以前の木製や金属製から六〇年代のプラスチックへの素材転換はどのようにして起こったのか。さらに、そうしたプラスチック化によって、模型というメディアの物質性はどう変わったのだろうか。

海外ではすでに一九三〇年代にイギリスのＩＭＡ社が、イギリス陸軍の識別用訓練に用いる精密な模型を、当時の新材料だったプラスチックを使って製造していた。現在確認できる初期商品には、“a complete kit of Fully Detailed plastic moulded parts”という説明が付されている。ここからは、「プラスチック」という物質と「完全

図17　1958年発売のマルサン「原子力潜水艦ノーチラス号」
（出典：日本プラモデル工業協同組合編『日本プラモデル50年史——1958-2008』文藝春秋、2008年、62ページ）

に模された」という精密さの観念が結び付いていたことがわかる。その後、四〇年代には、アメリカのレベル社などが多数のプラスチックモデル（plastic model kit）を製造して販売するようになっていた。

こうしたプラスチック製模型が、一九五〇年代前半には駐留アメリカ軍経由で日本に入った。例えば、五六年の竹商商事によるアメリカ・レベル社商品の輸入広告に「プラスチック製ソリッドモデル」の表記が見られる。この時点では、現在のような「プラスチックモデル」という呼称はまだ定着しておらず、戦前期以来の「動かない」模型である「ソリッドモデル」のいわばプラスチック・バージョンとして理解されていたのである。

しかしそれは、戦前期以来「動く」模型に次いだ存在だった「動かない」ソリッドモデルの枠を超えていた。当時のプラスチック製模型の形状の精密さは、関係者の記憶に強く残っている。例えば、先の田宮俊作は、はじめてレベル社のプラスチック模型を見たときの驚きを「ひとつひとつの部品の精巧さに、声も出ませんでした。（略）実物そっくりにできているのです。（略）自分たちが製造している木製模型では、こんな微妙な形に加工するなんてことは、とてもできっこありません」[36]と表現する。だが同時に、「ニッパーで部品をパチンと切り離し、接着剤で接着していくだけ」の「あまりにも手軽すぎた」[37]製作への違和感についても表明している。

これらの述懐は、イギリスで生まれ、アメリカから日本に入ってきたプラスチック製の模型が、既存の日本の模型とは異質な前提に基づいて作られていたことを示している。同時期には日本の雑貨産業で、プラスチックへの素材転換が進み、輸出も増えていた[38]。ただ、模型業界の主流は一九五〇年代前半に引き続き、木製を主とする科学模型だった[39]。

やがて日本の模型も徐々にプラスチック製が多くなっていく。国産化第一号のプラスチック製模型とされるのが、一九五八年にマルサン商会（以下、マルサンと略記）から発売された「原子力潜水艦ノーチラス号」と「PT212哨戒水雷艇」「ボーイングB―47ストラトジェット爆撃機」「ダットサン一〇〇〇」の四点である（図17）。はじめて「プラモデル」の名が冠されたのは、これらの商品だった[40]。

厳密には、これより先の一九五六年に、大阪・布施市の日本プラスチックがプラスチック製模型を開発し、広告も出していた[41]。しかし、市場に出回ることなく終わったため、一般的に国産初のプラスチックモデルとして認知されたのは、マルサンの商品だった。その成功の理由としては、当時のマルサンは日本の金属玩具メーカーの大手であって、思い切った販売戦略をおこなったことが挙げられる。例えば、フジテレビで『陸と海と空』という毎週日曜日午前十時から三十分間放送される番組のスポンサーとなった。この番組では、アメリカ製プラスチックモデルを組み立てた経験もあった落語家の三遊亭小金馬を司会に起用し、毎週一つのキットを紹介していた[42]。

ただし、マルサンの初期四商品のうち、日本の和工から持ち込まれた「ダットサン一〇〇〇」以外は、アメリカのレベル社の完全なコピー商品であって、しかもその精度は良くなかった。これは、プラスチックを精密に加工する技術が国内ではいまだ確立していなかったことによる[43]。実際、一九六二年の通産省による情況調査では、

「プラスチック製の組立用モデル及玩具」に対して、国産のプラスチック原料の価格の高さ、技術面の遅れ、技術員の未熟練などの問題点が指摘されていて、そのためこの時点で議論されていた自由化は延期され、輸入品への関税率二〇パーセントが据え置かれた(44)。

つまり、プラスチック製品自体の量的な製造は多くなっていたものの、その技術は未熟であって、アメリカのモノグラム社やレベル社に対抗できるほどの精巧なプラスチックモデルを作れる質的水準には達していなかったのである。

「動く」模型から「動かない」スケールモデルへ

精密さでイギリス製やアメリカ製に劣る日本のプラスチックモデルではあったが、一九六〇年代には、前節で述べた戦記マンガや少年雑誌のブームと呼応して、零戦や戦艦大和をはじめとした旧日本軍の兵器を題材にしたミリタリー模型が流行するようになった。

こうした「流行」は一般の新聞でも数多く報じられた。例えば、一九六二年の「朝日新聞」の「家族でたのしめるプラモデル」という記事では、プラモデルのなかでも特に零戦や武蔵、大和などが人気だと指摘している。

数からいえば戦争もの、零戦と武蔵、大和ならはずれっこないといわれています。ホンモノの零戦が三万と出ないうちに終戦で消えたのに、プラモデルは一社の工場から、あの型では百万機、この大きさで六〇万機と飛び立って、もう日本中で何百万機売れたことやら(略)零戦のお得意さまは戦記物愛読の中学生、それに四十、五十の戦中派が一〇〇式司偵やP五一ムスタングをたのしげに作っている(45)。

ただ、こうしたミリタリーを題材としたプラスチックモデルでも、一九六〇年代前半には、いまだ「動く」ことを重要視する理解のしかたは持続していた。例えば、六一年にタミヤは、モータライズ戦車のプラスチックモ

図18　1970年発売のタミヤ「1/35ミリタリー・ミニチュア」シリーズ「シュビムワーゲン」
（出典：田宮模型編『田宮模型全仕事 1946-2000 ビジュアル版1——MILITARY MODELS』文春ネスコ、2000年、1ページ）

デル「パンサー」を発売したが、五五年以来発売していた木製戦車シリーズと同様にマブチモーターを使用するなど、あくまで「動く」ことに主眼を置いていた。また、同じ六一年に出された青島文化教材社（以下、アオシマと略記）のプラスチックモデル第一号「ブルーバード」もまた、スクリューが付いた電動ボートの模型だった(46)。

その後、一九六〇年代半ばまでは、〈戦前期以来の〉機能性を重視する「動く」模型と、外観の精密なプラモデルの両立が続いた。例えば、タミヤのPR誌「タミヤニュース」には、六七年に発売された「1／35戦車シリーズ ドイツ陸軍重戦車キングタイガー」の紹介文として、「このキットの大きな特徴として、モータライズした場合とスケールモデルとして飾っておく場合と二種類に組み分けができるようになっています(47)」と述べている。この商品は、モータライズモデルとスケールモデルの両立をねらった商品であり、六〇年代後半の模型の〈機能と形状のせめぎ合い〉を表している。

そうした状況から「動かないスケールモデルの時代へと歴史が変わるターニングポイント(48)」となったのは、タミヤが一九六八年から発売した三十五分の一スケールの精巧な“Military Miniatures”シリーズだった（図18）。この商品名が端的に表すように、模型は、〈実物〉の形状を特定のスケールに縮尺して再現する「ミニチュア」的な存在となっていった。

さらに一九七一年には、田宮俊作の提案から、静岡模型教材協同組合の四社（タミヤ・アオシマ・長谷川製作

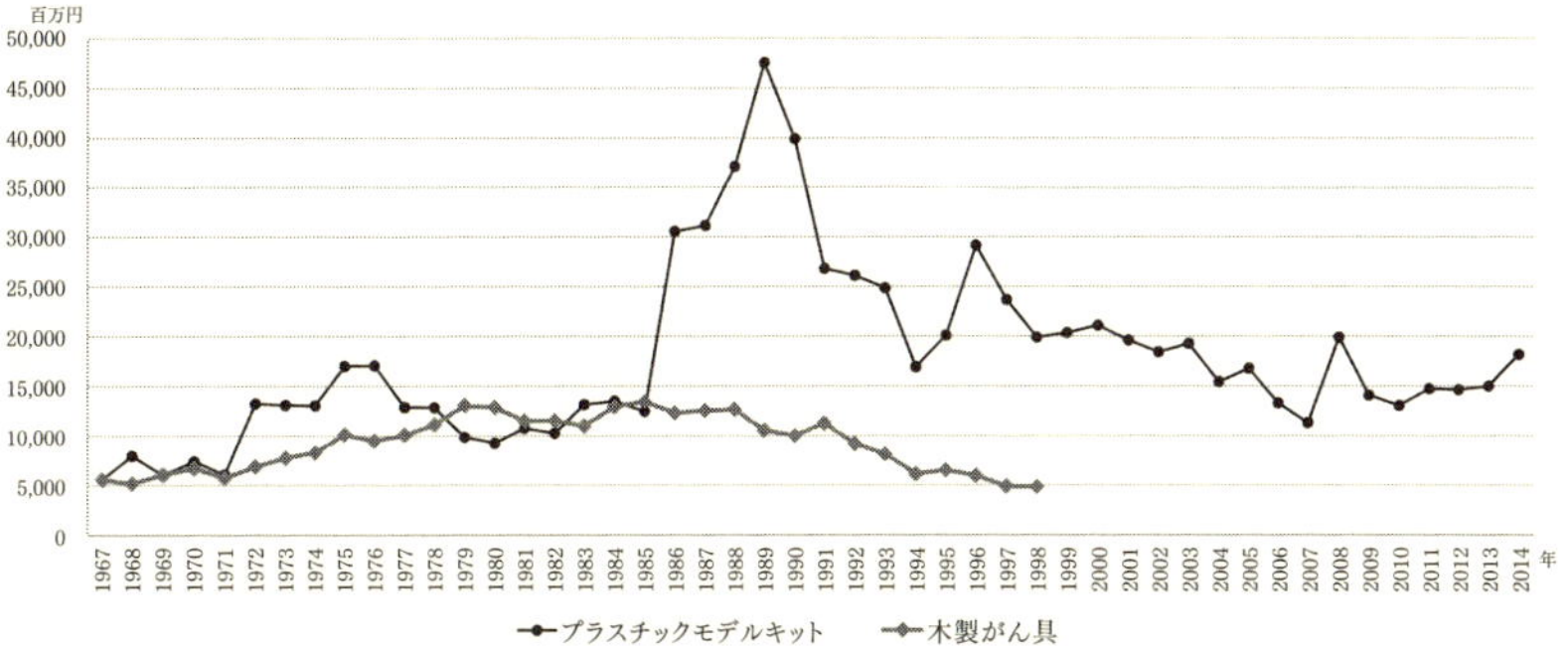

図19　「プラスチックモデルキット」と「木製がん具」の出荷金額（単位・百万円）
（出典：「工業統計」から筆者作成）

所・フジミ模型）の合同で「1／700ウォーターラインシリーズ」が企画、発売された。従来のスケールモデルは各社がそれぞれ同じ題材の模型を発売することがあり、ライバル社が同一縮尺で分担して開発するこのシリーズは画期的な企画だった。しかし本書の観点から見ると、より重要なのは、このシリーズが同時期の模型の位置を典型的に表していることである。すなわち、ウォーターラインとは喫水線のことで、このシリーズは、喫水線以下の部分は省略して、船体の洋上に浮かぶ部分だけを模型化していた。これは「見える部分」の形状に特化したスケールモデルであって、プラモデル時代の外観に特化した物質性を備えた模型だと言える。

　このような模型についての考え方の変化と軌を一にして、日本製プラモデルの生産の増大がさらに進んでいる。実際、一九六七年には「工業統計」に「プラスチックモデルキット」という独立した分類項が立てられるようになった[49]。この年にはすでに「木製がん具」を上回る出荷金額を示しているが、その後の動きを先に述べておくと、一九七〇年代にはオイルショックがあったにもかかわらず、九〇年代初頭まで「プラスチックモデルキット」の出荷金額は上昇を続ける。「木製がん具」は逆に、少しずつ出荷金額を減らしていき、九九年にはついに八十年間続いた「木製がん具」カテゴリーが「工業統計」から消えることになる（図19）。

　こうしたプラモデルへの急速な転換が可能だった背景には、まず生産者側の要素として、木工産業で培われてきた模型技術の転用があった[50]。

一方、受容者の側から見るならば、従来の木製模型に比べたときの圧倒的な「作りやすさ」があった。先の田宮俊作の記述から明らかなように、当初こそ木製模型に馴れたベテラン・モデラーには不評な面もあったが、大多数のモデラーにはプラモデル製作の容易さは魅力的だった。これは、同時代の模型誌に「プラモの本質はインスタントにあり(51)」といった表現がしばしば見られることからもうかがい知ることができる。

小刀やカンナ、ヤスリを使った削り出しなどの作業を必要としないプラモデルは、以前より手軽な「ホビー」として、消費的欲望を増していく日本社会のなかで幅広い人気を獲得していったのである。

プラモデルを扱う新たな模型誌

プラモデルの登場とともに、新たな雑誌も誕生した。一九六六年には現在まで続くスケールモデル専門の月刊誌である「モデルアート」(モデルアート社)が創刊された。創刊号では、「プラ模型」が「子供にも大人にもたのしめる趣味のホビークラフトとして、すでに日常生活のなかに溶け込んでおり、一日としてこれを忘れることのできない時代(52)」だという現状認識を述べている。同誌は、模型店を経営していた井田博が主宰するもので、新製品の紹介や製作ガイドなどの記事に重点を置いていた。これは、井田が自身の模型製作歴と模型店経営の経験から、初心者から上級者までのモデラーと、模型メーカーとの橋渡しを志向していたことによる(53)。

「モデルアート」には、精密な外観を重視するスケールモデル製作に資するために、詳細な塗装やデカール(54)、マーキングの指示が数多く掲載されていた(図20)。特に、同時代のアメリカ軍や一九五四年に設立された自衛隊の航空機などの現用機に関しては、製作の参考にするために実物の機体写真に多くのページを割いていた。また、「プラ模型による特撮の方法 軍艦篇(55)」といった、自分で製作したプラモデルを写真に撮る方法に特化した記事もしばしば掲載していた。こうした記事の構成からも、外観的な形状が重視されていた模型のあり方がわかる。

当時の認識については、「モデルアート」の創刊号に掲載された「日本製プラモデルの課題」という座談会によってもうかがい知ることができる。

井田博「日本の技術のプラモ水準は、いまどのぐらいだと思いますか、飛行機に限定した場合に（略）最高基準をモノグラムとして、それにくらべて日本の作品は。」（略）
橋本喜久男「まぁ、国産のいちばんいいところで八〇点ぐらいしかあげられないですね。（略）日本軍は出

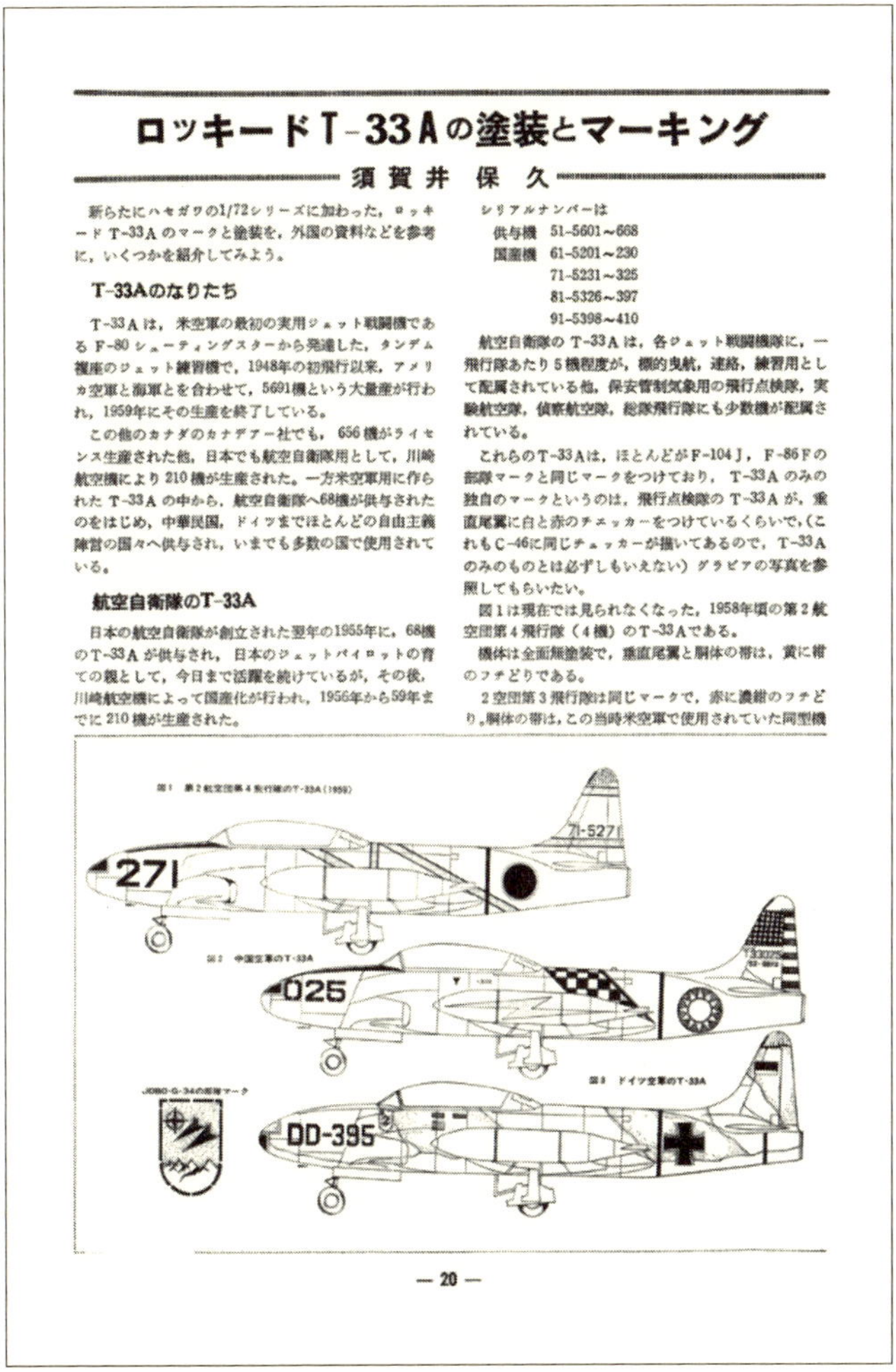

ロッキードT-33Aの塗装とマーキング

須賀井保久

新らたにハセガワの1/72シリーズに加わった，ロッキードT-33Aのマークと塗装を，外国の資料などを参考に，いくつかを紹介してみよう。

T-33Aのなりたち

T-33Aは，米空軍の最初の実用ジェット戦闘機であるF-80シューティングスターから発達した，タンデム複座のジェット練習機で，1948年の初飛行以来，アメリカ空軍と海軍とを合わせて，5691機という大量産が行われ，1959年にその生産を終了している。

この他のカナダのカナデアー社でも，656機がライセンス生産された他，日本でも航空自衛隊用として，川崎航空機により210機が生産された。一方米空軍用に作られたT-33Aの中から，航空自衛隊へ68機が供与されたのをはじめ，中華民国，ドイツまでほとんどの自由主義陣営の国々へ供与され，いまでも多数の国で使用されている。

航空自衛隊のT-33A

日本の航空自衛隊が創立された翌年の1955年に，68機のT-33Aが供与され，日本のジェットパイロットの育ての親として，今日まで活躍を続けているが，その後，川崎航空機によって国産化が行われ，1956年から59年までに210機が生産された。

シリアルナンバーは
供与機　51-5601～668
国産機　61-5201～230
71-5231～325
81-5326～397
91-5398～410

航空自衛隊のT-33Aは，各ジェット戦闘機隊に，一飛行隊あたり5機程度が，標的曳航，連絡，練習用として配属されている他，保安管制気象用の飛行点検隊，実験航空隊，偵察航空隊，総隊飛行隊にも少数機が配属されている。

これらのT-33Aは，ほとんどがF-104J，F-86Fの部隊マークと同じマークをつけており，T-33Aのみの独自のマークというのは，飛行点検隊のT-33Aが，垂直尾翼に白と赤のチェッカーをつけているくらいで，（これもC-46に同じチェッカーが描いてあるので，T-33Aのみのものとは必ずしもいえない）グラビアの写真を参照してもらいたい。

図1は現在では見られなくなった，1958年頃の第2航空団第4飛行隊（4機）のT-33Aである。

機体は全面無塗装で，垂直尾翼と胴体の帯は，黄に紺のフチどりである。

2空団第3飛行隊は同じマークで，赤に濃紺のフチどり，胴体の帯は，この当時米空軍で使用されていた同型機

— 20 —

図20　塗装とマーキングの指示
（出典：「モデルアート」1969年7月号、モデルアート社、20ページ）

るものによってムラが多いが、まぁだいたいレベル（社）ぐらいになっていないかな、といえますね。しかし日本のは材質が気になる。」
井田「日本のメーカーに特に望むことは。」
橋本「シリーズとスケールをそろえること。それに零戦だけが多すぎる。約三二社あるメーカーのうち二七、八社が零戦を出している。」（略）
井田「日本の飛行機くらいは全部つくってほしい。ファンをマニアにまで育てていくには、機種をそろえねばならない（略）。」
野沢正「（略）それにスケールだけは必ず統一してほしい。[56]」
橋本「日本のメーカーのスケールはまだ不統一ですね。」

座談会では、日本のプラモデルを評価する「基準」がアメリカのモノグラム社やレベル社に設定されている。また、本節ですでに触れた「材質」の悪さが、日本製プラモデルの評価が低い理由として指摘されている。さらに注目したいのは、この座談会で「シリーズとスケールをそろえる」という要望が出されていることである。これは、辻泉が鉄道模型に関して指摘した、「よりスケールの小さい模型で、他の付属品も交えた「レイアウト」を作成して楽しむ（略）「レイアウトの夢[57]」と同様の想像力である。座談会の発言からは、セットやシリーズとして模型を製作して並べることが、鉄道模型に特殊なものではなく、この時代の模型一般に広がりをもつ受容態度だったことがわかる。また、模型製作者（モデラー）に関しては、「ファンをマニアにまで育てていく」ことが期待されている。
その発展した形として、一九七〇年代以降特に盛んになってくる「ジオラマ」という製作実践がある。ジオラマは、飛行機や戦車だけではなく、同スケールの人形や風景と組み合わせた「情景」そのものを再現した模型である。しかしその分、単体の模型を完成させることに比べて、より高度な技術力が必要とされる。実際、この時

1/700 SCALE
ウォーターラインシリーズ
WATER LINE SERIES
誕生
連合艦隊のすべてが、模型になりました。
かつて世界最優秀と言われた日本海軍、その栄光の連合艦隊が模型になります。当時の日本の血と汗の努力の結晶とも言える連合艦隊、艦船ファンにはぜひ作っていただきたい記念すべきシリーズです。モデルは吃水線以下を省略し、海上に浮ぶ勇姿を再現した洋上モデルと言われるもの、戦艦クラスで全長35cm前後ですから場所をとりません。統一スケールでコレクションに最適です。しかも静岡の模型メーカー4社の協同企画、シリーズの充実もスピードアップしました、きっと楽しんでいただけるシリーズです。
●第1回発売5月21日
高雄（重巡）A 250円
鈴谷（重巡）T 250円
妙高（重巡）H 250円
利根（重巡）F 250円
●第2回発売6月21日
鳥海（重巡）A 250円
最上（航空巡）T 250円
那智（重巡）H 250円
筑摩（重巡）F 250円
●第3回発売
陸奥（戦艦）A 400円★
大和（戦艦）T 500円★
伊勢（戦艦）H 400円★
榛名（戦艦）F 400円★
●第4回発売
長門（戦艦）A 400円★
武蔵（戦艦）T 500円★
日向（戦艦）H 400円★
金剛（戦艦）F 400円★
●第5回発売
愛宕（重巡）A 250円
熊野（軽巡）T 250円
羽黒（重巡）H 250円
霧島（戦艦）F 400円★
●第6回発売
摩耶（重巡）A 250円
足柄（重巡）H 250円
比叡（戦艦）F 400円★
年内に23種発売予定
（A＝アオシマ T＝タミヤ H＝ハセガワ F＝フジミ）（★印は予価）
日本重巡洋艦
高雄
青島文化教材
AOSHIMA
アオシマ
PLASTIC COLOR MODEL
日本重巡洋艦
鈴谷
田宮模型
日本重巡洋艦
妙高
長谷川製作所
Hasegawa
日本重巡洋艦
利根
フジミ模型
Fujimi
各¥250
協同企画・静岡模型教材協同組合（青島文化教材社）（田宮模型）（長谷川製作所）（フジミ模型）

図21　ジオラマを掲載したフジミ模型の広告
（出典：「モデルアート」1973年1月号、モデルアート社）

代の広告では、「ジオラマ」と「シリーズ」が強調されている（図21）。

さらに、「モデルアート」のほかにも、一九六九年にはこれも現在まで続く月刊の「ホビージャパン」（ホビージャパン）が創刊された。当初はミニカーの専門誌だった同誌は、一九七〇年代にはスケールモデルを中心とするプラモデルを主に扱う雑誌となった。すでに一九七五年一月号の時点で「模型趣味の専門誌」と自ら定義していた同誌は、誌名が端的に表すように、模型は「ホビー」であるという命題を明確に打ち出した雑誌だった。同誌は競合の「モデルアート」より対象年齢をいくぶん高めに設定した編集方針を取っていて、スケールモデルを製作するための考証記事が目立っている。

実際の誌面を検討すると、編集部やプロのモデラーが製作した「作例」と呼ばれる記事には、模型が媒介する〈実物〉の見方についての変化がみられる。例えば次の記事は、作例記事における車輌模型への批評である。

玩具というのなら話は別だが、スケールモデルと名前がつくものはあくまで可能な限り実物を縮尺し、実物のもつメカニズムや雰囲気を机の上に再現するのであって（略）第一本物をよく研究して作ったモデルのもつ不思議な迫真力というものがあって、それはある程度までは全然実物をしらない人でも嗅ぎわけることができるもので、こういうのをリアリティとか実在感というのだろう。[58]

ここでは、〈実物〉との関係で「玩具」と「スケールモデル」の違いが強調されている。再現が未熟な玩具に対し、スケールモデルは「可能な限り実物を縮尺し」たものでなければならない。模型が「不思議な迫真力」をもつのは、「実物のもつメカニズムや雰囲気」を「再現」するからだとされる。

このような模型のあり方と関連して、模型製作の際に用いられる「資料」の存在を指摘できる。「ホビージャパン」には、これまでの機能重視の模型ではあまり必要とされていなかったコクピット内部までの詳細な図面や、機体の全長などのデータが多数掲載されていた。さらに、こうした資料に関するこだわりと入手をめぐる苦労が語られることもある。

実機の写真も何ですけど、ニューギニアの方に行ってる特派員に頼んでもらって、墜落した隼の写真なんかも撮っていただいたんです。（略）それと、ニュージーランドですか？　何かあそこにI型があるとかって話で、そこに行って写真を撮ってもらったんですが、やはり操縦席内部は何もないということで(59)

ここでは、旧日本軍の戦闘機・隼がほとんど現存していないことによる資料不足と機体情報入手をめぐる困難さが強調されている。それは逆に考えると、多くの時間的・経済的コストをかけてまで入手しなければならないほど、資料によって〈実物〉の形状を示す必要があったことを示している。

では、このような経過をたどった戦後の模型メディアは、どのような媒介性と物質性をもっていたとまとめられるだろうか。

4　過去の形状を再現するメディア

本節では、以上の三つの節で述べてきた戦後の模型のあり方を、メディアの媒介性と物質性という視点から小括していきたい。

本章の第1節では、戦前・戦中期から占領期への連続性を記述してきた。そこでは、「未来」を媒介する科学模型の復権や戦時下の「現在」という媒介性の継続とともに、記号性が「帝国日本」から「アメリカ」に移行したことについて検討した。総じて言うと、一九五〇年前後の時点では、模型は〈実物の機能を媒介する〉という、戦前期以来のあり方が持続していたことがわかった。

第2節では、一九五〇年代の、ミリタリーを中心的な題材とするスケールモデルの「趣味」化をめぐる動きについて述べてきた。敗戦後すぐの日本では、「戦争」やナショナリズムの要素が後景に退いていた。しかし、近代社会の「男の子文化」では、ある種のミリタリズム的要素は、その「魅力」を形成する重要な要素である。そのため、五〇年代になると、敗戦後抑圧されてきたこうしたミリタリー・カルチャーが少しずつ復活してくる。その後、六〇年代には、マンガや少年雑誌、プラモデルの世界にも「ミリタリーもの」がはっきりと露出してきたという。(60)

ただ、一九五〇年代の模型誌で「本誌は相当年配の模型ファンから小学校に到る迄読者層が一定して居りません」(61)とその「読者層」の世代的多様さが吐露されるように、また六〇年代の新聞紙上で「お得意さまは戦記物愛読の中学生、それに四十、五十の戦中派」(62)と報じられるように、さらに、七〇年八月に東京・池袋パルコでおこなわれた第一回J・A・Cモデラー教室の「参加者の年令層は一五〜四〇才位と巾広く」(63)と伝えられるように、模型は(ジェンダーは男性に大きく偏っているのは確かだが)決して「男の子」という若年層に限定されるものではなかった。ここからは、プラモデルというメディアは戦後に誕生したけれども、それを位置付ける模型をめぐるメディア文化自体は、戦時下からの連続性を色濃く残してきたことがわかる。

しかし同時に、戦後の平和主義のなかでの断絶も確認できた。すなわち、模型が、実物と同様に動く「機能」や帝国日本と結び付く「理念」から切り離され、「ホビー」や「アート」といった「文化」的要素と結び付く「形状」に特化していった。これはもちろん、模型の媒介性と物質性をめぐる変化の記述であるから、特定の主体が意図的にこうした方向に導いたことを意味しない。

そうではなく、アメリカによる冷戦体制のなかで形成された戦後日本社会の平和主義という背景のなかで、模型は、戦時下のように現在の実用性と結び付いた「兵器模型」から、現行の兵器だけでなく「過去」の戦争で活躍した機体まで含めた「すでにある」対象を模する「ミリタリーモデル」へと変化したと考えられるのだ。

第3節では、高度経済成長期から一九七〇年代にかけてのプラモデルの物質性について論じてきた。六〇年代以降、プラスチックの導入によって精密なスケールモデルが模型の主流を形成するようになった。プラモデルは石油由来の加工物であるプラスチックを材料とするので、重化学工業の発展がその生産の前提となる。高度経済成長のなかでの重化学工業の発展に伴って、プラスチックの生産が安定し、また成形技術も向上していった。それによって、プラモデルに微細なモールドを施し、これまでの木製模型では難しかった精密な外形をもたらすことが可能となってきた。

反対に、「動く」模型飛行機を実際に飛ばす競技大会は一九七五年でその多くが終焉を迎えている。[64] これは、七〇年代後半には、機能の媒介性が、模型メディアの中心的なジャンルではなくなったことを示すだろう。

もちろん、模型のすべてがそのように変わってしまったわけではない。あるべき〈実物〉に先んじる模型のあり方は、建築模型や車体模型では現在まで持続している。自然科学や工学と関わりが大きいこれらの領域では、戦前以来の科学模型と同じく、プロトタイプとしての模型が不可欠であるからだ。

また、「ホビー」領域の模型についても、「動く」機能の媒介性は、ラジコンやミニ四駆などの形でいまでも残っている。これまでの研究で他の多くのメディアについて示されてきたとおり、模型もまた、古いメディアのうえに新たなメディアがまるで地層のように積み重なって存在している。

それでも、戦後の「ホビー」化した模型の主流は、特定の縮尺を設定して〈実物〉の外観を忠実に再現する、すなわち形状の媒介性をもつ「スケールモデル」となっていったと考えられるだろう。一方、物質的側面から捉えると、精密な形状に加工可能な「プラスチックモデル」が主流となっていったとも言える。プラモデルは、それ以前の木製模型に比べて、製作が圧倒的に容易だった。消費的欲望を増していく日本社会のなかでそうした物質性をもつプラモデルは歓迎され、代表的な「ホビー」のひとつになっていったのである。

以上のように、戦後の模型メディアは、平和主義のなかで「趣味」の領域へと社会的な位置付けを移すとともに、重化学工業の発達を背景としたプラスチック材質の利用と重なって、すでに存在する〈実物〉の外観を再現する「ホビー」となってきた。こうした模型が媒介する対象は、時間的にはすでに存在する「過去」、空間的には「形状」が重視された〈実物〉である。すなわち、スケールモデルあるいはプラスチックモデルが中心となった戦後の「模型」は、〈過去の形状を再現するメディア〉とまとめることができる。

では、このように形成されてきた模型というモノ／メディアは、その後どのように変化していくのだろうか。第2部では、一九八〇年代以降から現在までの模型メディアについて検討する。

注

(1) 雨宮昭一『戦時戦後体制論』岩波書店、一九九七年

(2) 野口悠紀雄『一九四〇年体制』東洋経済新報社、一九九五年

(3) 田宮俊作『田宮模型の仕事』(文春文庫)、文藝春秋、二〇〇〇年、一九ページ

(4) 同書二〇ページ

(5) 同書二三ページ

(6) ヴァルター・ベンヤミン「昔のおもちゃ――マルク博物館のおもちゃ展に寄せて」『ベンヤミン・コレクション2――エッセイの思想』久保哲司訳、浅井健二郎編訳(ちくま学芸文庫)、筑摩書房、一九九六年、五九ページ

(7) 前掲『日本の模型』一五四―一五五ページ

(8) 「子供の科学」一九四九年一月号、誠文堂新光社、一一ページ

(9) 「読売新聞」一九五一年八月十三日付

(10) 「読売新聞」一九五二年三月三十日付

(11) 辻泉「なぜ鉄道オタクなのか？――「想像力」の社会史」、宮台真司監修、辻泉／岡部大介／伊藤瑞子編『オタク的想像力のリミット――〈歴史・空間・交流〉から問う』所収、筑摩書房、二〇一四年、七三ページ

(12) 「科学と模型」一九四六年六月復刊第一号、朝日屋理科模型店出版部科学と模型社、二ページ

(13) 「模型少年」は、一九四七年に創刊された「モデランド」が、四九年に「模型少年」という誌名にリニューアルさ

れた模型専門雑誌である。
(14)「模型少年」一九五〇年一月号、教誠社科学教材、七ページ
(15)「模型少年」一九五〇年二・三月号、教誠社科学教材、七ページ
(16)富山玩具製作所は、その後のトミー、現在のタカラトミーにつながる会社だが、一九二四年に東京・西巣鴨で創業した。第1章で述べたように、戦前期からの東京を中心とする玩具メーカーと、静岡を中心とする木製模型メーカーの二つの企業群が起源となって、戦後の模型業界を形成する。
(17)「ラジオと模型」一九四九年三月号、少年文化社、四ページ
(18)吉見俊哉『親米と反米――戦後日本の政治的無意識』(岩波新書)、岩波書店、二〇〇七年、一五ページ
(19)前掲「ラジオ自作のメディア史」一四五―一四六ページ
(20)前掲『親米と反米』一五ページ
(21)前掲「ラジオ自作のメディア史」一四七―一四八ページ
(22)前掲「ラジオと模型」一九四九年三月号、三四ページ
(23)前掲「プラモデルと戦争の「知」」二〇二―二〇三ページ
(24)前掲「鉄道の意味論と〈少年文化〉の変遷」一六五―一七一ページ
(25)「科学と模型」一九四七年五・六月号、朝日屋理科模型店出版部科学と模型社、三ページ
(26)「模型少年」一九四九年一月号、教誠社科学教材、四―五ページ
(27)「朝日新聞」一九五三年七月十三日付朝刊
(28)『田宮模型全仕事 1946-2000 ビジュアル版3――SHIP, AIRCRAFT MODELS』文春ネスコ、二〇〇〇年、一四九ページ
(29)前掲「プラモデルと戦争の「知」」二一九ページ
(30)同論文二二四ページ
(31)伊藤公雄「戦後男の子文化のなかの「戦争」」、中久郎編『戦後日本のなかの「戦争」』所収、世界思想社、二〇〇四年、一八八ページ

(32) 同書一九三ページ
(33) もちろん、高度経済成長の契機として、どういった変数を重視するのかは研究者によって異なる。例えば、石田淳は、アジア・太平洋戦争終結に伴う兵員や一般人の引き揚げと、その後のベビーブームによる人口ボーナスが高度経済成長の基盤として重要だったことを、計量研究から明らかにしている(石田淳「戦争と人口構造――高度経済成長の基盤としてのアジア・太平洋戦争」、荻野昌弘編『戦後社会の変動と記憶――移動・空間・他者』〔「叢書戦争が生みだす社会」第一巻〕、新曜社、二〇一三年)。
(34) 吉田三千雄『戦後日本重化学工業の構造分析』(「戦後世界と日本資本主義」第六巻)、大月書店、二〇一一年、第三章
(35) 林隆紀「持続資源としてのプラスチック材料――ケミカルリサイクル事例を中心として」「佛教大学社会学部論集」第五十四号、佛教大学社会学部、二〇一二年、六七―六八ページ
(36) 前掲『田宮模型の仕事』四四ページ
(37) 同書四五ページ
(38) こうした動向は、例えば一九五〇年代後半にセルロイド検査協会が日本輸出プラスチック検査協会になったことなどに現れている。
(39) 前掲『日本の模型』一八〇ページ
(40) 「プラモデル」という名称は、一九五八年にマルサン商会が「原子力潜水艦ノーチラス号」をその商標で発売後、翌五九年に商標登録したものである。しかしその後、プラモデルという言葉の一般化とともに、商標権は七五年に日本プラスチックモデル工業協同組合の所有となり、組合各社が使用できるようになった。
(41) 「日本模型新聞」一九五六年十月号
(42) 日本プラモデル工業協同組合編『日本プラモデル50年史――1958-2008』文藝春秋、二〇〇八年、七九ページ
(43) 同書六二ページ
(44) とはいえ、翌一九六三年には、他の多くのプラスチック製品と同様に輸入が自由化された。
(45) 「朝日新聞」一九六二年十二月九日付。なお、文中にある「一〇〇式司偵」とは、戦時中の帝国陸軍の司令部偵察

機である「一〇〇式司令部偵察機」の略で、「P五一ムスタング」は、第二次世界大戦期から一九八〇年代まで運用されたアメリカの戦闘機である。また、同記事内でプラモデルの主要な製作主体として、中学生とともに「四十、五十の戦中派」が特に挙げられていることは、本章第1節で述べた戦時下からの模型製作者の連続性という点でも興味深い。

(46) 前掲『アオシマプラモの世界』一五二―一五三ページ
(47) 「タミヤニュース」一九六七年九月号、タミヤ・タミヤニュース編集室
(48) 前掲『日本プラモデル50年史』一六一ページ
(49) 一九六六年までは「その他プラスチック製玩具」に含まれていたと予想される。また、「木製がん具」は本書での「木製模型」とは必ずしも一致しないが、ひとつの参考となるデータではあると考えられる。
(50) 前掲「プラモデル産業」一五ページ
(51) 「モデルアート」一九六六年十一月号、モデルアート社、一一ページ
(52) 同誌二四ページ
(53) 井田博『日本プラモデル興亡史――子供たちの昭和史』(文春文庫)、文藝春秋、二〇〇六年
(54) デカールとは、ロゴやマーキングを転写できるシートのこと。
(55) 「モデルアート」一九六九年七月号、モデルアート社、五六ページ
(56) 前掲「モデルアート」一九六六年十一月号、九―一〇ページ
(57) 前掲「鉄道の意味論と〈少年文化〉の変遷」一七八ページ
(58) 「ホビージャパン」一九七五年十月号、ホビージャパン、七五ページ
(59) 「ホビージャパン」一九七七年八月号、ホビージャパン、四七ページ
(60) 前掲「戦後男の子文化のなかの「戦争」」一五七―一六四ページ
(61) 「科学と模型」一九五二年一月号、朝日屋理科模型店出版部科学と模型社、三六ページ
(62) 「朝日新聞」一九六二年十二月九日付
(63) 「ホビージャパン」一九七〇年十月号、ホビージャパン、五三ページ

（64）前掲『日本の模型』一八一ページ

第2部　現在

第4章　情報消費社会とキャラクターモデル／ガレージキット

一ドル三百六十円の固定相場制の終焉と二度のオイルショックを直接的な契機としながら、一九七〇年代後半の日本は低成長期に入った。この時期は同時に、資本主義の成熟に伴う脱工業化社会[1]という社会変動の到来を示していた。国際政治的にはいまだ東西冷戦の枠組みは続いていたものの、八〇年代の日本は、七〇年代前半までの「戦後期」とは異なる社会的文脈をもつ「ポスト戦後」期に突入していたのである。[2]

ポスト戦後期での日本社会の最大の特徴は、生産中心の社会から消費中心の社会への移行だろう。ジャン・ボードリヤールの消費社会論[3]は、世界的なポストモダン社会のメディアや文化が置かれた状況を鋭く言い当てていたが、その時代診断は一九八〇年代の日本によく当てはまっていた。いや、むしろ彼の理論は、実践的なマーケティングの現場に応用されることで、予言の自己成就的に「消費社会」という時代を作り出していったと言えるかもしれない。

消費社会では、情報がモノに優越し、モノが記号として消費される。その場合、必要を超えて無限に消費されることになった記号・情報としてのモノは、人間社会にどういう反作用を及ぼすのか。見田宗介は、情報化／消費化を近代的な資本主義の展開の必然としながらも、いずれ資源と環境の限界に突き当たるだろうことを指摘している。[4]

では、こうした状況で、模型の媒介性と物質性はどのように変化していったのだろうか。すでに挙げたように、一九八〇年代の『機動戦士ガンダム』のプラモデル（以下、ガンプラと略記）に関しては、「物語消費」と「フェティシズム」という視座から読み解いた研究が存在している。まず、この論考内容を確認したうえで、さらに具体的な資料を用いながら批判的に検討していきたい。

「物語消費」という枠組みに関しては、「ポピュラー文化におけるモノ」についてより広く考える第6章でも検討するが、ひとまず本章では「ガンプラ」に即して確認しておく。大塚英志は、一九七〇年代後半以降の「おたく文化」について、「コミックにしろ玩具にしろ、それ自体が消費されるのではなく、これらの商品をその部分として持つ〈大きな物語〉あるいは秩序が商品の背後に存在することで、個別の商品は初めて価値を持ち初めて消費される(5)」という。しかし、大きな物語自体を直接売ることはできないので、かわりに「その一つの断片としての〈モノ〉を見せかけに消費してもらう」ことになる。その典型的な事例として言及しているのは「ビックリマンシール」だが、他の事例として『機動戦士ガンダム』の関連商品が取り上げられている(6)。また、東浩紀も、大塚による「物語消費」を説明する際に、やはり『ガンダム』を例として挙げ、自己が論じる「データベース消費」的な原理による『新世紀エヴァンゲリオン』との対比で説明している。そこでは、「『ガンダム』のファンは「宇宙世紀」の年表の整合性やメカニックのリアリティに異常に固執」し、「巨大ロボットのフィギュアを作ったりするだけのために細々とした設定を必要としていた(7)」とされる。

それに対し、文化人類学者の川村清志は、物語消費をふまえながらも別の視座からガンプラをめぐる現象を読み解いている。川村は、ポスト近代の日本での人とモノの関係性を考察するために、ガンプラという巨大なマーケットをもつに至った「商品」について、グローバル化した市場経済やメディア状況を視野に入れながら、フェティシズムという視点から分析する。そこでは、ガンプラの「らせん的進化(8)」の特徴として、以下の三点が挙げられている。第一に、アニメーションから小説、テレビゲームへといった重層化する物語空間の展開、第二に、ポリキャップやイロプラ、内部構造や可動部の再現といった技術革新、第三に、ガンプラへの想像力を触発し、その方向性を指示する模型雑誌や改造指南書によるフィードバックである。[9] この分析結果をふまえて、商品フェティシズムと呪物フェティシズムという視点から理論的考察がおこなわれている。前者について川村は、「ガンプラという商品自体が、ボードリヤールが指示したシミュラークル[10]」であって、それが「実物を前提として「リアルさ」を追求していた既存のスケールモデルとの明確なズレ[11]」だと述べている。また、後者について、「ユーザーはモノとしてのガンプラから得られるイメージや情報を通じて、物語にフィードバックする可能性さえもっている」として、そこから「モノ自体の呪物性」すなわち「モノがヒトに働きかける力」を見いだしている。[12]

以上の物語とフェティシズムという二方向からの分析は、確かに「ガンプラ」の生産と消費の局面やその背後にある力学を言い当ててはいるだろう。特に後者の「モノ」に注目する視座は本書と共通する部分も大きく、非常に示唆的な論考である。しかし本書の視座から考えた場合、「ガンプラ」というカテゴリーを自明視してしまっていて、ガンプラはその一部である「キャラクターモデル」というジャンル全体や、さらにはそうしたジャンルの前提となる、戦前から続く模型の歴史的文脈が考慮に入れられていないといった問題を含んでいる。

そこで本章では、まず「キャラクターモデル」ジャンルの形成について記述したうえで(第1節)、それとの連続性から「ガンプラ」をめぐる諸事象について再検討していく(第2節)。さらに、同時期に生じた「ガレージキット」の登場と展開の過程について分析する(第3節)。これらを総合的に考察することで、一九八〇年代から九〇年代にかけての模型の媒介性と物質性を明らかにしたい(第4節)。

1　情報消費社会と模型

スケールモデルにおける形状と解釈

資本主義の原理のなかですべてのモノは「商品」になるというのがカール・マルクスの命題だったが、前述したように、ボードリヤールは、消費社会ではすべてのモノは使用価値や交換価値とは相対的に独立した「記号」になると論じた。

では、こうした消費社会での模型は、どのような記号による差異化がおこなわれていたのか。あるいは、そうした枠組みでは捉えきれないモノ自体への接近は見られるのだろうか。

この時代に隆盛する模型は、大塚や川村が論じたガンプラを一部に含む「キャラクターモデル」というジャンルである。キャラクターモデルとは、スケールモデルと対置される概念で、「アニメやマンガなどのコンテンツに登場する架空の人物やメカニックなどのキャラクターを題材とした模型」をさす。また、「キャラクター模型」と表記する場合もあるが、ほぼ同義である。なお、一九八〇年代前半の勃興期では、「マスコミ模型」といった表現も見られる。これは、題材となるアニメやマンガが「マスコミ」の一部であると捉えられたからだろう。

素朴に考えるならば、キャラクターモデルは、単にマンガやアニメに基づく情報（物語）を消費するための手段として製作されるようにもみえる。この見方では、まずアニメやマンガなどの作品文化を伝える一次的メディアが先にあり、模型はその受容の後に位置する二次的なメディアだということになる。では、こうした考え方は、キャラクターモデルを的確に捉えているのだろうか。

この問題について考える端緒として、スケールモデルで先駆的に存在した、キャラクターモデルにつながる論理を確認しておきたい。その理由は、模型メディア史をふまえた場合、キャラクターモデルはスケールモデルからの展開として生じたジャンルだからである。

前章で、一九七〇年代のスケールモデル／プラスチックモデルの時代には〈実物〉の「形状」を正確に再現することが求められたと論じた。ただ、この時代にも少数ではあるが、すでに単なる「正確さ」に収まらない模型への理解が見られた。例えば、次に挙げるのは、七〇年代の模型誌で連載された「プラモロジー」というタイトルの文章である。重要な論点を含んでいる部分なので、やや長めになるが引用しておきたい。

「実物と形が似ている」ことが模型の本質だと書いた。外国の模型の本などにも、photographic accuracy（写真のような正確さ）などという言葉が見えるが、われわれの理想とするところも、まさにそのへんであるはずだ。（略）「実物の翼の後縁は、もっと薄いはずだから、模型ではカミソリのようでなければいけない。」とかいろいろ言われている。模型である以上、これらのことも無論だいじなことではあるが、われわれモデラーとしては、たとえ主翼の後縁はカミソリのようであり、ネジリ下げがついていようとも、全体として、ちっとも実物に似ていないのでは、困ってしまうわけだ。実物に似せるためには、写真を撮ることのほかに、似顔絵を書くという方法もあるのである。（略）飛行機の全体型にも、かならず、その飛行機らしさをきめるポイントというものがある。そこをおさえてあれば、その他の細部は多少いいかげんでも、何とかみられるものだ。逆に、このポイントを外れていると、細部がどんなに整っていても、全体としての印象は、ホンモノからかけはなれたものになってしまう。(13)

この「プラモロジー」では、「写真」と「似顔絵」という比喩を用いることで、正確さとアレンジが二項対立的に語られている。「細部」を整えることにこだわるあまり、全体の印象が「実物に似ていない」ことは注意して避けるべきこととされる。したがって、「正確な形状」こそが媒介すべき〈実物〉の位相であると考えられていたスケールモデルでも、「本物らしさ」を再現するためにはある程度の〈解釈〉が必要とされていたことがわかる。

つまり、川村による「実物を前提として「リアルさ」を追求していた既存のスケールモデル」という指摘は、多くのスケールモデルに当てはまっているかもしれないが、実際の事情はもう少し複雑だったと言える。スケールモデルの「リアルさ」は単純にガンプラと対比できるような「明確なズレ」ではなく、そこには、実物なきシミュラークルとしてのキャラクターモデルの萌芽がすでに存在したと考えなければならない。

キャラクターモデルの誕生

そもそもキャラクターモデル自体は、一九六〇年代のスケールモデル全盛の時代から存在していた。前章で述べた初の国産プラモデル「ノーチラス号」の一九五八年の発売から間もない六〇年に、今井科学（以下、イマイと略記）は日本初のキャラクターモデルである「鉄人28号」を発売した。この後もイマイはキャラクターモデルの販売を続け、六六年四月からNHKで放映されていた『サンダーバード』のプラモデル・シリーズを発売して大人気となった[14]。この商品の売り上げの高さから、イマイはバンダイとともに、六七年七月に民放に移って再放送された『サンダーバード』の共同スポンサーになるほどだった。また同時期には、マルサンも東宝の『ゴジラ』や円谷プロの『ウルトラマン』『ウルトラセブン』などの日本の特撮テレビ番組を題材としたプラモデルを発売していた。

こうした商品の売れ行きにもかかわらず、当時の模型誌にはキャラクターモデルが掲載されることはほとんどなかった。ただ、部分的な記述から当時のキャラクターモデルに対する理解を垣間見ることはできる。

プラモデルを、今までのモケイのがいねんから飛び出してロボットや漫画ものを世に出し、ある面でプラモファンを最大に増加させた点は偉大です[15]。

ここでは、「ある面で」と留保を付けながらも、「偉大です」と「ロボットや漫画もの」のプラモデルの可能性が見いだされている。ただ一方では、「今までのモケイのがいねんから飛び出して」いることが認知されていて、これに対する評価は「プラモファンを最大に増加させた」という、あくまでポピュラリティーに基づくものにすぎなかった。

実際、一九七〇年代前半までのスケールモデルが全盛だった時代には、一部の模型マニアのなかでは歴史的逸話に乏しい民間旅客機や明るく派手な彩色をもつ試作機、宇宙開発ものなどは格下に扱われていた。スケールモデルのなかでさえこういったヒエラルキーは存在していたので、大人の正統派モデラーにとっては、キャラクターモデルは「異端」のカテゴリーという圧力は強かった[16]。すなわち、この時代には、キャラクターモデルは、いわば文化的な「下位」にある模型として位置付けられていたのだ。

そのため、『サンダーバード』や『ウルトラセブン』などのコンテンツ自体の人気が落ち着くにつれて、キャラクターモデルは商業的にも苦境に陥っていった。イマイは生産設備の拡張や広告費の先行投資を回収できず、早くも一九六九年に会社更生法の適用を受けて倒産した。一方、同じくキャラクターモデルに進出していたバンダイは慎重な投資をおこなっていたために損害は少なく、逆にイマイの旧工場や金型を買い取り、後の「ガンプラ」ブームの前提となる技術的・生産的基礎を固めた。

第3章で述べたように、木製模型はプラモデルに取って代わられた。その原因として、正確な〈形状〉を重視するスケールモデルへの模型の主要ジャンルの推移、さらに人工的な設計が可能なプラスチックの特性とその製造技術の革新がもたらした製作の容易さを挙げてきた。しかし、プラモデルが模型の主流となった要因として考えられるのは、こうした変化だけではない。そこには、一九七〇年代後半に始まり八〇年代に本格化するキャラクターモデルの隆盛が関わっていたと考えられる。

では、キャラクターモデルはどのようにして模型の主要ジャンルとなっていくのか。次節では、この点について述べていく。

2 キャラクターモデルとガンプラブーム

「松本零士の世界」とスケールモデル

前節で述べたように、キャラクターモデルは商品としての売り上げはあったものの、文化的ヒエラルキーとしてはスケールモデルよりも下位に位置付けられていた。そして、一九六〇年代末から七〇年代には、イマイの失敗を受けて「キャラクターものは終わった」[17]とまで言われた状況が続いた。

そのような風潮が破られたことには、模型誌が果たした役割が大きかった。「ホビージャパン」は一九七六年に初のキャラクターモデルを扱った特集「松本零士の世界」を組んだ（図22）。以後四回にわたったこの特集は、雑誌という「メディアが主導したことで、それは作品表現として人前に出しても許されるもの、という勇気が芽生える」[18]ほどの反響を生んだ。

では、こうした特集の背景には、模型をめぐるどのような考え方の変化があったのか。初回の「松本零士の世界」特集の巻頭言には、次の文章が見られた。

図22　「松本零士の世界」特集
（出典：「ホビージャパン」1978年5月号、ホビージャパン、表紙）

「模型造りってそんなに楽しいかい?」などと聞かれた事はありませんか?（略）数年前までなら、こんな問に、ごく当然のように胸を張って「それは楽しいもんだよ。」って言えていたものでした。でも近頃心から楽しいといえなくなってはいませんか?　内外から出版される膨大な資料にうもれ、現存する実物のリサーチに追われ、その結果口だけは達者になり、人の作ったキットを馬鹿にするのは一人前。（略）もうこうなってしまっては趣味だなんていえません。（略）そこで我々模型作りを趣味とする者だけでも楽しくやっていこうということで、ここに「松本零士の世界」と題した模型作りの楽しみ方のひとつを御紹介する次第です。（略）こんなのは邪道だ!! などといきりたつ人もいると思います。でもそういわずにまず見て頂きたい。実に楽しい飛行機たちではありませんか![19]

ここで忌避されているのは、模型製作のために「膨大な資料にうもれ、現存する実物のリサーチに追われ」る状態であって、逆に目指されているのは、すでにある〈実物〉の細部に拘束されない「楽しい模型」を追求する姿勢である。また、四回目の「松本零士の世界」特集内に次の文章がある。

松本零士のマンガには、実在のメカをそのままの形で登場させたもののほか、ユニークなオリジナル・メカが登場するものが多い。そのどれをとっても、モデラーの食指を動かすには充分なものばかりであるが、キットの発売されているものの数は少ないので、どうしても作ってみたいという人は、自作しなければいけない。[20]

ここで注目したいのは、「実在のメカ」と「オリジナル・メカ」の並列である。模型内のジャンルで、いまだスケールモデルが主流だった一九七〇年代末から八〇年にかけて、松本零士の作品が選ばれたのは偶然ではない。もちろん、当時のSFブームはあったにしても、特に松本零士の作品が選択された理由はそれだけではない。松本のマンガのなかに、『銀河鉄道999』に代表される「オリジナル・メカ」を中心とした作品だけではなく、主人公のドイツ軍のエース・パイロットがメッサーシュミットに乗る『ベルリンの黒騎士』や、「97式側車付二輪自動車を主役にしたような」[21]『鉄の竜騎兵』など、すでに現実にある〈実物〉が登場し、活躍する作品が多かったからである。

では、こうしたマンガと模型の関係をどのように捉えればいいのだろうか。もちろん、「モノが記号として消費される」というボードリヤール流の考え方に沿えば、模型というモノを通して松本零士マンガの情報を消費していることになる。さらに、「物語消費」の枠組みで考えると、キャラクターモデルというモノによって、個々のマンガのエピソードで描かれた「小さな物語」の背後にある松本零士の作品世界という「大きな物語」を消費していると言えるかもしれない。実際、彼の作品は、例えば『銀河鉄道999』と『宇宙海賊キャプテンハーロック』が同一の世界観を有していることが示唆され、また『宇宙戦艦ヤマト』は壮大なスペースオペラ的物語であった。その意味では、まさに特集テーマのように「松本零士の世界」を消費するのが、この時代のキャラクターモデルだったようにも思える。

しかし、誌面では、そういったSF作品はもちろん掲載されながらも、マンガ作品自体の知名度からは意外なほど、『ベルリンの黒騎士』や『零距離射撃88』などの「戦場まんが」シリーズに登場する兵器の模型が多く取り上げられていた。ここには、二つの要素が関係していると思われる。まず、実際の兵器に取材したマンガのほうが、当時すでに充実していた各社のスケールモデルのキットを利用できるため、いまだラインナップが不足するキャラクターモデルに対して製作上の優位性があった。これは、模型の商品としての歴史的蓄積と言える。

もう一つは、観念的な模型「文化」のなかのヒエラルキーの問題もあっただろう。すでに見てきたように、この時期はいまだスケールモデルが模型の中心であって、歴史的由来をもたないキャラクターモデルは一段低く評価される傾向があった。こうしたなかで、すべてが架空の歴史で構築されたSFではなく、過去の戦史に取材した「戦場まんが」がその重要な一角を占めていた松本零士の作品だからこそ、模型誌で扱うことができたと考えられる。つまり、「松本零士の世界」を題材とする模型は、実際には純粋なキャラクターモデルというより、「過去」の〈実物〉を模すスケールモデルの論理をもっていたからこそ受容されたと考えられるのである。

以上の分析は、過去の媒介性がすでに形成されていたために、それに適した「物語」の内容が選好されるという論理を明らかにしている。「松本零士の世界」というスケールモデルとキャラクターモデルの中間的形態が示すのは、「物語（マンガ）ゆえのモノ（模型）」の消費ではなく、むしろ「モノ（模型）ゆえの物語（マンガ）」の選択という逆のベクトルなのである。

ガンプラと「イメージ」の再現

こうした文脈のなかで一九七九年にテレビ放送された『機動戦士ガンダム』に登場するMS（モビルスーツ）やMA（モビルアーマー）、戦艦、人物などを題材にしたプラモデル、すなわち「ガンプラ」が八〇年代前半に「ブーム」と呼ばれる人気を博すようになった。[22]

ガンプラについて、一般的には、その世界観の完成度やリアルなキャラクター描写などのアニメーション作品としての魅力が作用したと言われることが多い。[23]学術的議論でも、本章のはじめで確認したとおり、「大きな物語」としての世界設定の緻密さや、さらにそれをガンプラというモノが「小さな物語」として補完していったことが論じられてきた。もちろん、そうした物語や記号的側面に注目する議論は一定の説得力をもつ。

しかし、このような枠組みだけでガンプラを捉えるのは妥当なのだろうか。ガンプラは現在まで、模型独自のシリーズ展開も数多くおこなわれ、業界関係者にとっても「プラモデルとしての『ガンダム』を追求する流れは、本編の二次的産物から成長し、独立した流れとしても存在している[24]」とさえ言われている。実際、その売り上げは一九八〇年代の「ガンプラブーム」の際に急増した後も、現在の合計四億個に至るまで、継続的な人気を示している（図23）。

こうしたガンプラの存在の大きさを考慮するならば、やはりアニメーションを中心とする「大きな物語」の単なる従属物としてではなく、模型メディア史の文脈をふまえた検討によって異なった様相を浮かび上がらせる必要があるのではないだろうか。

「ガンプラ」に関して本書で注目したいのが、「ブーム」以前からの模型誌との関わりである。一九八〇年には早くも「ホビージャパン」がガンプラを積極的に扱い、表紙や特集記事に用いるようになっていた。その記事内容を子細に検討すると、そこに見られる論理は「物語消費」よりむしろ、スケールモデルに比べて自由度を増した製作における「解釈」の楽しさだ。

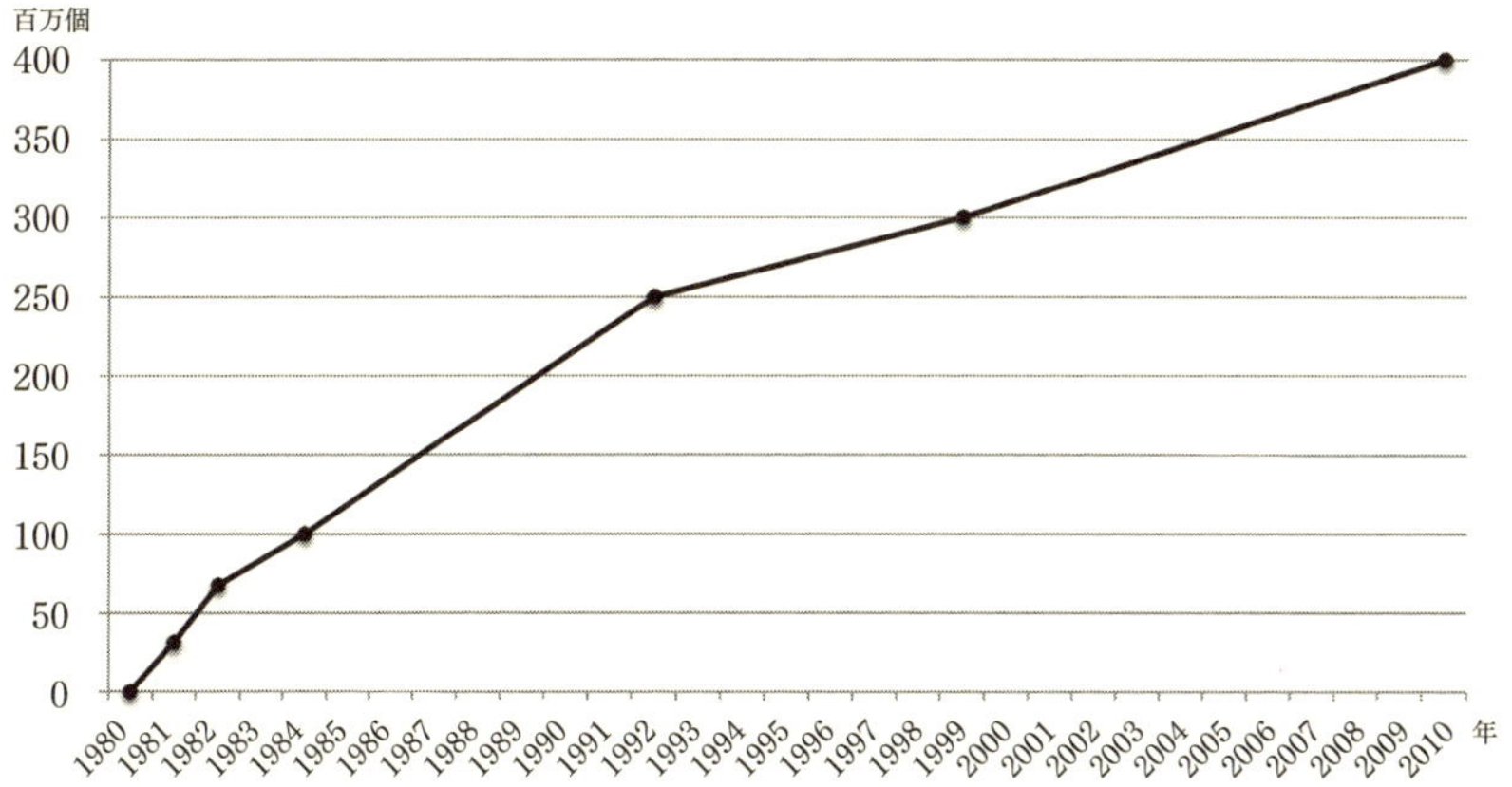

図23　ガンプラの合計出荷数の推移
（出典：日本の模型業界七十五年史編集委員会『日本の模型――業界七十五年史』〔東京都科学模型教材協同組合、1986年〕268―269ページ、および「電撃ホビーマガジン」2010年9月号〔アスキー・メディアワークス〕に掲載のデータから筆者作成）

次に挙げるのは、「ガンプラブーム」が始まる直前の一九八一年六月、「ホビージャパン」の「フィギュア」特集号に掲載された、バンダイの製品をレビューした「ガンダム・フィギュア」という表題の文章である。

> ガンダムシリーズの中より、ついにフィギュアの登場。平面のアニメのものを立体化することからしてかなりムリがあるのはプラキットを作った人でなくとも充分に想像がつくだろうと思われる。だから、今回の人形たちにもあまり期待してなかったのですが、（バンダイさんゴメン！）ところがどっこい、実物を見て、やったねー。バンダイさん。たいしたもんです。こんなキットが出る様になると、たかがマスコミ物、キャラクター物とバカにできないですなー。どのモデルもアニメのイメージを出していてもう最高です。（略）髪の毛や服のしわには、スケールモデル以上にコントラストを付けてやると良い。[25]

ここでは、「大きな物語」を背後にもつ「小さな物語」の消費というよりも、「アニメのイメージを出していてもう最高」と、単にキャラクターの「イメージ」の再現が評価の対象になっている。これは「断片化した情報」を消費しているという意味で、むしろ後に東浩紀が指摘する「データベース消費」にも近い欲望である。

とはいえ、そうした枠組みとも微妙なズレを見せている。それは、スケールモデルとの差異として「コントラストを付け」ることの重要性に現れている。キャラクターの再現のためには、単に〈形状〉を忠実に再現するだけではなく、〈解釈〉することが必要である。このことは、この記事の筆者がいうように、「平面のアニメのものを立体化する」際に必然的に生じる問題だ。つまり、アニメーションという二次元メディアでのキャラクターを模型という三次元メディアに置き換えることは、二次元メディア同士の展開とは異なる。それは、いわばキャラクターモデルに固有の営みだと言える。キャラクターモデルにおける〈解釈〉の論理のなかでこそ、「イメージの再現」という課題が重要性をもって浮かび上がってくるのである。

「オリジナル」の魅力

続く一九八二年からはいわゆる「ガンプラブーム」が起こることになるが、そこにも「ホビージャパン」や、さらにバンダイ自身が発刊するPR誌「模型情報」(バンダイホビー事業部)が大きく関わっていた。

まず、「ホビージャパン」に関しては、先に述べた表紙の初登場や特集記事を経て、一九八二年には一冊すべてがキャラクターモデルという初の試みである別冊『HOW TO BUILD GUNDAM』が出版された。これは翌年出された続刊『HOW TO BUILD GUNDAM 2』とともに「ガンプラブーム」に非常に強い影響を与えた。また、こうした企画の成功によって「ホビージャパン」は、模型の主流がキャラクターモデルへと転換する動きを方向付ける役割を果たすとともに、そうした流れのなかで九〇年代に至るまで最大部数の模型誌として安定した位置を得ることになる。(26)

さらに、一九八三年に雑誌での作例から派生した模型オリジナルの「MSV(モビルスーツ・バリエーション)」というシリーズをバンダイが発売した。これは、アニメ作品としての『機動戦士ガンダム』には直接登場しないが、その世界設定上ありえたモビルスーツ(MS)を模型にした製品であり、その意味で「バリエーション」というネーミングが付されていた。

こうしたMSVに特化した刊行物が、一九八三年に発刊された「模型情報・別冊MSVハンドブック」である。そこでは、アニメに登場しないMSVに関する詳細なデータや性能といった情報が、従来の模型誌でスケールモデルの題材となる〈実物〉に関して記述されていたのと同様のフォーマットで提供されていた（図24）。

また、同誌に掲載された『ガンダム』のメカデザイナー・大河原邦男へのMSVに関するインタビューからは、当時の模型のあり方の一端がうかがえる。


模型ファンのみなさんなら、私が考えた以上のバリエーションを作れるんじゃないですか。このシリーズを基礎として自分だけのオリジナル作品が続々と生まれると楽しいですね。

――模型は、素材という考え方ですか。

まあ、そういう事ですね。(27)


ここでは、製品化されたMSVを説明書どおり忠実に作るだけでなく、模型を「素材」にして「自分だけのオリジナル」を生み出すことが期待されている。

この例に見られる期待が示唆するのは、ガンプラは単に既存の「大きな物語」を構成する一要素なのではなく、模型製作を通じてモデラーが自分なりのオリジナルな表現を可能にするために広く受容されたことである。そのガンプラのあり方からは、スケールモデルですでに見られた「解釈の楽しみ」が、形状の「忠実な再現」に対して優位になりつつあったことがわかる。

実際、「模型情報・別冊MSVハンドブック」の編集長だったバンダイの加藤智は、後年のインタビューで「MSVは、ガンダムという作品に奥行きを与えました、もちろん、原作となる「機動戦士ガンダム」にそれを許す懐の広さがあったからできたことですが、当時、MSVの設定をとにかく自由にやらせてもらえたことも大

図24　設定とともに掲載されたガンプラのジオラマ
（出典：「模型情報・別冊 MSV ハンドブック」第3号、バンダイホビー事業部、1983年、66ページ）

きな理由であったと思います」[28]と述べている。

キャラクターモデルと情報消費社会

もちろん「ガンプラブーム」の契機には、すでに指摘されている「物語消費」的側面があっただろう。すなわち、ガンダム世界の「宇宙世紀」には詳細な年表や緻密な設定があり、それが個々のモノから新たな「小さな物語」を作り出し、さらにそれを「大きな物語」に回収する力学がはたらいていた。同時に、川村が指摘したような「フェティシズム」的側面、つまりモノから派生して、むしろ物語を補強していくような流れもあるだろう。これは、MSVという模型発のシリーズがガンダムの公式設定に組み入れられ、逆に物語世界を改変していくことに典型的に現れている。

しかし、それだけではなく「二次元メディア（アニメ）を三次元メディア（模型）化する」ことをめぐる「イメージ」の再現や「オリジナル」な表現をおこなう楽しみという側面もある。こうした〈解釈〉の魅力はすでに、スケールモデルにおける「正確さ」とのコンフリクトや、スケールモデル／キャラクターモデルの中間的形態とも言える「松本零士の世界」特集にも見られた。だが、そうした単なる〈形状〉の忠実な〈再現〉といった論理には収まらない模型のあり方が全面化したのがガンプラだったのではないだろうか。オリジナルの〈解釈〉という媒介性は、以降のキャラクターモデル全般に受け継がれ、スケールモデルに対する優位性となっていくのである。

一九八四年に、もともと「ホビージャパン」の編集部にいた人物が独立して立ち上げた月刊の模型誌「モデルグラフィックス」（大日本絵画）は、八七年から「ガンダム・センチネル」という模型作例と小説を合わせたオリジナルの連載企画をおこなった。「ガンダム・センチネル」は、八〇年代前半に「ホビージャパン」や「模型情報」が関わって形成されたMSVのように模型独自の展開を図りながらも、より「リアル」な路線を追求し、スケールモデルを製作する古参のモデラーにも好評だったと言われている。[29]

「ガンダム・センチネル」の人気は、後にバンダイが正式に同シリーズのプラモデルを商品化したことからもうかがえる。「ガンダム・センチネル」でメカニックデザイナーを務めていた、かときはじめ（現・カトキハジメ）は、当時の連載のなかで次のように述べている。

これまでのMSVが、視覚的フォルムやカラーリングにその良し悪しの判断の対象を集中させて委ねて来たのに対し、今回は逆に、内側から攻めてみた。前者を否定している訳ではなく、この三〇三E案を参考に、個々のMSV観というモノに、〝現実性／時間軸の正当化〟を付加価値として加えてみるのも、又、新しい発見や新しい切り口が見つかるんじゃないかな、あくまでこれは、MSVの楽しみ方のひとつ、には過ぎないのはモチロンだけれども！(30)

独特な言葉遣いが多いが、ここで述べられているのは、解釈をめぐる弁証法である。個々のモデラーによる独自の「視覚的フォルムやカラーリング」が提示されていた「これまでのMSV」に対し、かときは「現実性」や「時間軸」という、ガンダム世界の設定に合致する忠実さを求めている。この図式は一見、従来のスケールモデルでも存在した「正確さと解釈のコンフリクト」の変奏にすぎないとも思える。ただ、ここでの「現実性／時間軸の正当化」は、「新しい発見や新しい切り口」を見つけるためであって、もはや「楽しみ方のひとつ」になっている。「正確さ」がある種の絶対的な位置にあったスケールモデルとは異なり、設定に沿った「現実性」は重視されながらも、無数の「解釈」のうちの特定のバージョンにすぎないと、かときのような「現実性」重視の立場でさえ認めていることになる。

こうした個人のオリジナリティーの重視は、他者との差異化を求める方向性をもつ。したがって、ガンプラに代表されるキャラクターモデルのあり方は、情報消費社会の原理と、論理的にも対応していることがわかる。つまり、情報化／消費化というマクロな社会変動と適合的であったからこそ、ガンプラは各個人がオリジナルな解釈をも求める方向に展開し、人気を博していったと考えられるのである。実際、その後『ガンダム』における「宇宙世紀」を模倣した、あるいは同等以上に詳細で精緻な設定をもたされた架空世界を描くアニメ作品が登場しても、模型で「ガンプラ」ほどのブームを起こすことはなかった。そこには、前述した契機を含んだキャラクターモデルが、情報化／消費化の論理が前景化していた一九八〇年代という時代状況と呼応することで、「ガンプラブーム」の動きが生じたと考えられるからである。それが、後のキャラクターモデルにそのフォーマットの多くの部分が継承されたにもかかわらず、「ガンプラ」を超えるキャラクターモデルは現れなかった社会的・文化的理由だと考えられる。

3　ガレージキットとアマチュアリズム

脱工業化社会とガレージキット

前節で論じたのは、キャラクターモデルが模型内の主要ジャンルとしての地位を確立したことだが、この時期には、模型の物質性を考えるうえで重要なもうひとつの動きが生じていた。それが「ガレージキット」の登場と広がりである。ガレージキットは従来の文化社会学やメディア研究の領域としては論じられてこなかった対象だといっていい。本節では、一九八〇年代に誕生したガレージキットの展開を検討することを通して、既存の社会学的研究がこの現象をうまく捉えられなかった理由を明らかにするとともに、この時代の模型の物質性を捉える手がかりとする。

そもそも、「ガレージキット」とは何をさすのだろうか。一般的な定義としては、「自宅のガレージ程度のスペースで製造可能な模型」[31]だとされる。しかし、ガレージキット製作の当事者でもあったライターのあさのまさひこは、こうした理解は「事実誤認」であって、音楽作品に例えて「〝プラスチックモデル版インディーズ〟と表現するのがいちばん手っ取りばやい[32]」とする。ガレージキットという言葉自体は、一九六〇年代にアメリカで流行したガレージロックが語源だと言われる。

前章で述べたように、プラモデルは高価な「金型」を製作し、スチロール樹脂などのプラスチック材料を射出成形することで形成される工業製品である。大掛かりな生産設備とそれに伴う巨額の初期投資を必要とするプラモデルは、いわゆる「重厚長大型」の重化学工業の成果だった。だからこそプラモデル産業は、金型の蓄積のある古参メーカー（例えば戦前からのアオシマやイマイ、戦後のタミヤ）や、新たな金型を企画・開発する資本力のある大企業（例えば、バンダイ）が比較優位性をもち、新規参入が難しい領域として知られている。

それに対して、ガレージキットは、「製法や材料を問わず、家内工業的に手作りされる模型キットの総称[33]」だった。一九八〇年代には、後に述べるいくつかの契機から、大手メーカーが製品化しないマイナーなキャラクターの模型を、以前より少ない初期投資で製作することが可能になっていた。ガレージキットはその意味で、典型的な「多品種少量生産」であり、脱工業化社会に適合的な模型ジャンルだったと言える。

ガレージキット誕生の契機

さて、こうしたガレージキット誕生の背景には、以下の三つの契機があったと考えられる。

第一に、物質としての模型に関わる点として、造形材料の入手可能性がある。三次元的な立体物には、二次元的なメディアにはない複製の難しさがある。一九八〇年代以前には、立体物の複製用素材自体が「個人レベルではほぼ取り扱いが行われていなかった[34]」。例えば、初期のガレージキットは、無発砲ポリウレタン樹脂で作られている「レジンキット」と呼ばれる模型が多かった。ガレージキットを製作していた当事者の述懐では、八〇年代には工芸用品を扱う店舗でこうした材料が販売されていて、それによってガレージキット製作が可能になったという[35]。この背景には、資本主義経済システムの成熟があるだろう。「少品種大量」の生産中心社会から「多品種小量」の消費社会への変容のなかで、従来は業者間でしか取引されてなかった特殊な材料が、小売店レベルで比較的容易に購入できるようになった。そのことが、ガレージキットという模型の製作を物質的な面で支えたのである。

第二に、記号としての模型に関わる点として、情報消費社会での差異化の論理がある。これには、「ホビージャパン」が果たした役割が大きいだろう。一九八〇年代に入ったころから、自分なりの「オリジナリティー」を加えるために、「特殊工作材料」を扱った記事がしばしば掲載されるようになった。この種の記事には、次のような文章が見られる。

新キットの発売ペースのスロー化、（略）少品種の多数メーカーによる競合化などは、自然にプラモ人口を減少に追い込んでいるように感じられる。旧キットのみならず、新発売のキットを作っている人でも、新キットの発売ペースが遅くなれば、その間に他の楽しみを求めるようになるだろうし、いくら多数のメーカーから同じ品種のものが発売されても、買って作るのはそのうち一つだけなのだから。そこで、キットを素直に作るだけでは物足りない人も多いはず。せっかく作るならば他の人の作ったものよりもきれいに、かっこ良く作りたいし、自分でも楽しめるものを作りたいのではないだろうか。それには、今までのプラモ専用工作材料にこだわっていてはだめなのだ。（略）今回の特集は、それら現状に飽き足らないモデラー達に対して（略）他分野のものでも積極的にモデル作りに利用し、よりすばらしいモデルをつくってもらいたいという、本誌編集部からのアッピールなのだ。[36]

ここでは、「キットを素直に作るだけでは物足りない人」や「現状に飽き足らないモデラー達」に向けて、「他の人の作ったものよりもきれいに、かっこ良く作」るために、「今までのプラモ専用工作材料」以外の「特殊工作材料」による模型製作が提案されている（図25）。こうした提案は、前節で論じた「解釈」の強調という同時代のキャラクターモデル、特に「ガンプラ」をめぐる動きと呼応している。模型における記号的な差異の重視、

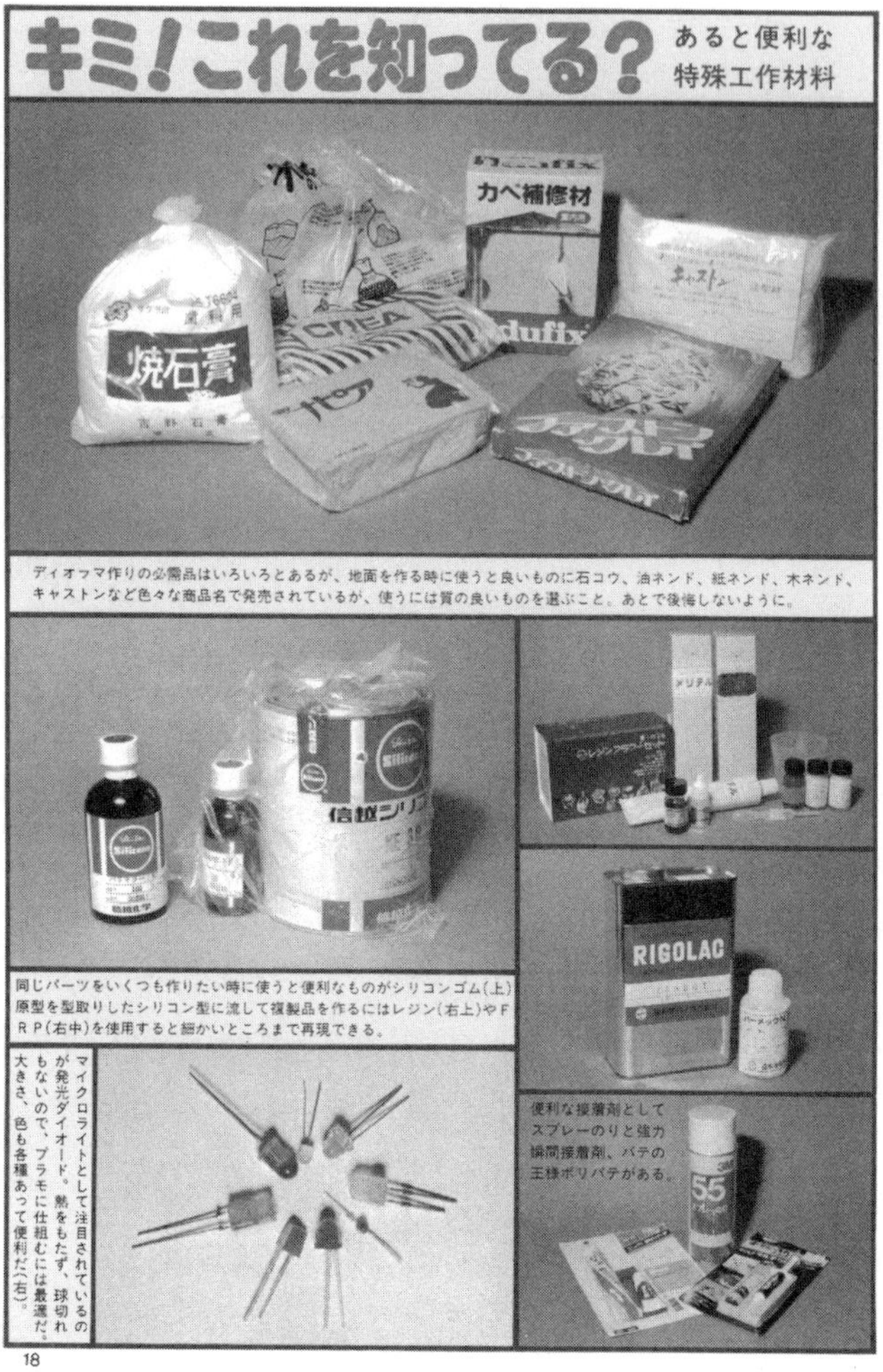

図25「特殊工作材料」を扱った記事
(出典：「ホビージャパン」1981年1月号、ホビージャパン、18ページ)

さらにそれを実現するための具体的な材料や方法に関する情報の提供が、ガレージキットへの流れをゆるやかに形作ったと考えられる。

第三に、模型の歴史に関わる点として、ブリコラージュ的製作の反復がある。第2章で論じたように、かつて戦時下の模型では、総力戦体制という極限的な物資不足のもと、利用可能なあらゆる素材を流用する製作実践が推奨されていた。戦時下でのブリコラージュによる模型製作が、戦後社会では大量生産による規格化された「キット」の普及によって、いったんは後景化していたように見える。しかし、戦時期に「工夫」と呼ばれた模型のブリコラージュは、戦後も「改造」という名前で語られる製作上の実践として残存していた。利用可能なモノを総動員して目的の模型を完成させるブリコルールの発想や技術は、さまざまな製作主体に応用され、さらに模型誌がそれを広めることで、そうした発想や技術がいわば模型に固有の「文化」として歴史的に蓄積されていたのだろう。従来の文化社会学では、こうした「モノ」に即した製作実践や工夫をうまく捉えきれていなかった、あるいは現場での物質性をめぐるブリコラージュを軽視してきたからこそ、ガレージキットがメディア研究の対象となってこなかったと考えられる。

以上、三つの点がガレージキット誕生の契機として挙げられる。実際には、これらの要素は密接に絡み合っていた。すなわち、多様な造形素材が利用可能な状況が前提となり、情報消費社会での差異化の論理が模型製作における「改造」という文化実践と合体することによって、ガレージキットというジャンルが誕生したと言えるだろう。

模型製作のアマチュアリズム

では、誕生したガレージキットは、模型メディアにどういった変化をもたらしたのか。それは、模型における生産／消費の主体の拡散、送り手／受け手の融解である。

もちろん、模型は「製作」という能動的行為を含んでいるため、そもそも戦前期から生産者と消費者、送り手と受け手といった図式には収まりきれないメディアではあった。それがガレージキットの時代になると、プロと素人の中間である「アマチュア」[37]による実践がさらに顕在化してくる。

その典型的な例が、後の二〇〇〇年代にフィギュア・ブームを牽引することになる海洋堂である。海洋堂は当初、模型を趣味としていた宮脇修が、一九六四年にプラモデルショップとして創業した模型店だった。[38]しかしそ

図26　海洋堂がはじめて版権取得した1982年発売のガレージキット「海底軍艦」（出典：前掲『日本プラモデル50年史』256ページ）

の後、絶版模型の復刻作業で造形技術を向上させていき、オリジナル原型で特撮作品などに登場するキャラクターのガレージキットを製作するようになった。この当時に製作していたのはいまだ版権を得ていない「グレーゾーン」のキャラクターモデルだったが、八二年に初の版権取得キットを発売するまでになる（図26）。

さらに、一九八二年には同じく大阪で、後にオタク論で著名になる岡田斗司夫がガレージキットを製作・販売するゼネラルプロダクツを立ち上げていて、一九八四年からアマチュア製作によるガレージキットの展示・販売イベントであるワンダーフェスティバル（以下、ワンフェスと略記）を主催するようになった。その後、九二年にゼネラルプロダクツが活動を休止するのに伴って、それ以降のワンフェスの主催を海洋堂が引き継いだ。ワンフェスは、画期的な「当日版権システム」を導入することによって、海洋堂などの組織だけでなく、個人でもメーカーと同様に販売者となることができるようになった[39]。

ワンフェスは、コミックマーケット（以下、コミケと略記）などの同人誌即売会と似た側面をもっていて、比較されることも多い。そこで、先にコミケとワンフェスの共通点を整理しておくと、両者ともアマチュアによる創作物が販売されるイベントである。また、文化的にもマンガやアニメ、ゲーム、フィギュアなどのホビー領域は近接していて、同時期には共通する原作をモチーフにした作品が多く見られる。それに関連して、コスプレをした参加者が多いことなども共通している。

しかし、両者の違いも大きい。コミケは、基本的に個人またはサークルによる自己表現の場と規定されているため、法人が出展するブースは「企業ブース」として個人やサークルとは区別され、企業がサークルとして本やグッズを販売することは禁じられている[40]。また、そこでの著作権の一括処理はおこなわれてはいない。現在、著作権法は親告罪であるため、権利者の訴えがなければ取り締まることはできない。そして、マンガやアニメの原作者たちのなかでも、二次創作の表現活動が広くマンガやアニメなど文化の発展に資するものという理解が共有されている。そのため、法的には、いわば作者群の黙認によって二次創作やコミケという場が可能になっていると言える。[41]

一方、ワンフェスには前述した当日版権システムが導入されている。その理由としては、これもすでに述べたように、海洋堂という（アマチュアの模型店から成長した）メーカー＝法人が主催していることがある。そのため出展者は、個人のガレージキット製作者から中小のメーカーにまでわたる。また、展示・即売するのはガレージキットを中心とした立体物であり、その原材料費から同人誌に比べて高価格になる。

こうした違いの背景には、同人誌が新たな物語を紡ぐ二次創作活動であるのに対し、ガレージキットにはあくまでモノとして現前させることが重要だという文化的・メディア的な要素がある。同人誌では、例えば東園子が女性向け二次創作である「やおい」分析で示した「相関図消費」すなわち「物語の中で提示された人間関係を元に、一定の枠組みの中で別の人間関係を想像＝創造する」[42]ような実践がおこなわれる。しかし、ガレージキットを作るアマチュアは、二次元のキャラクターを三次元の立体物にする面白さを追求している。[43]模型化する際に、立体物としての「かっこよさ」に必要な、あるいはそれに関連する範囲で物語の解釈をおこなうのであって、物語を紡ぐこと自体に主たる関心はないように思われる。つまり、「原作→二次創作」という物語的想像を主眼とする同人誌に対して、ガレージキットは「二次元→三次元」というメディア位相の転移に主眼があると整理できるだろう。

こうした点を考慮に入れると、大手メーカーによって製品化されたプラモデル（特にキャラクターモデル）とガレージキットは切り離された存在では全くなく、原作の物語を解釈して立体物として表現するという意味で、ガレージキットは市販のプラモデルを製作・改造する行為と共通する論理を備えている。

先に述べてきたように、ガレージキット草創期からすでにアマチュアが自己の製作した原型を複製すること自体は可能だった。だがその時点では、複製品の生産が可能であっても、著作権の問題から公的な場で販売することは難しかった。それが、ワンフェスでは、イベント当日限定とはいえ、大手メーカーと並列して商品を公式に販売することが可能になった。ここに至って、「アマチュア」は生産者という立場だけではなく、販売者としての地位を獲得したと言える。

プラモデル／ガレージキットの融解

さらに、こうしたガレージキットをめぐる動きは、一般のキャラクターモデルにも浸透していく。

ガレージキットをめぐる動きが盛り上がるにつれて、それに注目した大手メーカーが進出するようになった。例えば、バンダイは一九八五年から「B—CLUB」というガンプラなどのキャラクターモデルを中心とするムック本を定期刊行し、誌面に掲載した作例から製品化された「B—CLUB」レーベルのガレージキットを発売するようになった（図27）。ここには、模型と紙媒体とのさらなるメディア・ミックスとともに、大量生産に満足しない発想から生まれたガレージキットという模型のあり方を大手メーカーが逆に取り込んでいこうとする動きが見られる。

しかも、「B—CLUB」がもつ他のガレージキットの作り手にはない優位性は、ガンプラの発売元であるバンダイが開発していることで、メジャー・ラインであるガンプラと完全に対応する展開をおこなえたことである。例えば、既存のガンプラと組み合わせることで、プラモデルとしては発売されていない比較的マイナーなMSを作ることができる「改造パーツ」など、すでにガンプラという一大シリーズをもつ大手メーカーだからこそ可能なガレージキット群を販売しえた。ここにきて模型メディアは、送り手／受け手という図式だけでなく、さらにプロ／アマチュアといった枠組みをさえ融解させることになったと言えるだろう。

また、一九九〇年代の模型誌の読者参加企画を見ると、ガレージキットの製作をめぐる論理がキャラクターモデル全般に波及していた様子がうかがえる。次に挙げるのは、「オリジナル」のガンプラの大賞作品への「審査

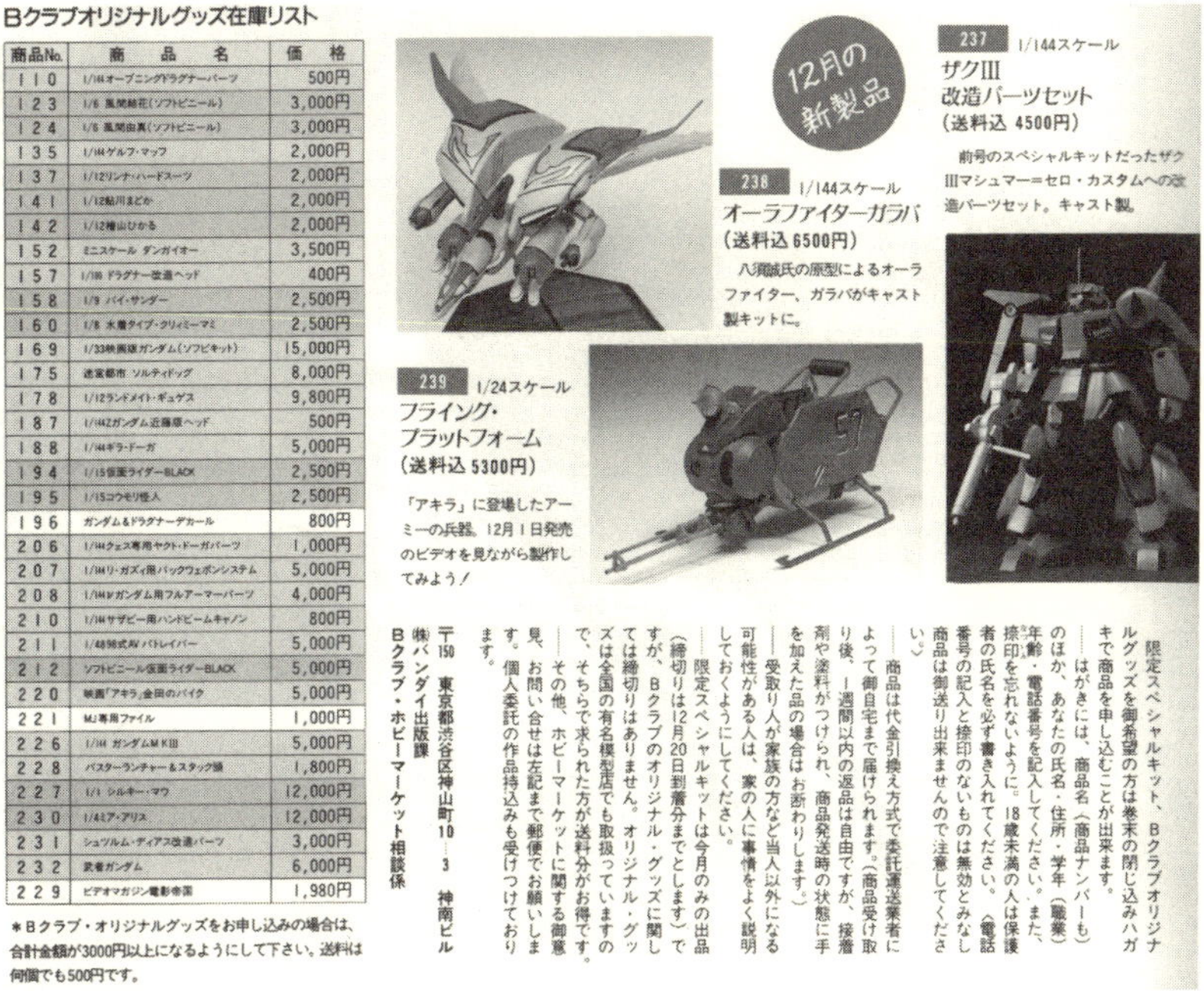
Bクラブオリジナルグッズ在庫リスト

商品No.	商品名	価格
110	1/144オープニングドラグナーパーツ	500円
123	1/6 風間鮎花（ソフトビニール）	3,000円
124	1/6 風間由真（ソフトビニール）	3,000円
135	1/144ゲルフ・マッフ	2,000円
137	1/12リンナ・ハードスーツ	2,000円
141	1/12鮎川まどか	2,000円
142	1/12檜山ひかる	2,000円
152	ミニスケール ダンガイオー	3,500円
157	1/100 ドラグナー改造ヘッド	400円
158	1/9 バイ・サンダー	2,500円
160	1/8 水着タイプ・クリィミーマミ	2,500円
169	1/33特presso機ガンダム（ソフビキット）	15,000円
175	迷宮都市 ソルティドッグ	8,000円
178	1/12ランドメイト・ギュゲス	9,800円
187	1/144Zガンダム近藤版ヘッド	500円
188	1/144ギラ・ドーガ	5,000円
194	1/15仮面ライダーBLACK	2,500円
195	1/15コウモリ怪人	2,500円
196	ガンダム&ドラグナーデカール	800円
206	1/144クェス専用ヤクト・ドーガパーツ	1,000円
207	1/144リ・ガズィ用バックウェポンシステム	5,000円
208	1/144νガンダム用フルアーマーパーツ	4,000円
210	1/144サザビー用ハンドビームキャノン	800円
211	1/48 98式AV パトレイバー	5,000円
212	ソフトビニール仮面ライダーBLACK	5,000円
220	映画「アキラ」金田のバイク	5,000円
221	MJ専用ファイル	1,000円
226	1/144 ガンダムMKIII	5,000円
228	バスターランチャー&スタック缶	1,800円
227	1/1 シルキー・マウ	12,000円
230	1/4ミア・アリス	12,000円
231	シュツルム・ディアス改造パーツ	3,000円
232	武者ガンダム	6,000円
229	ビデオマガジン電影帝国	1,980円

＊Bクラブ・オリジナルグッズをお申し込みの場合は、合計金額が3000円以上になるようにして下さい。送料は何個でも500円です。

12月の新製品

237 1/144スケール
ザクIII
改造パーツセット
（送料込 4500円）
前号のスペシャルキットだったザクIIIマシュマー＝セロ・カスタムへの改造パーツセット。キャスト製。

238 1/144スケール
オーラファイターガラバ
（送料込 6500円）
八須誠氏の原型によるオーラファイター、ガラバがキャスト製キットに。

239 1/24スケール
フライング・プラットフォーム
（送料込 5300円）
「アキラ」に登場したアーミーの兵器。12月1日発売のビデオを見ながら製作してみよう！

限定スペシャルキット、Bクラブオリジナルグッズを御希望の方は巻末の閉じ込みハガキで商品を申し込むことが出来ます。

……はがきには、商品名（商品ナンバーも）のほか、あなたの氏名・住所・学年（職業）年齢・電話番号を記入してください。また、捺印を忘れないように。18歳未満の人は保護者の氏名を必ず書き入れてください。（電話番号の記入と捺印のないものは無効とみなし商品は御送り出来ませんので注意してください。）

……商品は代金引換え方式で委託運送業者によって御自宅まで届けられます。（商品受け取り後、1週間以内の返品は自由ですが、接着剤や塗料がつけられ、商品発送時の状態に手を加えた品の場合はお断わりします。）

——受取り人が家族の方など当人以外になる可能性がある人は、家の人に事情をよく説明しておくようにしてください。

……限定スペシャルキットは今月のみの出品（締切りは12月20日到着分までとします）ですが、Bクラブのオリジナル・グッズに関しては締切りはありません。オリジナル・グッズは全国の有名模型店でも取扱っていますので、そちらで求められた方が送料分がお得です。

……その他、ホビーマーケットに関する御意見、お問い合せは左記まで郵便でお願いします。個人委託の作品持込みも受けつけております。

〒150 東京都渋谷区神山町10—3 神南ビル
㈱バンダイ出版課
Bクラブ・ホビーマーケット相談係

図27　改造パーツや特別なガレージキットの通販記事
（出典：「B-CLUB」第37号、バンダイメディア事業部出版課、1988年、27ページ）

委員の講評」である。

> イラストを元に立体化する場合、たいてい「2Dの嘘」が表面化してくる。今回の作例は微妙なバランス調整にて、かなりのレベルでイラストのデザインラインを崩すことなく仕上げられているが、それでも部分的にバランスを変えたところ、逆にデザインを優先させた結果すり合わせがうまくいかなかったところがある。実際に自分でイラストを描き、それを元に立体化するとき一番大切なのは、どれを取り、どれを捨てるかの選択だろう[44]。

キャラクターモデルでは、二次元のイラストを三次元へと「立体化」する際の、「どれを取り、どれを捨てるかの選択」が「一番大切」とされる。こうした理解は、この時代の模型が、どこにも存在しない〈実物〉について、自分オリジナルの解釈を表現するメディアになったことを示していた。

以上のように、従来の模型メディアをめぐる実践で蓄積されてきたブリコラージュは、一九八〇年代以降の情報消費社会の差異化の論理と結合し、多様な造形材料が入手可能になった状況で、ガレージキットというジャンルを形成していった。その結果、アマチュアによる活動領域が広がり、自己の「表現」としてのガレージキットを生産し、販売できるまでになった。さらには、逆に大手メーカーがガレージキットの領域に進出していくことで、こうした「大手メーカーによる大量生産品のプラモデル」と「アマチュアの個人や集団による少量生産品であるガレージキット」という二項対立的な区分自体が失効していったのである。

4 虚構の解釈を表現するメディア

本節では、以上の三つの節で述べてきたポスト戦後期の模型について、メディアの媒介性と物質性という視点からまとめていきたい。

第1節では、ポスト戦後社会のなかで、キャラクターモデルが誕生し、模型の主要ジャンルとして形成される過程を中心に記述してきた。先にスケールモデルで形状の正確さと解釈の楽しみの弁証法が見られたが、同時にそこでは「歴史的事実」に基づくことの限界が意識されていた。これは、「マンガやアニメのコンテンツ人気によって、キャラクターモデルが生まれた」といった一方通行的な理解とは異なる論理である。むしろ、それまでのスケールモデルに見られた「過去の実物を正確に再現する」という媒介性が、この時代にはすでに固定化した「メディアの物質性」となっていて、その自明性に対するオルタナティブとしての媒介性を探るキャラクターモデルが登場したと考えられる。だからこそ、すでに現実に存在する飛行機や戦車、艦船ではなく、「虚構」のキャラクターやメカニックが模型の題材として求められたのである。

さらに、第2節で述べたように、キャラクターモデルでは作品世界の「現実性」自体が脱構築され、徹底的に相対化されていた。そこでは、アニメなどの「原作の設定」それ自体が、無数にありえる「解釈」のうちの特定のバージョンにすぎないとされていた。これは、現実と虚構がともにシミュラークルとして等価な消費の対象になるポストモダン社会に適合した模型の媒介性だったと考えることができる。

また、第3節では、ガレージキットという新たな模型について、特にアマチュアによる営みに注目して論じてきた。ガレージキットは、一九八〇年代に多様な造形素材の入手が容易になったことを前提に、戦時期に端を発するブリコラージュ的な製作実践が、情報消費社会における差異化の欲望と合流することによって誕生した。ガレージキットは、アマチュアが自ら生産・販売することが可能なモノであり、そこでは、自分が「解釈」したキャラクターの姿を「表現」することが目指されたのである。

以上のように、ポスト戦後期の模型は、情報消費社会のなかで「キャラクターモデル」が主要なジャンルになっていくとともに、アマチュアによる多品種少量生産の「ガレージキット」を登場させた。こうした模型が媒介する対象は、時間的には存在しない「虚構」にある(あるいは「虚構」にしかない)〈実物〉、空間的な位相としては引き続き「形状」が重視されながらも、正確さや忠実さよりも「解釈」が優位となったオルタナティブな〈実物〉だと言える。すなわち、キャラクターモデルが中心となり、ガレージキットという新ジャンルを誕生させた情報消費社会の「模型」は、〈虚構の解釈を表現するメディア〉とまとめることができる。

では、さらなる情報社会化とグローバル化が進行する現代では、こうした模型の媒介性と物質性はどのように変化しているのだろうか。次の第5章では、二〇〇〇年代以降について検討していく。

注

(1) ダニエル・ベル『脱工業社会の到来——社会予測の一つの試み』上・下、内田忠夫ほか訳、ダイヤモンド社、一九

七五年

(2) 吉見俊哉『ポスト戦後社会』(岩波新書、シリーズ日本近現代史)、岩波書店、二〇〇九年

(3) ジャン・ボードリヤール『消費社会の神話と構造』今村仁司/塚原史訳、紀伊國屋書店、一九七九年

(4) 見田宗介『現代社会の理論――情報化・消費化社会の現在と未来』(岩波新書)、岩波書店、一九九六年

(5) 大塚英志『定本 物語消費論』(角川文庫)、角川書店、二〇〇一年(原著は『物語消費論――「ビックリマン」の神話学』〔ノマド叢書〕、新曜社、一九八九年)、一一ページ

(6) 同書一四ページ

(7) 東浩紀『動物化するポストモダン――オタクから見た日本社会』(講談社現代新書)、講談社、二〇〇一年、五九―六〇ページ

(8) ガンプラの「らせん的進化」という表現自体は、エッセイストの今柊二がはじめに用いたものである。ただ川村は、今による記述はガンプラの技術革新だけに偏っているとして、ここで挙げた三点について論じている。

(9) 前掲「ガンプラというフェティシズム」四六四ページ

(10) シミュラークルとは、複製としてだけ存在する記号、あるいはオリジナルなきコピーを意味する、ボードリヤールの概念である。

(11) 前掲「ガンプラというフェティシズム」四六六―四六八ページ

(12) 同論文四六八―四六九ページ

(13) 前掲「ホビージャパン」一九七〇年十月号、三五ページ

(14) このときのイマイは、日産四万個のフル生産体制であり、一九六六年度は前年度比二倍半の年商となったという。

(15) 前掲「モデルアート」一九六六年十一月号、二三ページ

(16) 前掲『日本プラモデル50年史』二一九―二二一ページ

(17) 柿沼秀樹/加藤智編著『バンダイキャラクタープラモ年代記』学習研究社、二〇〇七年、二六ページ

(18) 前掲『日本プラモデル50年史』二二〇ページ

(19) 「ホビージャパン」一九七六年六月号、ホビージャパン

(20)「ホビージャパン」一九八〇年十月号、ホビージャパン、五ページ
(21)同誌二〇ページ
(22)「ガンプラ」の存在の大きさは、売り上げの数量を見ても明らかである。一九八〇年の第一号である「一／一四四ガンダム」発売から半年で出荷数は百万個を突破した。さらに、八一年秋以降は月産三百万個に至った。この時期から八〇年代前半までがいわゆる「ガンプラブーム」と呼ばれる時期である。八四年に累計出荷数は一億個を突破した。なお、その後も販売数を伸ばし続け、二〇一〇年には「ガンプラ」は累計四億個を突破している。
(23)アニメーション史では、こうしたある種「大人向け」とも言える難解な物語展開だったからこそ、本放送の際には視聴率はふるわず、再放送やその後の劇場版で爆発的な人気が生じたことが指摘される。
(24)前掲『バンダイキャラクタープラモ年代記』一四六ページ
(25)「ホビージャパン」一九八一年六月号、ホビージャパン、二八ページ
(26)『雑誌新聞総かたろぐ』（メディア・リサーチ・センター）によれば、「ホビージャパン」の部数は、一九七九年が五万三千部、八〇年から八二年が五万五千部、八三年から八五年が十三万部、八六年から九五年が十六万部、九六年から九九年が二十万部、二〇〇〇年から〇一年が三十四万部、〇二年から〇五年が三十五万部となっている。なお、〇六年からは計測方法がJMPA調べによる印刷証明付き発行部数に変わったので数値の連続性はないが、〇六年・十五万四千五百八十三部、〇七年・十五万三千八百五十四部、〇八年・十五万四百六十六部、〇九年・十三万一千二百四十二部、一〇年・十四万三千百三十七部となっている。
(27)「模型情報・別冊MSVハンドブック」第一号、バンダイホビー事業部、一九八三年、二五ページ
(28)『模型情報・別冊MSVハンドブック』復刻版、バンダイホビー事業部、二〇〇〇年、ページ表記なし
(29)モデルグラフィックス編『ガンダム・センチネル』（モデルグラフィックス／スペシャル・エディション）、大日本絵画、一九八九年
(30)「モデルグラフィックス」一九八八年十二月号、大日本絵画、三二ページ
(31)前掲『日本プラモデル50年史』二五〇ページ
(32)あさのまさひこ『海洋堂クロニクル──「世界最狂造形集団」の過剰で過激な戦闘哲学』（「オタク学叢書」第十

巻）、太田出版、二〇〇二年、六四ページ
（33）前掲『日本プラモデル50年史』二五〇ページ
（34）同書六五ページ
（35）例えば、当時からガレージキットを製作していて、現在まで海洋堂のフィギュア原型師として活躍するBOMEは、当時の東京ではシリコーンゴムとFRPによるガレージキットが発達していたが、この要因は東急ハンズで売られていて、材料が手軽に手に入るためだっただろうと推測している。なお、BOME自身は大阪を中心に活躍していて、関西には東急ハンズがなかったため、大阪にあった海洋堂ではかわりにバキュームフォームを用いたガレージキットが独自に発達したという（前掲『海洋堂クロニクル』七四―七五ページ）。
（36）「ホビージャパン」一九八一年一月号、ホビージャパン、二〇ページ
（37）飯田豊「誰のための技術史？――アマチュアリズムの行方」、飯田豊編著『メディア技術史――デジタル社会の系譜と行方』北樹出版、二〇一三年
（38）宮脇修一『造形集団 海洋堂の発想』（光文社新書）、光文社、二〇〇二年
（39）前掲『海洋堂クロニクル』第二章
（40）企業がサークルとして出展することをめぐる「問題」は、例えば次の文章からうかがえる。「インターネットの普及に伴って、幅広い商業活動が可能になる一方、同人誌の世界は大きくなることでその影響度が高まっています。同人誌を取り巻く環境が変化した結果、同人活動と商業活動との区別は曖昧になりつつあります。もっとも、同人誌をはじめとする同人活動は趣味であることを基本とした、個人・グループが発行・制作することによる自己表現であることに変わりはありません。（略）しかしながら、毎回少なくない数のサークル申込が企業によるものと判断せざるを得ず、申込をお断りすることになっています」（コミックマーケット公式サイト「コミックマーケット80アフターレポート（二〇一一年九月九日）」〔http://www.comiket.co.jp/info-a/C80/C80AfterReport.html〕［アクセス二〇一六年十月三十日］）。以上の記述は、コミケ側の理念とそれが近年のインターネット社会で困難になっている面があること、それでも企業がサークルとして出展することをコミケ側が厳禁していることを示す。
（41）近年、著作権法が断続的に改正されているが、そこでは非親告罪化をめぐる議論もおこなわれている。そのなかで

二次創作も非親告罪化し、コミケという場も成立しなくなるのではないかと危惧されていたが、二〇一六年の改正では、同人誌などの二次創作は非親告罪化に含まれないことになった。著作権法のたび重なる改正の動きとその理由については、以下の研究が詳しい（山田奨治『日本の著作権はなぜもっと厳しくなるのか』人文書院、二〇一六年）。

(42) 東園子『宝塚・やおい、愛の読み替え――女性とポピュラーカルチャーの社会学』新曜社、二〇一五年、二五五ページ

(43) なお、ここで述べた二次創作と模型製作（特に、やおいなどの同人誌と、キャラクターモデルやガレージキット）の違いに関しては、著者が評者を務めた同書の合評会での議論に示唆された（大阪大学大学院人間科学研究科、二〇一五年八月二十六日）。合評会の企画・参加者に感謝を記したい。また、そうした違いの全体については、本書の問題設定とは異なる広がりをもつテーマなので、ここではワンフェスとコミケに関係する範囲に絞って論じた。

(44)「ホビージャパン」一九九九年八月号、ホビージャパン、九〇ページ

第5章　グローバル化・デジタル化と拡散する模型

　現代社会では、グローバル化とデジタル化という社会変動が急速に進行している。グローバル化は人・モノ・情報・イメージの地球規模での移動の増大をさすが、その背景には政治的・経済的・文化的なさまざまな要因が存在している。一九八〇年代以降に主要国が新自由主義へと経済政策を転換したことは、グローバル化の流れを推し進めた重要な契機であった。さらに、冷戦体制崩壊後の九〇年代にはこうした資本移動の自由化は旧社会主義圏にも拡大し、名実ともに地球を覆うことになった。

　社会学における代表的なグローバル化論として、ローラード・ロバートソンによる議論がある(1)。彼は、社会学の正当的な主題をふまえながらも、特に「文化のグローバル化」という論点を強調する。情報メディアの普及を前提とした地球の一体化のなかでは、グローバルとローカルの混交が生じている。ロバートソンによれば、グローバル化は単に世界を均質化するのではなく、ローカルな文化の多元化という帰結をもたらしもする。模型は、資本主義経済のなかの商品として存在するため、まずはメーカーの多国籍展開という面でグローバル化と関わる。さらに、情報やイメージを構成要素とするメディア文化でもあるので、記号的な側面でもまたグローバル化の影響を受けざるをえないだろう。

　一方、デジタル化は、字義的には「離散的」なアナログから「連続的」なデジタル方式に変わる技術上の転換を意味する。しかし、現実的な用法としては、より広義な社会変動をさす概念として用いられている。石田佐恵子は、デジタル化時代を「デジタル方式のメディアがそれ以前のメディアにとって替わり支配的モードとして普及していく時代」[2]と定義している。一九八〇年代の消費社会論は、モノが受容の地点で記号や情報として消費されることを示していた。それに対して、二〇〇〇年代以降のデジタル化をめぐる議論が強調するのは、モノ自体がデジタルデータという情報に置き換わっていく動きである。序章で述べたように、現代社会は、情報を載せたモノの複製がおこなわれる「複製技術時代」から、情報それ自体のコピーが可能な「メタ複製技術時代」へと移行している[3]。

こうしたデジタル化社会では、模型は根本的な変容を余儀なくされる。これまでの章で検討してきたように、模型は長い間「物理的なモノ」であることを重要な成立要素としてきた。「モノ」自体が自明ではなくなる現代社会では、模型もまたその存立基盤を崩されていく。そうしたなかで、模型の物質性と媒介性はどのように変わっていくのだろうか。

本章では、この問いについて考察するために、多様化する現代の模型からいくつかのトピックを取り上げ、グローバル化やデジタル化という社会変動の視点から検討を加えていく。まず、現代の模型をめぐる状況を概観したうえで、グローバル化がもたらしたインパクトについて検討する（第1節）。次に、二〇〇〇年代前半に起こった、いわゆる「おまけフィギュアブーム」を中心に、フィギュアという新たな模型のジャンルを、中国の工業化との関わりから論じていく（第2節）。さらに、〇〇年代後半から一〇年代にかけて盛んになっている実物大模型の展示を対象として、メタ複製技術時代におけるアウラという観点からの考察をおこなう（第3節）。そのうえで、〇〇年代から一〇年代の現在にかけての模型の媒介性と物質性を明らかにしたい（第4節）。

図28 *Tamiya Model Magazine International*, June 2013.

1 グローバル化・デジタル化と模型

グローバル化する模型の生産・流通

グローバル化という論点から模型を捉えるうえでまず確認すべきなのは、日本の模型メーカーの国際的な展開である。これは、欧米や東アジアへの販売網の拡大と、中国や東南アジアでの生産という、二つの新たな局面に現れる。

では、日本の模型メーカーの海外進出に伴う変化について検討していこう。低成長期に入った日本経済や見込まれる少子化による人口減少などの理由から、一九八〇年代後半にはすでに大手の模型メーカーは海外に目を向け始めていた。例えば、タミヤは、八五年に英語による模型誌 *Tamiya Model Magazine International* を自ら創刊した（図28）。同誌は「戦車、航空機、自動車、バイク、艦船、SF、ジオラマ、フィギュア、技術、新しいキット、アクセサリー、書籍などを含むスケールモデリングのトピックの全範囲をカバーする」[4]雑誌である。こうした誌面内容は、第3章でも触れたタミヤ自身による月刊のPR誌「タミヤニュース」や、模型誌「モデルアート」や「ホビージャパン」「モデルグラフィックス」などが形成してきたフォーマットをふまえた構成となっている。

しかし、タミヤがここで意図しているのは、単に「日本」の模型文化の発信ではない。*Tamiya Model Magazine International* の編集がイギリスでおこなわれていることや、一九九二年に隔月刊になった当初の国外での部数が四万部であるのに対し、日本国内での部数は二千部[5]であることからは、建前としての「国際的」ではなく、現実に英語圏を中心としたグローバルな発信をねらった雑誌であることがわかる。さらに九〇年代後半には、英語版に加えてフランス語版も発行された。

　こうした雑誌メディアを用いた展開は、当然ながらグローバル化時代の経営戦略によるものである。模型メーカーのすべての動きをくまなく記述するのは難しいので、引き続きタミヤの動きを追うとともに、ガンプラ以降に模型業界の最大手となったバンダイの海外展開について検討していく。その作業を通して、グローバル化時代における模型の生産様式について分析していく。

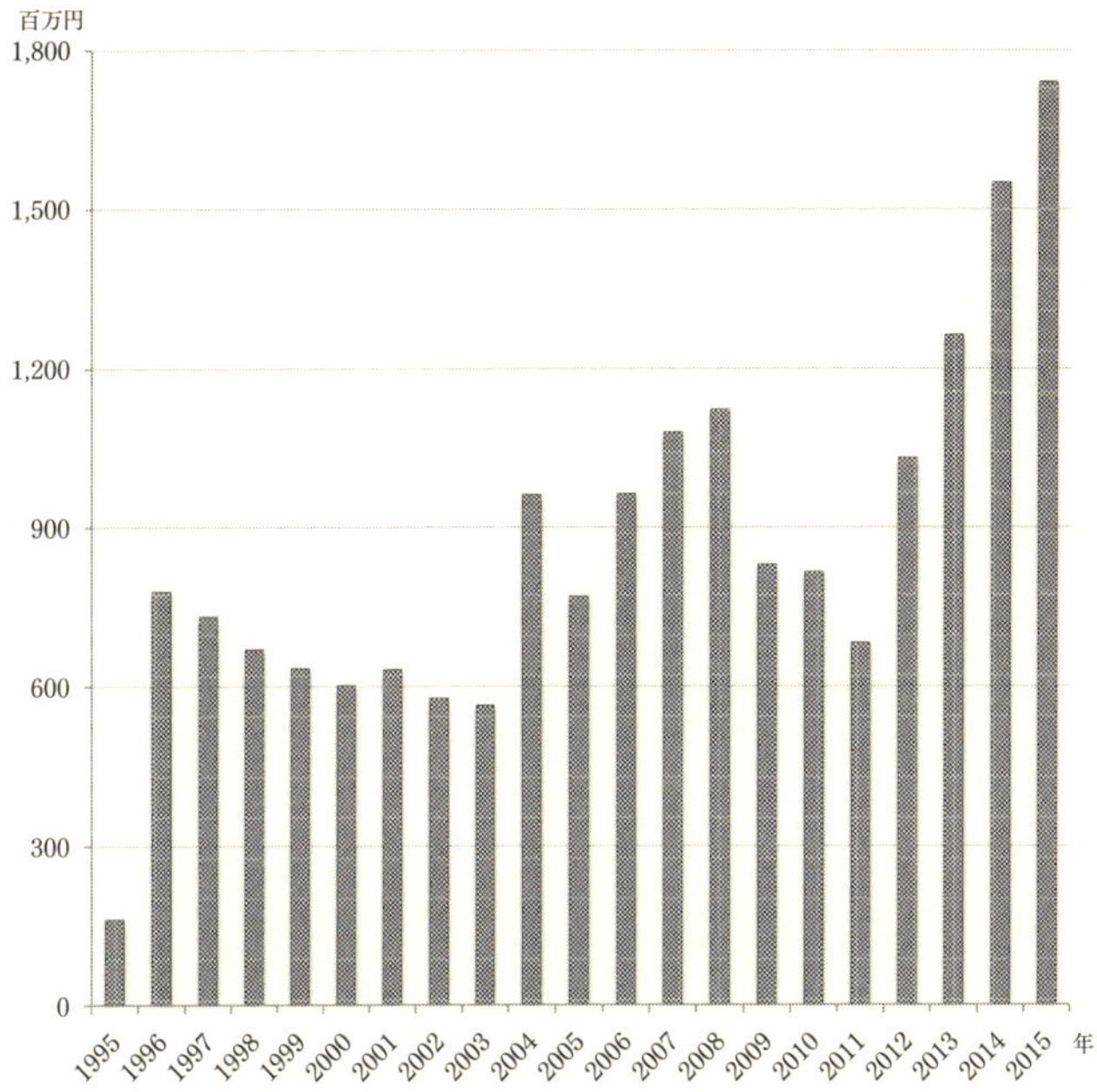

図29　フィリピンから日本への模型関係の輸入額推移
（出典：財務省「貿易統計」から筆者作成）

　タミヤは一九九四年、フィリピンに自社工場を設立した。これは、多くの工業製品と同じく、日本国内の高い人件費ではグローバル化したマーケットでの競争力をもちえないからだろう。実際、その規模は大きく、財務省の「貿易統計」の「輸入統計品目表（品別国別表）」[6]のうちスケールモデルが入ると思われる項目について、九四年まで国別表記が存在しないほど少量だったフィリピンからの輸入が、九六年以降は急激に増大している（図29）。

　一方、バンダイは、一九八一年のフランスや翌年のイギリスへの進出を皮切りに欧州での販売を積極化し、八四年には香港に福萬有限公司を設立した。[7] さらに九六年には、中国・石家荘に自社工場を建設している。この工場はその後閉鎖されたものの、中国での生産は下請け会社の工場を通じて継続されている。「日本経済新聞」によれば、二〇一二年の時点で同社の海外生産比率は約八割で、このうち九六パーセントを中国の協力工場に生産委託しているという。[8] しかし、バンダイは一三年から、中国の人件費高騰とフィリピンでの政情の安定を主な理由としてフィリピンに自社工場を設置し、玩具や模型の生産を開始した。こうしたバンダイの進出もあって、しばらく減少していたフィリピンからの輸入額は一三年に再び増加している。

第3章で触れたように、「プラスチックモデルキット」の日本国内での出荷額は一九九〇年前後をピークとして低下していた。だが、こうした変化はグローバル化時代では、日本国内での模型の消費量が落ち込んだことを意味しない。実際には、これまでと同じように模型を製作していても、モノとしてのプラモデルがどこで製造されているかによって統計に現れてくる量が異なるからである。

むしろ、こうした模型生産のグローバル化が示しているのは、「日本の模型」の脱中心化だろう。明治期以来、西洋の model と異なる独自の道を歩んできた日本社会の「模型」だが、少なくとも生産と流通の側面に限っては、その輪郭がこれまで以上に捉えづらくなってきている。もちろん、かつての日本がそうであったように、模型の生産には近代的な工業化に支えられた一定の技術と資源が必要となる。また、製造ラインを動かすための電気などのインフラや、安全な輸送ルート、決まった時間に定型的な作業をおこなえる「近代」的な労働者も必要だろう。しかしそれは、条件がそろいさえすれば世界中のどこでも達成可能なことである。

文化のグローバル化と模型の消費

一方、消費の面でもグローバル化の影響が強く見られる。まず、日本からの国別のプラモデル関係の輸出額[9]を時系列で確認したい。把握しやすい図にするために、アメリカ・イギリス・香港・中国の四つの国(地域)だけを挙げた(図30)。

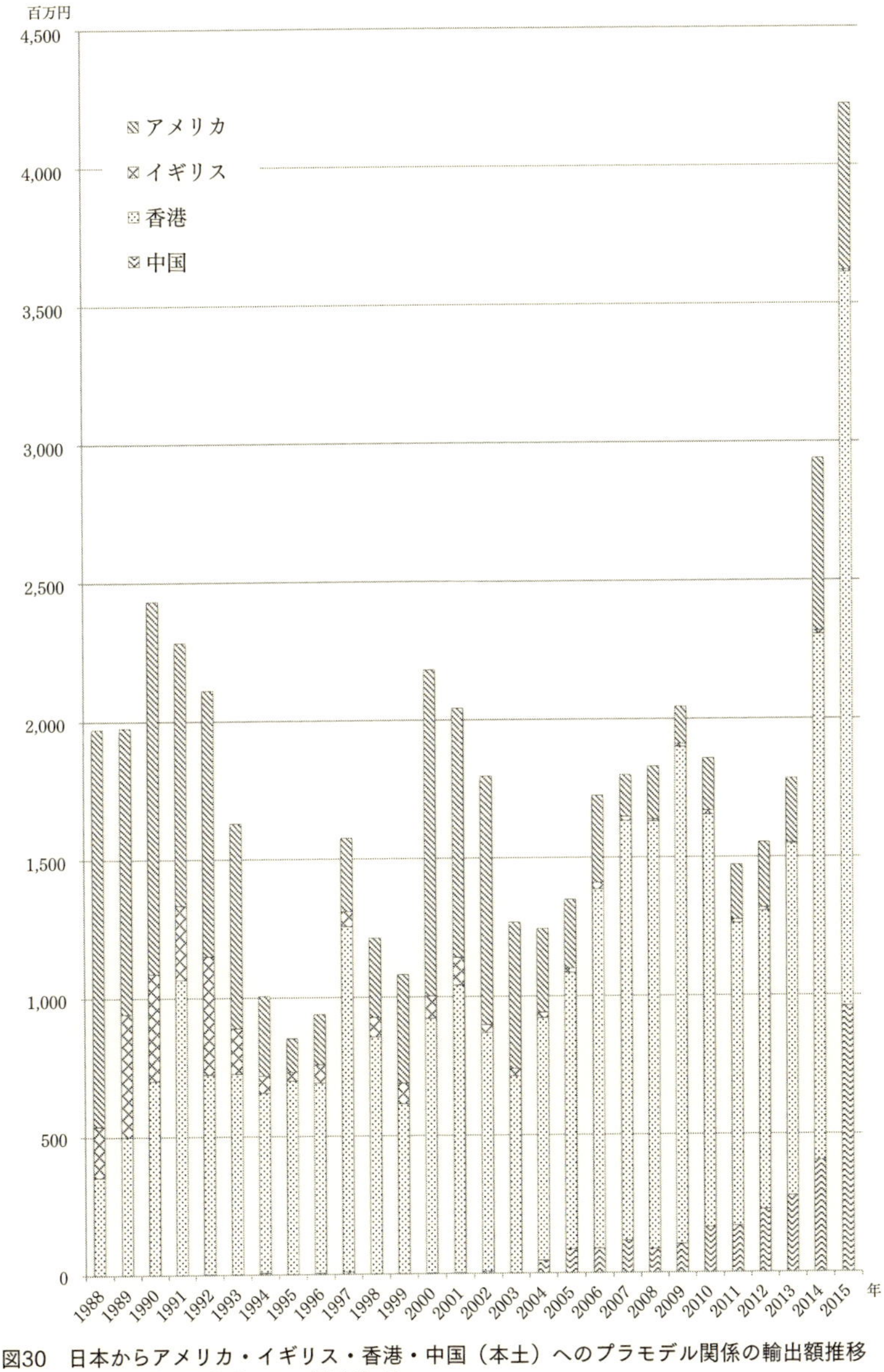

図30　日本からアメリカ・イギリス・香港・中国（本土）へのプラモデル関係の輸出額推移
（出典：財務省「貿易統計」から筆者作成）

全体の額としては、年ごとに変動がありながらも、いわゆる「失われた二十年」の間も一定の規模を維持している。ただ、その内実を確認すると、欧米への輸出は二〇〇〇年代に大きく落ち込んでいる。一方で、対欧米の減少分を香港向けの増加が埋め合わせてきた状態となっている。さらに一〇年代に入ると、中国本土への輸出も急増しているのがわかる。

この変化の経済的な要因としては、先進国の成熟社会化によって消費が頭打ちになるなかで、これまでの主な輸出先だった欧米から、東アジアを中心とする新興国市場に進出していく企業戦略があるだろう。

とはいえ、東アジアが一方通行的に日本の模型を輸入しているという関係ではなく、逆に、香港のドラゴンや中国本土のトランペッターなど東アジアのメーカーも国際市場での存在感を増してきている。実際、日本の大手量販店でも、これらのメーカーのプラモデルを見かけることが多くなっている。

こうした事態は、発展段階的な推移として語られることも多い。例えば、ライターのあさのまさひこは、「かつてその旬はイギリスにあり、六〇年代初頭にはフロッグやエアフィックスが躍進した。六〇年代中頃のそれはもちろん、レベルやモノグラムを擁したアメリカ、七〇年代にはまちがいなく、日本のメーカーが世界に向けて羽ばたいた時代」だが、その後は「日本以外の東アジア諸地域によるプラモデルが九〇年代〜二一世紀にかけて旬を迎えた[10]」と述べている。

しかし、文化のグローバル化という論点をふまえた視座から検討すると、単なる段階論とは異なった、もう少し複雑な事情が見えてくる。いま生じている事態は、単純に「日本の模型」の影響が東アジアで拡大したということや、「日本の模型」の覇権が「アジアの模型」に移りつつあるといったことではないだろう。

実は、香港や中国の模型メーカーでは、これまで日本国内の模型業界で活躍してきた日本人が、製品の企画・開発に従事している場合も多い[11]。また、香港の最大手の模型メーカーであるドラゴンの社長であるフレッディ・リャンは、タミヤの模型の熱心なファンであり続けてきたことをさまざまな場で公言している。さらに、日本の模型誌の読者参加企画には、海外のモデラーの作品が多数掲載されるようになってきている。

こうした事例を考慮に入れるならば、商品の生産や流通の越境とともに、模型の文化消費に関わる越境も生じているると言える。したがって、現在のグローバル化によって起こっているのは、むしろ「日本の模型」の融解だと言えるだろう。ここでは、どこまでが日本社会における模型なのかが、ますます不明確になっているのである。

模型のローカル化と「日本」

企業の生産と販売におけるグローバルな展開や「日本の模型」の脱中心化と合わせて考えなければならないのは、記号としての模型がグローバル化によって変わっていくさまである。それは逆説的に「日本」というナショナリティーとの結び付きとして現れる。

マイク・フェザーストンは、ロバートソンの議論を引きながら、グローバル化の影響によって、「他者」をますます知ることになり、逆に「ローカルな文化」への脅威が認識されるという。[12] しかし、そうしたローカルな文化への回帰は、ポストモダニズム以降の「様式と伝統の寄せ集めやいたずらっぽいコラージュ」や「ヴァナキュラーなもの」にすぎず、そこでのローカルさは「ファクション（事実と虚構の混合物）」というべきものだ。[13] その意味でまさに、こうしたグローバル文化の編成は、脱中心化された「ほつれゆく（undoing）文化[14]」なのである。フェザーストンが主に挙げる事例は、ディズニーワールドなどのテーマパーク、ショッピングセンター、美術館などだが、模型というモノにも同様の変化が見られる。

例えば、バンダイは近年、ガンプラが「国産」であることを強く打ち出している。静岡にあるバンダイのホビーセンター長は新聞のインタビューで、「ガンプラはファンの目が肥えていて、常に最先端が求められる。メード・イン・ジャパンの信頼感そのものがブランド価値になっている」という。それを受けて記者も「ガンダムが放映されていない海外でも、インターネットの動画を通じて、ガンダムの知名度が上がっているという。競争力のある日本発の「アニメ」と、ものづくりの技。この結びつきがさらに強まれば、世界に誇れる成長分野になるのではないか[15]」という所見を述べている。

ここからうかがえるのは、まず「クール・ジャパン」に代表されるアニメを中心とするコンテンツ戦略のなかにガンプラが組み込まれている様子である。もちろん、日本の輸出全体が縮小するなかで、数少ない拡大が見込まれるコンテンツ産業は経済的に重要ではある。

しかし一方では、先に述べたように、模型メーカーの海外生産は進み、バンダイも玩具製品全体の海外生産比率は八割以上に達している。そのなかで、例外的に国内生産を続けているガンプラだけが取り上げられ、「日本」というナショナルな価値を付与される。確かに、模型業界のなかでのガンプラの存在感は圧倒的である。例えば、二〇一〇年の時点では、ガンプラが模型市場全体・四百三十億円のうち四九パーセントを、キャラクターモデル市場に限定すると二百四十億円のうち八八パーセントを占めている。(16)

だが、物質的な基礎でいうとプラスチックは、もともと日本由来の材料ではない。また、成形加工の基盤になる金型は日本の職人の手によるものだが、デジタル化に伴うCAD（Computer Aided Design）の導入(17)で必ずしも手作業によらなくなっている。しかも、最終生産地としての日本のなかでさえ、実際にはプラモデルは全体の八〇パーセント以上が静岡だけで生産されている。(18)にもかかわらず、模型のローカル化には「日本」というナショナルな記号が用いられるのである。

この背景としては、第1章で論じたように、そもそも日本社会での「模型」という存在が、近代的な科学を模する必要があった戦前期に「進んだ西洋」と「遅れた日本」との対比のなかで形成されたことがあると考えられる。さらに戦後になってからも、日本のプラモデルは形状を模するプラスチックモデルを日本にもたらした「アメリカ」を意識しながら、そのコピー商品から始まっていた。しかし、このように実は参照点でありながらも、戦時期に帝国日本の理念と結び付いた時期を例外とすると、模型に関して「日本」という記号性は多くの時期でそれほど前面化してはいなかった。それが近年では一転して「日本」というナショナリティーの強調が目立っているのだ。こうした記号的な価値の前景化は、モノ自体の価値が見いだしにくくなっていることを逆照射している。

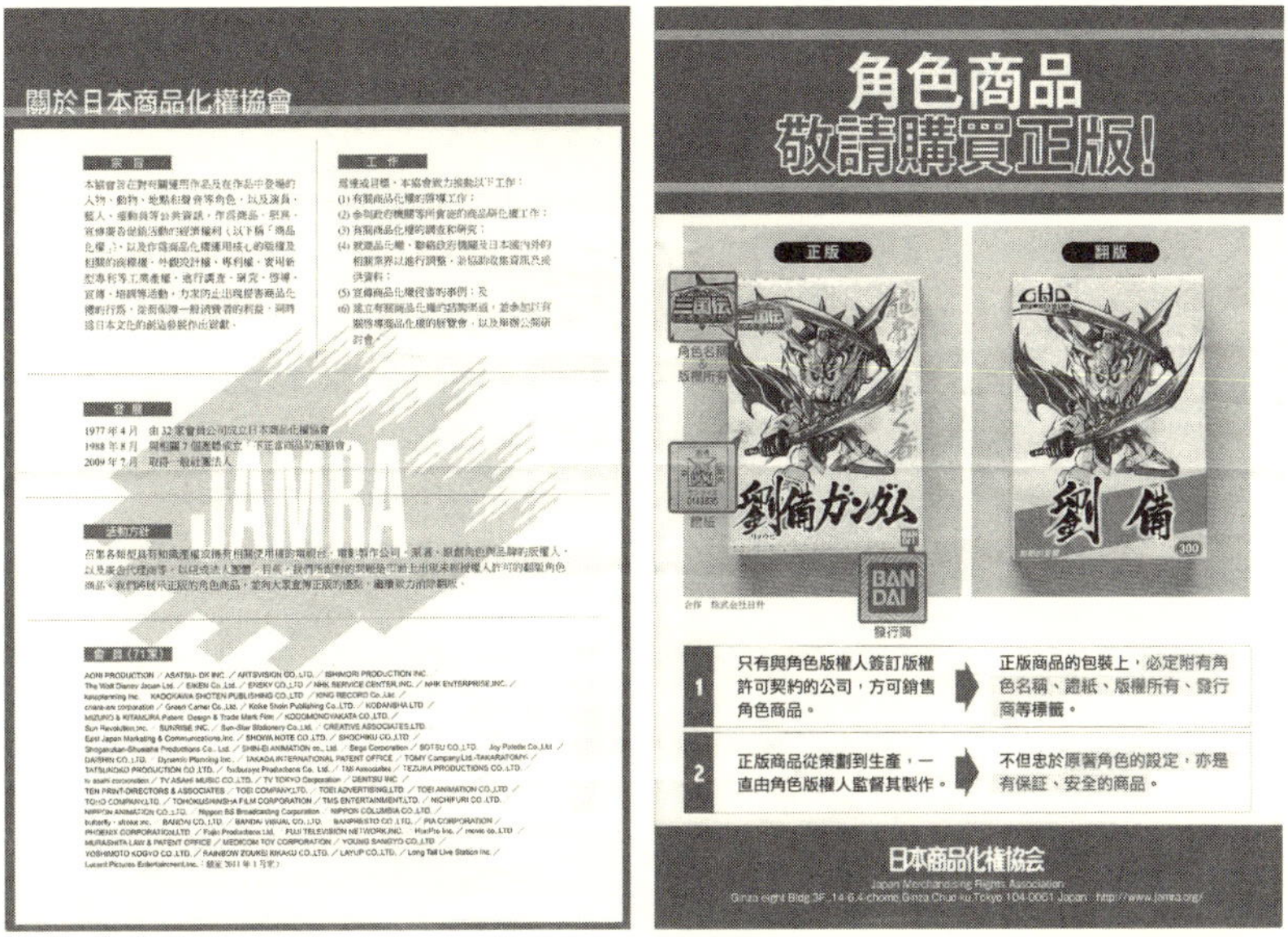

図31　正規版と海賊版のプラモデルの違いを啓蒙するチラシ
（出典：「C3 日本動玩博覧会 HONG KONG 2012」配布物）

例えば、香港でおこなわれたキャラクターモデル関係の展示会「C3 日本動玩博覧会 HONG KONG 2012」で、日本の著作権関係の団体が、「本物」のガンプラと「海賊版」のコピー品とを並べて展示するブースを設置していた[19]。しかし、その「日本製の本物を買うことをキャンペーンする」啓蒙的な意図に反して、両者に（かつての「本物」の日本製模型と「海賊版」に見られたほどには）モノとしての模型の大きな違いは見つけにくくなっている。したがって、会場で配布されたチラシからもわかるように、正規の版権許諾を得ているか否かといった法的な側面を除くと、バンダイのロゴマークが付されていることなどの「ブランド価値」的な記号の差異が前景化している（図31）。

かつて日本がイギリスやアメリカのプラモデルに対しておこなったようなキャッチアップの努力を、東アジアのメーカーも日本や欧米に対しておこなっている。さらに、日本メーカーの現地工場や下請け会社を通じた技術の転移、あるいは前述した日本の模型関係者の協力といった要因によって、もはや「モノとしての模型の違い」は消え去りつつある。

考えてみれば、模型の場合は元来が「模した」モノであるから、言葉の限定的な意味での「本物」はどこにも存在しない。そもそも「本物の模型」と「偽物の模型」という言い方自体が奇妙である。そこには、キャラクターモデルの場合にコンテンツの法的な著作権許諾が示されるか、あるいはモノとしての模型に関わる「模す」水準のクオリティーの違いがあるだけである。そして、生産・消費活動のグローバル化によって、こうしたモノ自体の複製品同士が近似していく。だからこそ、現在では法的な違いや記号的価値を主張せざるをえなくなってきたのだと考えられる。

2　フィギュアブームと中国の工業化

中国のグローバル経済への参入

グローバル化の背景には、政治的・経済的・文化的なさまざまな要因が存在している。そのなかでも、主要国の政策は、グローバル化の流れを推し進めることになった。デヴィッド・ハーヴェイは、一九八〇年前後にアメリカ・イギリス・中国の三カ国で同時に新自由主義的改革が始まったことを強調している。特に中国は、イギリスのマーガレット・サッチャーやアメリカのロナルド・レーガンに先んじて、すでに七八年に鄧小平が「改革開放」路線に大きく舵を切っていた。しかも、それ以前の毛沢東体制での社会主義的経済からの急速な転換であったため、グローバル経済に与えるインパクトはアメリカ・イギリスにも増して大きかったという。[20]

中国の新自由主義的改革とそのなかでの急速な経済発展は、農村から都市への労働力の流入に支えられた工業化にその多くを負っていた。[21] 特に冷戦体制が崩壊した一九九〇年代以降は、旧西側諸国からの投資も増大した。そして、低い人件費と相まって二〇〇〇年代前半までには、先進国の消費文化を支える多様な工業製品を生産するようになった。

こうした流れのなかで日本も中国からの工業製品の輸入を増やしていくのだが、本書に関わるのは「フィギュア」の下請け生産地としての中国の存在の大きさである。実は、模型から派生したフィギュアというジャンルが一般化し、二〇〇〇年代前半に「ブーム」と呼ばれるようになった背景には、中国の工業化があったと考えられる。本節では、文脈としての中国の工業化に目配りしながら、〇〇年代のフィギュアをめぐる動きについて検討していく。

ガレージキットからフィギュアへ

現代のメディア文化領域で使用される「フィギュア」という言葉のもとになっているのは、英語の“figure”という単語である。英単語としての figure に対応する日本語は、形態、姿・外観、人の姿、肖像、人物、図形などである。[22]

こうした figure 概念を模型史と照らし合わせると、〈形状〉を重視するような戦後の模型（第3章）の時代になって、模型は figure に近接する領域になったと考えられる。これは、現代の代表的なフィギュア・メーカーである海洋堂の専務・宮脇修一が「いまでこそフィギュアは広い意味で使われていますが、当時のフィギュアというのは（略）鉛で作られた精巧な人形の兵隊などを指しました[23]」と述べる内容とも符合する。では、当初の「精巧な人形の兵隊など」を示した時代から、どのようにして現在の「広い意味」のフィギュアに至ったのだろうか。

フィギュアと呼ばれるモノが日本の模型との関わりで登場するのは、一九七〇年代のミリタリーモデルからである。それまで戦車や飛行機のアクセサリーにすぎなかった人形が「フィギュア」という独立したカテゴリーで認識されるようになった。この時期のフィギュアとしては、タミヤの「一／二五 METAL MODELS FIGURE」が有名である。これが宮脇が言う「鉛で作られた精巧な人形の兵隊」にあたる。

一九八〇年代に入ると、いくつかのガレージキットメーカーが、それまでの時期より多く量産できるフィギュアの製造・販売に着手する。それは、ガレージキットの原型を流用した（後の時期に流行する「おまけフィギュア」よりは大型の）「アクションフィギュア」[24]だったが、数万円することも珍しくない少量生産のガレージキットに比べて、数千円という低い価格で販売できた。しかし、当初の生産者の意図に反して、海洋堂の企画部長・白井武志によれば「販売個数が二〇〇〜一〇〇〇個のアンダーグラウンドなガレージキット」から「アクションフィギュアでも（略）実際の規模は五千とか一万とかそんなもので（略）ガレージキットのたった一〇倍[25]」という、大手メーカーのキャラクターモデルに比べると、マニア向けの小さい市場であることには変わりなかった。

フィギュアブームと中国の工業化

こうした状況が変わるのは、二〇〇〇年代前半の「おまけフィギュアブーム」である。ブームのきっかけとなったのは、フルタ製菓の「チョコエッグ」という玩具菓子に付属した海洋堂製の「動物フィギュア」である。チョコエッグは一九九九年から発売されていたが、広く認知されるのは、二〇〇一年初頭にパルコのバレンタイン・デー企画のタイアップ商品となり、新聞やテレビ番組で取り上げられるようになってからである。注目されたポイントのひとつは、手のひらサイズにもかかわらずクオリティーが高い塗装がおこなわれていることだった（図32）。

おまけフィギュアが話題になるとともに、海洋堂などのガレージキットメーカーだけでなく、バンダイなどの大手メーカーも同様の商品を販売するようになった。その結果、おまけフィギュアの題材は動物以外にも、戦車などのミリタリー関連やアニメーションに登場するキャラクターといった、さまざまな対象に広がっていった。これらの題材は、従来のプラモデルやガレージキットの範囲と大きく重なる。同時にフィギュアは、チョコエッグ以外の多種多様な食玩やドリンクなどにも付けられるようになり、量販店や百貨店、コンビニなどで広範に流通し、その後数年間は「ブーム」と呼ばれるほどになった。

この時期のおまけフィギュアの特徴は、お菓子やドリンクと合わせても百円から数百円と安価だったことと、

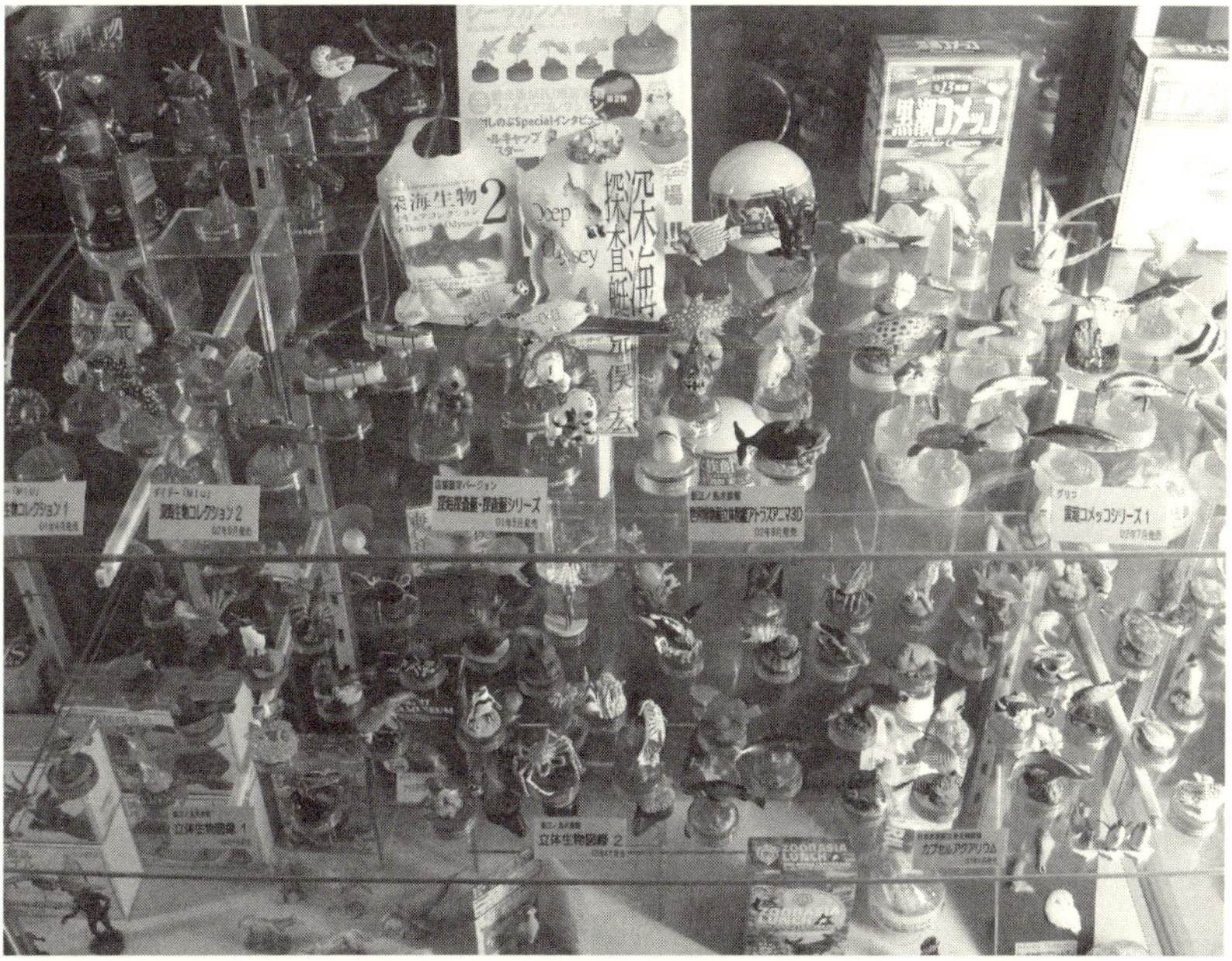

図32　海洋堂の「おまけフィギュア」
海洋堂フィギュアミュージアム黒壁龍遊館で筆者撮影、2010年

それにもかかわらず従来の「玩具」とは一線を画したクオリティーの高さを維持していたことである。後者について、フィギュアの原型製作に関しては、これまでの模型史のなかで蓄積されてきた製作技術と、ガレージキット全盛期でのそうした技術の中小メーカーへの広がりといった理由で説明がつくかもしれない。だが、前者については、それだけではなぜ安価な大量生産が可能だったのかがわからない。こうした生産面での達成はどのようにして可能だったのだろうか。

　結論を先取りすれば、こうしたフィギュアの大量生産は、中国の工業化があってはじめて成り立っていた。本節のはじめで確認したように、一九八〇年代から中国は改革開放政策に転じ、その後沿岸部を中心とする工業化が急速に進展した。それは、「貿易統計」でのフィギュア関係の輸入額[26]にも如実に現れている。輸入額の推移からは、九〇年代からフィギュアの生産が中国でおこなわれるようになり、「おまけフィギュアブーム」の二〇〇〇年代にピークに達して

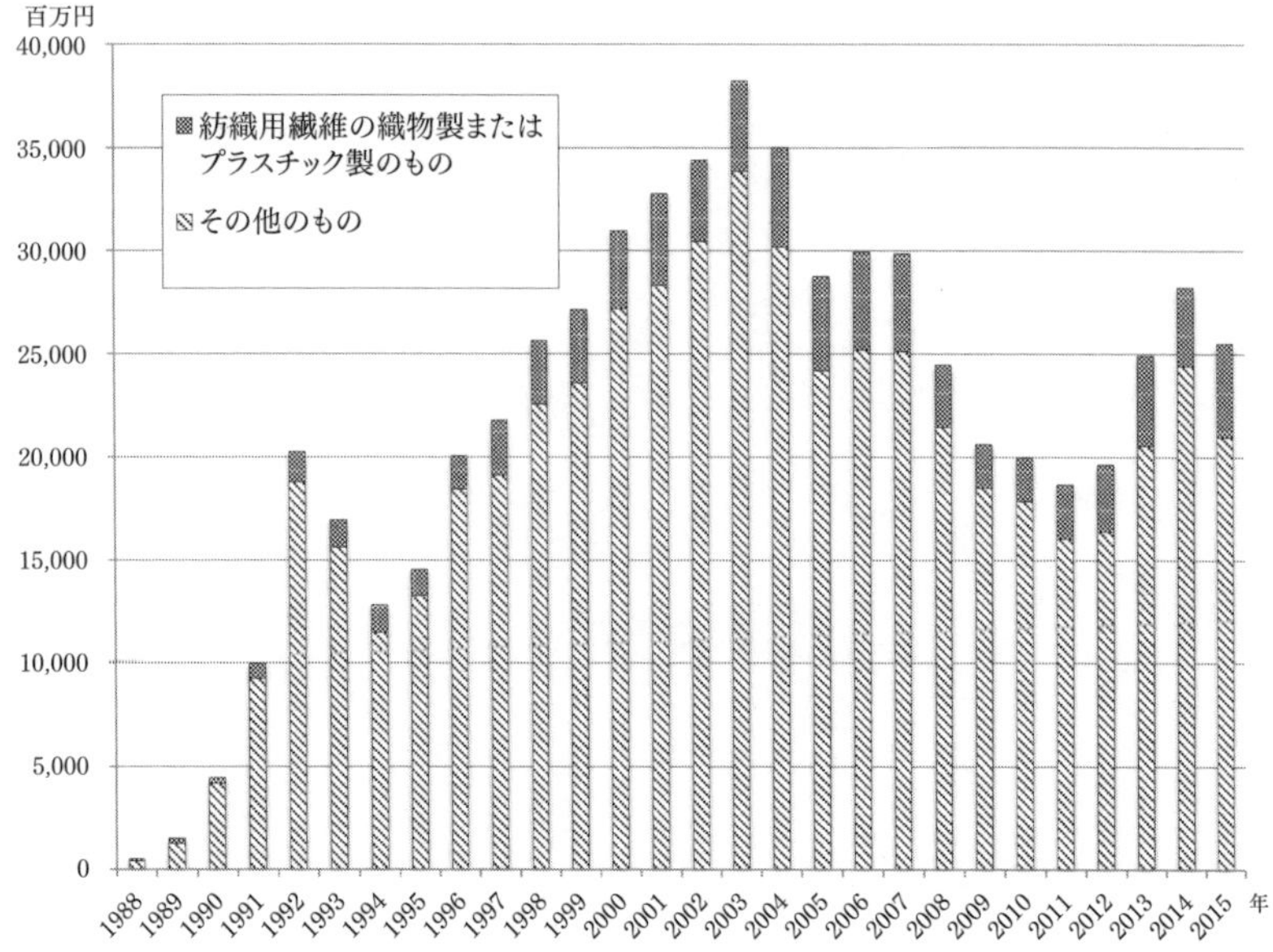

図33　中国から日本へのフィギュア関係の輸入額推移
（出典：財務省「貿易統計」から筆者作成）

いたことがわかる（図33）。

　では、こうした中国でのフィギュアの生産は、どのようにおこなわれていたのか。これまで精密な塗装を施したフィギュアを低価格で生産するのが難しかったのは、端的に言ってそれが非常に手間がかかる作業だからである。プラモデルのようにパーツ単位で機械による量産が可能な製品と異なり、フィギュアの塗装は人の手でおこなう必要がある。実際プラモデルでも、組み立てや塗装がされた完成品は価値をもち、塗装などのクオリティーが高い完成品がオークションで転売される場合、キットの定価から数倍以上の高価格でやりとりされる[27]。

　しかし、中国のフィギュア工場では、塗装済みフィギュアの大量生産が可能な生産体制が敷かれていた。その理由としてしばしば挙げられているのが、徹底した分業体制である。例えば、ある工場では「「ひとりの人間には二箇所以上塗らせない」というルールが徹底されている[28]」という。こうした「工夫」によって、一人で複数を塗装する場合に比べて、必要なスキルは飛躍的に軽減されるのである。そのうえ、塗装作業を数百人や数千人といった圧倒的な規模でおこなうことで、フィギュアのクオリティーは維持されていた。

これは、フィギュアがきわめて古典的な労働集約的な生産体制で作られていることを示している。フィギュアブームという一見「ポストモダン」的とも見える現象は、そのモノとしての基礎の部分では、非常に「近代」的な生産のもとで成立しているのである。

ポスト・フィギュア時代の模型

フィギュアブームは二〇〇〇年代後半に沈静化する。ライターのあさのまさひこは、〇五年を境にして「コンビニに新製品が並ばなくなった」[29]と述懐するが、こうした関係者の実感は前記の輸出額の推移でもある程度裏付けられる。先に挙げた図33でわかるとおり、〇五年を境に中国からのフィギュア関係の輸入は急速に減少し、一〇年代の現在までこの傾向は続いている。

この背景には、前述した構造の変化があるだろう。二〇〇〇年代後半には、中国の経済成長に伴う賃金上昇が生じていた[30]。メーカーへの取材からも、以前のようなコストでのフィギュア生産は難しくなったことが報告されている[31]。そもそも安価な労働力の大量投入によって成り立っていたフィギュア生産は、こうした条件が崩れるとモノとしての供給が不可能になる。前節で見たように大手模型メーカーはフィリピンやタイなどの東南アジアに進出したが、プラモデルのように機械で大量生産する製品では可能だったそうした対応策も、塗装という一定の技術が必要なフィギュアの生産では、すぐに他地域でおこなうのは難しい。こうしてフィギュアブームは、個別のキャラクターの人気の低下といったコンテンツ面より前に、モノとしての供給自体が難しくなることによって終焉したと言える。

では、フィギュアブームとその終焉は、模型メディア全体にどのような影響をもたらしたのだろうか。まず、生産者と消費者の新たな分離が挙げられる。模型を企画・開発・生産するメーカーと消費・製作するモデラーという旧来の区分は、前章で見たガレージキットの登場によって崩されたように見えた。しかし、グローバル化時代に現れたのは、中国の工場で製作されたフィギュアが、大量に日本の消費者に受容される新たな状況だった。

こうした環境の変化は、受容者の「作る」意欲や技術の低下をもたらす。一九八〇年代を境に子供の「作る」スキルが急激に低下したことを、当時父が経営する模型店で働いていた現・海洋堂専務の宮脇修は指摘しているが、この時点ではまだ「作る」ことが模型の前提だった。だが、二〇〇〇年代のフィギュアブームで生じたのは、スキルに加えて「作りたい」という意欲の低下である。あさのまさひこによれば、プラモデルの設計を簡単にすれば、その場の客離れはしのげるが、結果的にそれはモデラー全体のスキルを下げることにつながる。それを繰り返した結果が、模型製作よりも完成品フィギュアを好む受容者を生み出したという。[32]

このような変化がフィギュアブームの受け手側の要因となり、実際に精密で安価なおまけフィギュアの大量供給が可能になったことで、その変化がさらに加速されていったと考えられる。ここからわかるのは、二〇〇〇年代には、模型をキットから組み立てるより、フィギュアを購入してコレクションしたり、眺めたりする態度が優位となったことである。そこでの模型の受け手は、戦前期の「エンジニア」や、戦後プラモデルの「モデラー」、ガレージキットの「アマチュア」などとは異なる、より受動的に消費する「コレクター」となっているのである。

これはひとつのジャンルとしての「フィギュア」だけにとどまる動きではない。前章で述べたように、模型のなかでもキャラクターモデルは、接着剤の不要なスナップキット方式や、巧みなパーツ分割によって塗装なしでも原作の色が「再現」できる多色成形のプラモデルを先駆的に実現してきた。それに加えて二〇〇〇年代以降には、組み立ての際にニッパーが不要であるような、製作のハードルが低いガンプラが多数発売されている。[33] さらには、これまで製作に比較的高いスキルを必要としてきたスケールモデルでも、半完成品が目立ってきている。[34]

フィギュアブームの顚末とプラモデル製品のこうした展開からは、いまや模型が自分のオリジナルな解釈をおこなうものではなく、何か別の媒介性をもつメディアとなったことが示唆される。では、現代の模型はどのようなメディアとなっているのだろうか。その問いに答えるために、二〇〇〇年代以降の模型をめぐる、もうひとつの重要な動きに注目していきたい。

3　実物大模型と疑似アウラ

模型のデジタル化と実物大模型

当初は欧米のプラモデルに劣っているとされた日本製のプラモデルだが、一九七〇年代から八〇年代になると、世界最高の品質と言われるようになっていた。その背景には、職人による金型の刻印技術があった[35]。しかし、八〇年代半ばにCADがガンプラで用いられたのを皮切りに、現在まで多くの模型メーカーがデジタルデータによるプラモデルの設計をおこなっている。さらに、その間CADの質的変容も起こっている。当初はCGによって二次元の図面が書かれただけだったが、コンピューターの大容量化・高処理化によって、三次元のモデリングまでデジタルデータで設計されるようになった。三次元CADの導入によって、精密なデザインやプラスチック成形、製造時の効率性を追求した原型製作が可能になった[36]。一般にデジタルデータの利点は、何度でも修正が可能な点にある。プラモデルの設計でも、そうした特性が大いに利用されているのである。

こうしたデジタル化の動きは受容の局面でも進行している。現在では、デジタル技術を用いて、ユーザー自身がもはや三次元の立体物ではなく、コンピューター上のCGによって「模型」を製作できるようになっている。二〇〇〇年代後半には、例えば、CGによる「ガンプラ」のモデリングについての教科書も出版されている[37]。前章で述べた自分のオリジナルな解釈をおこなうキャラクターモデルの造型は、本来は脱物質化したCGでこそおこないやすいはずである。こうした模型の生産と受容の両方でのデジタル化の流れを考えると、もはや模型が「物質的なモノ」であることの意味は見失われつつあるようにも思える。

しかし一方で、二〇〇〇年代以降、アニメやマンガなどに登場するキャラクターを題材にした「巨大な立体

図34　お台場の「実物大ガンダム立像」。著者撮影、2012年

物」が各地で建造・公開されている。その主要な例を列挙すると、〇三年からのガンダムミュージアム（現・おもちゃのまちバンダイミュージアム）の「原寸大ガンダム胸像」、〇五年の個人製作による「一／一ブルーティッシュドック」の公開、〇九年にお台場、一〇年から一一年に静岡、一二年から一七年までお台場で展示されていた「実物大ガンダム立像」（図34）、〇九年に建造された神戸・長田の「鉄人28号モニュメント」、一〇年から富士急ハイランド内のアトラクションに組み込まれた「エヴァンゲリオン実物大初号機」などがある。これらは、作品内のメカニックやキャラクターを設定に準じたサイズで立体化した「モノ」である。イベントやミュージアムでの展示、何らかの出来事を記念したモニュメント、テーマパークのアトラクション、あるいは個人の趣味による製作と、展示の主体や目的はさまざまだが、実際に多くの人々がそこに訪れて、これらの巨大な立体物を受容しているという共通点がある。これらを何と定義するのかは難しいが、従来のキャラクターモデルで主流であった対象が題材となってい

ることや、模型業界に関わってきた組織や個人が関係していることを考慮して、本書では「実物大模型」と総称することにする。実物大模型は、これまでのキャラクターモデルのように形状だけではなく、「縮尺（大きさ）」を含めて〈実物〉を模していることが最大の特徴である。

本節では、前記のうち「実物大ガンダム立像」を事例として、そのような実物大模型の受容について検討していく。こうした作業は、現代における模型メディアの物質性と媒介性を考察する手がかりとなるだろう。

実物大ガンダムと集合的記憶

「実物大ガンダム立像」は、アニメーション作品『機動戦士ガンダム』の主役機「RX―七八―二 ガンダム」を、その設定どおり十八メートルの大きさで建造した立体物である。直接のきっかけはテレビ放送の三十周年記念であって、はじめに二〇〇九年の七月十一日から八月三十一日まで「GREEN TOKYO ガンダムプロジェクト」のシンボルとしてお台場・潮風公園で公開された。実物大ガンダムは大きな話題となり、開催期間中に当初の予想を上回る四百十五万人を動員した。[38]次に、こうした人気を受けて、一〇年七月二十四日から九月三十日、および十二月一日から翌一一年一月十日に開催された「模型の世界首都 静岡ホビーフェア」の一環として静岡・東静岡広場に展示された。[39]例年の静岡での模型関係のイベント「静岡ホビーショー」の来場者数は七万人ほどだが、実物大ガンダムを含む「模型の世界首都 静岡ホビーフェア」には百五十万人を超える来場者が訪れた。[40]さらに三度目として、一二年春から一七年三月まで、お台場の複合施設・ダイバーシティ東京のフェスティバル広場に常設で展示されていた。

では、実物大ガンダムが多くの人を引き付ける理由については、どのように考えられるのだろうか。もちろん、ガンダムというコンテンツ自体の人気の高さや、前章で述べた物語消費といった要因もあると思われる。しかし、物語消費論では、コンテンツ自体の魅力は説明できても、わざわざ「実物大」にすることの意味は説明できない。「実物大ガンダム」という十八メートルのモニュメントを見るためにわざわざお台場や静岡に行くことのなかには、そこに固有の魅力があると解釈すべきだろう。

その疑問を解くために、実物大ガンダムの展示に訪れた人々の経験に注目したい。ここでは、参与観察とインタビューを含むフィールドワーク[41]から見いだされた人々の行為や語りを紹介しながら、それらを分析していく[42]。「実物大ガンダム」の展示でまず気づくのは、多くの人が「なつかしい」と言っていることである。これは周囲の人々を眺めているだけでもうかがえるが、より顕著なのは、一定時間ごとに披露される、実物大ガンダムの「頭部」などが動き、原作の場面を連想させる効果音や音声が流れる小イベント（アトラクション）の最中である。

例えば、筆者のインタビューに応じたある男性は、このイベントの際「テンションが上がる」のを感じ、「二十数年前に観たガンダムの映像が目の前に蘇ってくるようだった」と語った。では、このような「思い出す」ことに関わる受容のあり方は、どのように読み解くことができるだろうか。

まず、社会学で蓄積されてきた集合的記憶論[43]を応用すると、モーリス・アルヴァックスが言う「物的環境[44]」となっていると考えられる。そもそも、「ガンダム」はマスメディアに媒介されたコンテンツであるから、当然ながらその受容者は無数に存在している。それにもかかわらず、普段は可視化されておらず「潜在的に集合的な記憶[45]」にとどまっている。しかし、実物大ガンダムという物的環境が媒介することによって、この記憶が顕在的な位相で想起される。「来場している他の人と共にそれを見る」という行為は、コンテンツの集合的な記憶を、流動的な受容者集団（の一部である来場者）による「可視化された集合性」とともに想起していることになるだろう。

つまり、実物大ガンダムにおける「思い出す」という経験は、「ガンダム」というメディアコンテンツの「潜在的に集合的な記憶」を、実物大ガンダムという物的環境によって、来場者が「顕在的に集合的に想起」することを意味する。そして、このような記憶の想起に魅力を感じるからこそ、多くの人々は実物大模型の展示に訪れると考えられるのだ。

「実物大」の物質性と疑似アウラ

さらに、実物大ガンダムの来場者の行為に目を向けると、そこで顕著だったのは、ガンダムの足を「触る」行動である(図35)。実物大ガンダムは、遠くから見るだけでなく、接近して直接その物体(サイズから「足」の部分にあたる)に触れることができる特徴をもつ。このような特性は、他の実物大模型にも共通している。ただし、触れるほど近くに行けることと、実際に触れる行為をおこなうこととは別である。原理的には、ただ「見る」だけの楽しみ方もありうるからだ。しかし、実際の展示では、単に眺めたり撮影するだけでなく、物理的なモノに触っている来場者が数多く見られた。これは、実物大模型とそれに「触る」という行為とに関係する固有の魅力があるからだと考えられる。

図35　静岡の実物大ガンダムに「触る」来場者。著者撮影、2010年

例えば、実物大ガンダムは「この世にひとつしかない」ため「わざわざ来た」と筆者に語ってくれた来場者がいた。ここで実物大模型は、大量生産されたモノとは異なる、世界に一つしかない「唯一のモノ」として経験されている。

客観的に見ると、実物大ガンダムの唯一性は、企業による希少価値の戦略や経済的コストといったさまざまな要因によってもたらされたものにすぎない。だが、そういった生産者側の事情は、受容者のリアリティーには直結しない。受容者も、もちろん本質的な意味で実物だと認識しているわけではないだろう。ガンダムはもともとアニメに登場するメカニックであり、通常の意味での〈実物〉は存在しないことは当然了解されていると思われる。しかし、実物大模型の「実物に触れる」という行為のうちには、物質性の確かなリアリティーと、擬似的な単独性の経験が含まれているのである。では、この経験はどのような社会学的意味をもつのだろうか。

その考察の手がかりとなるのが、ベンヤミンによるアウラ論[46]である。ベンヤミンが言う「複製」は直接的には映画や写真における技術的な複製、つまり撮影や録音をさす。[47]そうした複製によって芸術作品は〈いま・ここ〉にある一回限りの尊厳である「真正さ」、つまりアウラを喪失する。[48]

このような議論から「実物大模型に触れる」という行為を捉えると、受容者が「真正さ」に近い何かを感じていると考えられる。しかしこれは、ベンヤミンの議論と逆方向の現象にも思える。ベンヤミンによれば、複製によって真正さが失われることで、受容者はオリジナルの事物が到達できない状況へ至る。このことは「大聖堂を写真で見る」という例を考えることで明確にされている。[49]〈いま・ここ〉にしかないアウラをもつ大聖堂は、写真という複製物によって受容者のほうへ歩み寄る。ところが、実物大模型はこの逆の軌跡を描いているのではないだろうか。

例えば、ガンダムというメカニックは、実体としてはこの世のどこにも存在しない記号＝シミュラークルである。ベンヤミンの図式でいえば、アニメーションとして生まれた「ガンダム」はもともとが映像＝複製物である。しかし、この「本物のなさ」が逆にポイントとなる。実物大ガンダムは、その実体なき複製物としての「ガンダム」を、あえて「実物大」にした物理的実体である。

ベンヤミンの議論によれば、「本物」が映像として「複製」されることでアウラを失う。しかし、実物大模型では反対に、もともと「複製」された映像であった存在が、物理的に巨大な質量をもった立体物として物質化されることで、擬似的な真正性をもつのではないだろうか。

厳密には、ベンヤミンが言う「アウラ」は「モノがもつ客観的性質」であって、「受容者の主観的リアリティー」とは異なる位相にあるが、ここでの実物大模型は暫定的とはいえ「ひとつしかない」モノである。そのため、実物大模型があたかもアウラをもつかのように感じられる事態は、複製された非アウラ的なモノが「擬似アウラ」[50]として感受される状況として解釈されるだろう。
以上の検討からは、まず、実物大模型のうちに作品世界の集合的記憶を想起させる物的環境としての魅力があることが見いだされた。また、「実物大」という物質性に基づく経験からは、それが「本物」ではないと了解しながらも、単独性をもつ物体それ自体の存在感が擬似アウラを生み出していると考えられた。

4 記憶と物体のメディア

グローバル化する模型と記憶

では、グローバル化する模型の生産と消費、フィギュア、実物大模型から浮かび上がってくる現代の模型メディアのあり方は、どのようなものだろうか。本節では、以上の三節の議論をまとめながら、一見多様なこれらの事例に共通する原理を探ることによって、二〇〇〇年代から一〇年代にかけての模型メディアの媒介性と物質性をまとめていきたい。

第1節からは、モノとしての模型が、少なくとも日本と東アジアのメーカーによる製品では近似している現状が確認された。デジタルな設計技術の導入と生産体制のグローバル化によって、モノとしての差異はなくなりつつあり、今後も均質化は進むだろう。また第2節では、買った時点で精彩な塗装が施されているフィギュアが、模型の関連ジャンルとして広がりをもってきたことを論じた。この要因には中国の工業化をめぐる特殊条件があったので、ブーム自体は長続きしなかったものの、フィギュアの一般化が模型のあり方に与えた影響は大きかった。模型の世界でも簡単な組み立てをおこなうだけのプラモデルが広まってきている。

こうした文脈で、模型の設計者やフィギュアの原型師による解釈が、より直接的なモノの形で消費者に届く前提が整った。とはいえ、そこでの「解釈」は、個々のモデラーが二次元のキャラクターを三次元の模型に置き換えるのではなく、大手メーカーの模型設計者やフィギュア原型師として送り手側に回った元アマチュアのモデラーによるものだった。フィギュアでは、しばしば「カリスマ原型師」によるキャラクター造形の大胆なアレンジが商品の魅力とされる。[51]また、大手メーカーによる大量生産品としてのガンプラでさえ、有名なデザイナーが独自の〈解釈〉をおこなったプラモデル製品が発売されるようになっている。

例えば、バンダイは二〇〇二年から、ガンプラのうち最も大きな売り上げを占める「MG（マスターグレード）」シリーズのなかで、メカニックデザイナー・カトキハジメがプロデュースした「MG ver. KA」ブランドを展開している。同ブランドでは、カトキが原作に大幅なアレンジを加えた機体デザインに基づき、プラスチックによるランナーの色調、製品のパッケージなど、すべてをカトキ本人が監修した「デザイナーズMG」であることが打ち出されている。

一部の受容者にとって、もはや模型は自分で作り出す「作品」というより、与えられる「環境」となったのである。したがって、模型やフィギュアの個々の受容者の立場から見るならば、現在の模型の媒介性はもはや「解釈」という概念で捉えるより、モノという物的環境を媒介にして、特定の作品世界をめぐる集合的記憶を消費しているというほうがより適切である。

実物大模型と物的環境

こうした媒介性がより顕在化したのが、第3節で検討した実物大模型である。実物大ガンダムの演出や来場者の「思い出す」経験からは、こうしたモノが物的環境となって「ガンダム」という作品をめぐる集合的記憶が想起されている可能性が見いだされた。

こうした現象を考え合わせるならば、ある物語やキャラクターをめぐる集合的記憶を「潜在的に集合的」（つまり、一見すると個人的）に消費しているのがフィギュアで、「顕在的に集合的」な展示イベントなどの場面で受容しているのが実物大模型だとまとめることができる。「集合的記憶を想起させる物的環境となっている」ことを、これまでの章で用いてきた「メディアの媒介性」という概念に即して考えると、「模型メディアが記憶の媒介性をもつ」と言い換えられるだろう。

実際、実物大ガンダムの設計をめぐるレポートからは、原作の『ガンダム』ファンや「ガンプラ」のモデラーのなかにある「ガンダム」イメージに合う最大公約数的なデザインが模索されていたことがわかる。例えば、実物大ガンダム立像の造形全般のディレクションをおこなった川原正毅は、多くのファンに印象的なテレビ第一話のイメージを再現することに力を入れたと述べている(52)。これは、コンテンツをめぐる集合的記憶を想起するモノとして、実物大模型が構想されていたことを示している。

それに加えて、実物大ガンダムをめぐる検討からは、物質的なモノによって擬似アウラを感受している可能性が示唆された。もっとも、これが「実物大」という記号を付しただけの擬似的な真正性にすぎないことは、当然受容者にも了解されてはいるだろう。しかし、実物大模型という巨大な立体物の「物体そのもの」の存在感がなければ、原作をめぐる集合的記憶を「思い出す」ことはより困難だろうし、実際に「触れる」こともできない。実物大模型に多くの人が魅力を感じるのは、作品世界の「物語」といった記号や情報以外に、実物大模型それ自体の物質性が作用していると考えられる。

拡散する模型の媒介性と物質性

二〇〇〇年代から一〇年代にかけての模型は、ますます多様化して共通点を見いだしにくくなっていた。それでも、以上の検討からは、グローバル化とデジタル化のなかで模型が均質化するとともに、高品質なフィギュアの大量生産がこれまでの模型とは異なる受容者を生み出したことがわかる。また、実物大模型には、巨大な立体物の物質性から擬似アウラを感受する経験が見られた。

これらの事象からは、作品世界の個人的な「解釈」というより、ある種の集合性をそなえた「記憶」を消費しているという共通点が浮かび上がった。こうしたフィギュアや実物大模型は、従来の「製作する」ことに主眼を置く模型のあり方を念頭に入れると、「拡散する模型」と言えるほどの異なる物質性と媒介性をもつメディアになっているかもしれない。しかし、あるメディアが社会状況とともに変遷していくことを考えるならば、フィギュアや実物大模型をあくまで模型メディア内の新たなジャンルと位置付けることも可能だろう。

したがって、現代社会の模型が媒介する位相としては、「未来」「現在」「過去」といった特定の時代でも、単なる「虚構」でもなく、現在からの再帰的な構成である（と各人に意識されている）「記憶」が優位になってきていると言える。また、空間的には「形状」が引き続き重視されながらも、自己のオリジナルな「解釈」は後景化し、「集める」ことや「触る」ことを可能にするような立体物としての価値、つまり「物体であることそれ自体の価値」が前面に出てきている。すなわち、グローバル化とデジタル化のなかで拡散する「模型」は、〈記憶における実物を物体として現前させるメディア〉とまとめることができる。

第1部と第2部では、模型メディアの具体的展開に即して、その媒介性や物質性について検討してきた。第3部では、ここで得られた知見を敷衍しながら、より広い視座からモノとポピュラー文化、モノとメディアをめぐる問題系について、理論的に考察していく。

注

（1）ローランド・ロバートソン『グローバリゼーション――地球文化の社会理論』阿部美哉訳、東京大学出版会、一九九七年

（2）石田佐恵子「越境するポピュラー文化ミュージアム――グローバル化／デジタル化時代の展望」、石田佐恵子／村田麻里子／山中千恵編著『ポピュラー文化ミュージアム――文化の収集・共有・消費』所収、ミネルヴァ書房、二〇一三年、三〇六―三〇七ページ

（3）前掲『廃墟で歌う天使』

（4）TAMIYA MODEL MAGAZINE.COM」（[http://tamiyamodelmagazine.com/blog/2012/09/25/welcome-to-tamiya-model-magazine-international/]［アクセス二〇一四年十月十三日］）での雑誌内容の英文説明による。

（5）『雑誌新聞総かたろぐ』（メディア・リサーチ・センター、一九九三年版から二〇一三年版まで）による。なお、同年鑑の一九九二年版までは、Tamiya Model Magazine International の掲載は見られないので、それ以前もこの部数だったのかは不明である。また、二〇〇二年以降は発行部数が二万部に低下している。

（6）本書の「スケールモデル」と重なる「貿易統計」「輸入統計品目表」上の項目は、二〇〇七年までは第九十五類「がん具、遊戯用具及び運動用具並びにこれらの部分品及び附属品」での中項目「その他のがん具、縮尺模型その他これに類する娯楽用模型（作動するかしないかを問わない。）及びパズル」のうち、小項目「縮尺模型の組立てキット（作動するかしないかを問わないものとし、第950310号のものを除く。）」のなかの「卑金属製又はプラスチック製のもの」（細分番号950320010）である。その後、二〇〇八年からは分類が少し変更され、小項目「電気式鉄道車両（線路、信号機その他の附属品を含む。）、縮尺模型の組立てキット並びにその他の組立てセット及び組立てがん具」のうち、「卑金属製又はプラスチック製のもの」（細分番号950300510）がおおむね対応すると思われる。もとの「貿易統計」は千円単位だが、図では見やすさを考慮して百万円単位の表記とした。注（9）（26）も同様。

（7）バンダイのウェブサイト「会社案内―歴史―一九八〇年代」（http://www.bandai.co.jp/corporate/history80.html）［アクセス二〇一四年十月十二日］。

（8）「日本経済新聞」二〇一二年七月三十一日付

（9）本書の「プラモデル」と重なる「貿易統計」「輸出統計品目表」上の項目は、第九十五類「がん具、遊戯用具及び運動用具並びにこれらの部分品及び附属品」での「その他の組立てセット及び組立てがん具―娯楽用模型（プラモデルを含む）」（二〇〇六年までは細分番号950330100、二〇〇七年からは細分番号950300310）である。

（10）「モデルグラフィックス」二〇〇四年三月号、大日本絵画、七ページ

（11）例えば、スケールモデル専門店を経営している高田裕之は、香港・ドラゴン社の戦車模型のプロデュースをおこなっている。また、インターアライドの社長である角田秋久は、一九九六年ごろに中国・トランペッター社からアプローチがあったことをきっかけに、以降の開発に協力している（同誌八ページ）。

（12）マイク・フェザーストン『ほつれゆく文化――グローバリゼーション、ポストモダニズム、アイデンティティ』西山哲郎／時安邦治訳（叢書・ウニベルシタス）、法政大学出版局、二〇〇九年、一六〇―一六三ページ
（13）同書一六九ページ
（14）同書 xv ページ
（15）「朝日新聞」二〇一〇年四月十九日付
（16）「電撃ホビーマガジン」二〇一〇年九月号、アスキー・メディアワークス、八ページ
（17）CADとは、コンピューターの支援によっておこなう模型の設計をさす。従来のまず手書きの図面を起こして金属製の型に職人が手彫りしていた方法に代わって、コンピュータグラフィックスによって二次元の図面を書くようになった。一九八〇年代半ばからバンダイは先駆的にこの設計方法を導入していたが、現在では多くの大手模型メーカーが導入している（前掲『日本プラモデル50年史』三一四―三一五ページ）。
（18）前掲「プラモデル産業」一七ページ
（19）「C3 日本動玩博覧会 HONG KONG 2012」のデータに関しては、二〇一二年三月九日から十一日までおこなった参与観察とインタビューを含む調査による。同展示会について詳しくは、調査に関しての「海外レポート」（松井広志「モノとしてのポピュラー文化を調査する――香港での展示イベントを中心に」「都市文化研究」第十五号、大阪市立大学大学院文学研究科都市文化研究センター、二〇一三年）を参照されたい。
（20）デヴィッド・ハーヴェイ『新自由主義――その歴史的展開と現在』森田成也／木下ちがや／大屋定晴／中村好孝訳、作品社、二〇〇七年、第五章
（21）鈴木隆によれば、一九七九年から二〇一一年までの間、中国の一人当たりGDPの年平均成長率は九・九パーセントである。これは、一九五六年から七三年までの日本の高度経済成長期の実績を上回っている（鈴木隆「中国の政治運営」、猪口孝／袴田茂樹／鈴木隆／浅羽祐樹編著『環日本海国際政治経済論』所収、ミネルヴァ書房、二〇一三年、四一ページ）。
（22）竹林滋／東信行／市川泰男／諏訪部編『新英和中辞典 第七版』研究社、二〇〇三年
（23）前掲『造形集団 海洋堂の発想』三四ページ

(24)「アクションフィギュア」は、手足などを可動させて、好きなポーズで飾ることができるフィギュアをさす。そのため「アクション」とはいえ、あくまで「飾る」ことが目的であって、「動く」こと自体を重視する戦前期の模型とはその意味合いが異なる。

(25) あさのまさひこによるインタビューのなかの白井の発言による(あさのまさひこ『海洋堂マニアックス――おまけフィギュアブームを生み出した「世界最狂造形集団」の功罪』〔Bamboo media books. 別冊レプリカント〕、竹書房、二〇〇七年、二八五ページ)。

(26) 本書の「フィギュア」と重なる「貿易統計」「輸入統計品目表」上の項目は、第九十五類「がん具、遊戯用具及び運動用具並びにこれらの部分品及び附属品」での「がん具(人間以外の生物又は動物を模したものに限る。)」のなかの「紡織用繊維の織物製又はプラスチック製のもの」および「その他のもの」(細分番号950300311および950300319)である。

(27) もちろん、どのくらいの値段で売買されるのかは、製作者による完成度によって大きく異なる。なお、こうした数字を客観的に示すのは難しいが、著者の模型関係者への聞き取りや「ヤフオク」などでのプラモデルの塗装済み完成品の落札価格などから、未完成のプラモデル製品の定価の数倍の値段が付くのが一般的だと思われる。

(28) 前掲『海洋堂クロニクル』二四六ページ

(29) 前掲『海洋堂マニアックス』二八二ページ

(30) 経済学者の李佳によれば、改革開放路線に転換した一九七八年から二〇一〇年までの約三十年間で、中国人の年間所得は十五倍近くに増えたという(李佳「中国の経済発展――高度成長とその持続可能性」、前掲『環日本海国際政治経済論』所収、一二七―一五三ページ)。

(31) 市川哲史「中国生産激闘史」、市川哲史編『ウルトラ怪獣名鑑戯画報』所収、竹書房、二〇〇八年、五二ページ

(32) 前掲『海洋堂クロニクル』五〇ページ

(33) 例えば、「SDガンダム」シリーズのうち二〇〇〇年代以降のキットが挙げられる。

(34) 例えば、タミヤは二〇〇三年から塗装や内装パーツははじめから完成されていて、最後の組み立てだけを自分の手でおこなう「セミアッセンブル・モデル」という半完成品のプラモデルを発売している。

(35) 前掲『日本プラモデル50年史』三一二―三一三ページ
(36) 同書三一六ページ
(37) 木村トイ／辰口智樹／堀内智之／和田学『GUNDAM CG WORKS――MODELING TECHNIQUES FOR MOBILE SUIT』ビー・エヌ・エヌ新社、二〇〇六年
(38) ガンダムフロント東京有限責任事業組合「ガンダムフロント東京とは」「ガンダムフロント東京」公式ウェブサイト（http://gundamfront-tokyo.com/jp/welcome/）［アクセス二〇一二年八月七日］
(39) ホビーフェアの会期終了後も、実物大ガンダムの観覧自体は三月二十七日まで可能だった。
(40) 「読売新聞」二〇一一年三月六日付
(41) 「実物大ガンダム」へのフィールドワークは、お台場で二〇〇九年七月二十五日と二十六日、静岡で一〇年九月二十四日に実施した。その際、来場者計十四人に半構造化インタビューをおこなった。
(42) より詳しい分析内容は、以下の論考を参照されたい。松井広志「物語・記憶・擬似アウラ――「実物大ガンダム」の〈魅力〉と物質性をめぐる考察」「KG社会学批評」第一号、関西学院大学先端社会研究所／関西学院大学社会学研究科、二〇一二年
(43) 記憶とモノの関わりについての理論的検討は第6章で詳述する。
(44) モーリス・アルヴァックス『集合的記憶』小関藤一郎訳、行路社、一九八九年、一八二ページ
(45) 浜日出夫「記憶のトポグラフィー」「三田社会学」第五号、三田社会学会、二〇〇〇年、六ページ
(46) ヴァルター・ベンヤミン「複製技術時代の芸術作品」『ベンヤミン・コレクション1――近代の意味』浅井健二郎編訳、久保哲司訳（ちくま学芸文庫）、筑摩書房、一九九五年
(47) そのため、ベンヤミンが言う「複製」は、今日の「海賊版」や「違法コピー」問題で言及される映像や音声の複製を意味しない。それらのもとになっている「正規版」や「オリジナル作品」自体がベンヤミンの議論では、「複製」の範疇に入る。
(48) 前掲「複製技術時代の芸術作品」五八九―五九〇ページ
(49) 同論文五八九ページ

(50)「擬似アウラ」という言葉については、三島憲一の論考に示唆された。ここでは、映画俳優に宿るかにみえる「アウラ」が実際には映画産業が巨大資本に握られていて、そこで演出されたものにすぎないことを主として意味している（三島憲一『ベンヤミン――破壊・収集・記憶』〔講談社学術文庫〕、講談社、二〇一〇年、四六九ページ）。したがって、アウラをもたない映像などの「複製」をあえて「実物大」の立体物として物質化することによって発生する、「アウラ」を感じさせるモノ（実物大模型）を意味する本書での「擬似アウラ」とは、意味合いが異なることを断っておく。

(51) 例えば、第4章でも触れたBOMEなどの海洋堂の人気原型師は、こうした独自の解釈が非常に巧みであることによって評価されている。

(52) メガロマニア編『ガンダム三〇周年オフィシャルブック』ガンダム三〇周年プロジェクト、二〇〇九年、八ページ

第3部

理論

第6章　ポピュラー文化における「モノ」——記号・物質・記憶

本章では、ポピュラー文化(1)における「モノ」の価値を理論的に考察していく。

ポピュラー文化は「人々自身による日常的な文化(2)」であるから、本書のテーマである「モノ」をめぐっても、人々によるその受容の論理を多面的な視点から、しかも日常的な実感に即して読み解かなければならない。

数多くの論者によって「モノから情報へ」という社会変動が指摘されてきたが、最も洗練された形でそれを示した見田宗介は、現代の情報社会を「情報による消費の創出を常態とする時代(3)」と捉えた。そうであるなら、「個人をさらに断片化したデータによる監視(4)」が消費空間にも張り巡らされた現代は、人間さえも記号と情報の集積として扱われるという点でその極致と言える。

こうした動向は、ポピュラー文化の領域でも見られる。一九九〇年代後半からのインターネットの急速な普及と、二〇〇〇年代のメディアコンテンツでのデジタル技術の導入の深化によって、現代社会は情報や記号がむき出しで消費される状況にある。例えば、電子ファイルによる音楽聴取、電子書籍やウェブコミックでの読書、動画のストリーミング視聴などを考えてみれば、このような流れは明らかである(5)。

しかし、ポピュラー文化の現場に身を置くと、一方では物質的な「モノ」に依然として価値を置く受容が観察される。本書の主たる分析対象である「模型」だけでなく、他にもパッケージを所有する音楽ファン、紙媒体でしか本を読まない読書家、テーマパークで買ったキャラクターグッズを愛でる人々など、さまざまなポピュラー文化領域で「モノ」にこだわる受容者は依然として存在している。

ここには、ポピュラー文化での「モノ」の受容という論点が潜んでいる。本章のねらいは、こうした受容の論理を社会学的議論の対象として、単一の視点からだけではなく、可能なかぎり総合的に読み解くことである。

本章の構成は以下のとおりである。まず、記号論や消費社会論、およびそれと関連するオタク文化論が捉えるモノの位置を概観し、その問題点を指摘する（第1節）。次に、前記の消費社会論に不足していたモノの固有性に注目した議論として、物質文化論を整理し、特に近年盛んになりつつある「モノ理論」について検討していく（第2節）。さらに、物質文化論では説明できない性質がモノをめぐる経験には含まれていることを指摘したうえで、記憶の社会学で応用されてきたモーリス・アルヴァックスの集合的記憶論がこの現象を説明する有効な視座になることを示す（第3節）。最後に、前述の諸理論を応用的に展開して得られた知見を総合し、ポピュラー文化における「モノ」の受容の論理を提示する（第4節）。

1　記号

言語論と使用価値・交換価値

モノの価値を考えると、すぐさま使用価値と交換価値という有名な概念に至る。フェルディナン・ド・ソシュールの議論は言語論的転回の淵源にあり、現在モノについて考えるときの基本図式を提供しているが、丸山圭三郎はソシュールの「一般言語学講義」以外の草稿や講義ノートをふまえることで、ソシュール理論の再構築をおこなった。丸山は、貨幣と言語の相同性を述べるなかで、私たち人間は衣・食・住に代表される直接的な物の効用である使用価値と、そうした財と財との交換を可能にする交換価値という二種類の価値の世界に生きているという。[6]この二種類の価値の基盤として、貨幣とともに言語が挙げられている。ここから、言葉はあらかじめ存在する〈物〉の代用品ではなく、そもそも存在していなかった諸価値を作り出す〈荒ぶる神〉だとされる。[7]

このような言語論的発想に基づくと、モノの価値は言語によってはじめて生成する。あらゆるモノは、使用価値か、あるいは記号の差異によって生じた交換価値という二種類の価値に還元される。しかし、同じ記号的情報であっても、具体的な受容の局面では何かが違うように感じられる場合がある。それは使用価値ではなく、また交換価値にも還元されない「深み」だろう。

このようなある種の「深み」を捉えるために、より発展的な議論で丸山は、「影の文化」という概念を導入する。[8]人間の文化と意識には、光の秩序には回収されない闇の豊饒さとも言うべきものが存在している。この重層性を丸山は、光とそれによって形成されるもうひとつの黒い姿を同時に表す〈かげ〉という言葉を手がかりとして、「影の文化」と呼ぶ。この概念によって、意識的に分節化される光の世界と無意識の深層にある闇の世界を同時に捉えることで、記号に回収されないモノをめぐる価値をある程度言い表した。

しかし、同時に丸山は、この二項対立を、秩序を維持するための〈道具としての言葉〉および豊饒から立ち現れる〈情動の言葉〉として把握していて、やはり「言葉」による認識と位置付けている。そのため、モノについては、「道具」としてであれ「情動」としてであれ、その受容をめぐる価値は言葉や記号の問題として処理される。

消費社会論と記号的価値

言語論的視座と共鳴する他の枠組みとしては、ロラン・バルトを代表とする記号論がある。特に前期のバルトは、写真をテクスト、すなわちある種の言語として、視覚的イメージにおける象徴体系の記号論的分析をおこなった。[9]

さらに、消費社会における「記号の消費」としてモノを論じる代表的な理論家は、第2部でも触れたジャン・

ボードリヤールだろう。ボードリヤールは、ポストモダン化した社会で消費の対象となるのはモノではないという。「消費されるためには、物は記号にならなくてはならない」のであり、ある記号的意味を付与されたモノは「物質性においてではなく、差異において消費される」[10]。これはとりわけ、新品同様の服が「着られなくなる」ようなファッションの流行に典型的だが、さまざまなポピュラー文化に当てはまる。

より後年の著作になるとボードリヤールは、単なる記号ではない、オリジナルなきリアルである「シミュラークル」という概念を用いた。その典型として彼が挙げたのが「ディズニーランド」である。ディズニーランドは、世界中のあらゆる文化のイメージが記号化され、その組み合わせで構成される。そのため、「錯綜したシミュラークルのあらゆる次元を表わす完璧なモデル」[11]として言及された。

このような消費社会論では、ソシュール流の言語論を淵源とする「記号＝言語」という視点によって、文字や図像が「テクスト」として解釈される。例えば、いま私の手元には東京ディズニーランドでしか販売されていないマグカップがあるが、私がこれを買い、持ち続けているのは、「東京ディズニーランド」というシミュラークルに記号的価値を見いだしているからということになる。

現在、このようなシミュラークルの全面化を前提に、日本の「オタク文化」に特化させた議論を展開したものとして、大塚英志の「物語消費」論と、東浩紀による「データベース消費」論が知られている。一九七〇年代後半以降のオタク文化について大塚は、商品を通じて〈小さな物語〉（作品やエピソード）の背後にある〈大きな物語〉（設定や世界観）を消費する態度を示し、そこでは大きな物語自体を直接売るかわりに「その一つの断片としての〈モノ〉を見せかけに消費してもらう」[12]ことになっているという。

一方、東は、一九九〇年代以降のオタク文化に関して、「単純に作品（小さな物語）を消費することでも、その背後にある世界観（大きな物語）を消費することでも、さらには設定やキャラクターを消費することでもなく、そのさらに奥にある、より広大なオタク系文化全体のデータベースを消費することへと繋がっている」[13]ような関心のあり方を見いだした。「データベース消費」とは、このような物語の背後にあるデータベース（大きな非物語

＝設定の集積）における「萌え要素」の組み合わせを消費するあり方とされる。これら二つの議論は、ポストモダンの文化状況や、当事者の動向をふまえた広い適応性をもつと考えられたため、オタク文化に関する社会学的研究の分析枠組みとしてもしばしば用いられている。(14)

では、この二つの枠組みからは、ポピュラー文化における「モノ」はどのように考えられるだろうか。まず、物語消費については、モノは物語の一部として受容されることになる。大塚が物語消費の典型として挙げた『機動戦士ガンダム』を例に考えてみれば、そのプラモデルは「ガンダム」という物語内のメカニック設定や架空の歴史を消費するための入り口となっている。また、東がデータベース消費のひとつとして挙げる「ネコミミ」という「萌え要素」をもつフィギュアについて考えると、それもやはりモノ自体というより、オタク文化の膨大なデータベースのなかにある記号のひとつを消費していることになる。

以上、消費社会論、さらにはそれを前提とする物語消費とデータベース消費の議論を検討してきた。これらの枠組みは、確かにポピュラー文化におけるモノの受容の一端を捉えてはいると思われる。しかし、記号＝言語という視点からでは、その情報としての意味は解明できても、なぜわざわざ「物質的なモノ」としてそれらを受容するのかという必然性が説明できない。

したがって、ポピュラー文化におけるモノの受容の論理を総合的に捉えるためには、「記号からモノへ」の方向だけではなく、よりモノに寄り添った議論、つまり「モノ自体」に注目した視点からの考察が必要となってくる。

2　物質

物質文化論の展開

本節では、前節の議論をふまえ、空間に物理的位置を占める「モノ自体」によって迫ったアプローチからの考察を加えていく。物質としてのモノに注目した議論としては、主に芸術学や人類学で展開されてきた「物質文化」（material culture）をめぐる議論が考えられる。こうした物質文化論は長い知的伝統を有するため、その流れを端的に述べるのは難しい。そのなかで、物質文化論の展開を四つの段階に分けたジョルダン・サンドの整理はわかりやすい[15]。本節では、まずサンドの整理に沿って物質文化論の流れを確認した後、ポピュラー文化研究への導入を考えていきたい。

第一の段階は唯物史観であり、カール・マルクスが物質の生産手段の分析によって社会構造を明らかにした。この場合の「物質性」は、技術や経済と密接に関係する「生産様式」や「下部構造」といった意味をもち、上部構造（文化や意識）を決定する存在である。そうした図式のなかで「モノ」は、労働による生産物として捉えられる。

第二の段階は、考古学や博物学による物質文化の分析である。これは、モノから「文化」を読み取り、それによって過去の生活を再現しようとする。なお、サンドは直接的に触れていないが、この枠組みは、ジェイムズ・クリフォードが批判人類学のなかで指摘した「非西洋のモノが語られるときの二つの流れ[16]」のうち、「民族文化」としてモノを語るアプローチと対応するだろう。また、クリフォードはもう一つの流れとして、美術史に見られるような「芸術作品」としてのモノの語り方を指摘している。彼によると、西洋近代では「文化」か「芸術」として意味付けられないモノは、商品として低い位置に置かれてきたという。

第三の段階は、一九八〇年代からの記号学によるアプローチであり、モノからコンテクストを読む方法だ。これは、前節で述べた消費社会論における「モノ＝記号」という捉え方と対応するだろう。言い換えると、この段階に限っては、物質文化論は記号論と重なるものだった。八〇年代に物質文化論のなかでもこうしたアプローチが出てきたことは、前節で見た言語論的転回の影響が大きかった証左でもある。

最後にサンドが第四の段階として挙げるのが、一九九〇年代から始まり、二〇〇〇年代に入って盛んになりつつある「モノ理論」(thing theory) である。モノ理論は、モノについての記号論的意味とは無関係に存在する次元、すなわち物質性とは何かを探求する立場である。本節で、消費社会論における「モノ＝記号」という考え方への対抗として重視したいのが、この第四段階の物質文化論である「モノ理論」だ。

モノ理論と人類学

モノ理論の代表的論者のひとりビル・ブラウンは、物質と非物質の境から「物質性」(materiality) にアプローチしている。彼はボードリヤール流の消費社会論に疑義を呈していて、そのシミュラークル論を「ポストモダンの物語 (tale) のよく知られたバージョン」[17]だという。かわって注目を促すのは、記号に還元されないモノに固有の視覚・触覚的質感、あるメディアが立ち現れる特定の物質状況、コミュニケーションの物質性などである。

このように物質性に関する彼の論点は多岐にわたるが、本章の関心からは具体例として挙げられた「セーター」の話題が示唆的だ。すなわちブラウンは、私たちがセーターを洗濯した結果、その質感が変わってしまったときの違和感こそが物質性を考える手がかりになるという[18]。そのときの「言葉にならない感覚」がモノの実在性と固有性のひとつの根拠であり、ブラウンはこのことを「対象」(object) と「モノ」(thing) を概念的に区別することによって論じている[19]。すなわち、ある物体が「モノ」自体として存在するのはわずかな間だけでしかなく、その一瞬後には言語の網の目にからめ取られてしまい、単なる「対象」となる。しかし、たとえ瞬間的に言語化された「対象」となるにせよ、それ以前に一瞬立ち現れる「モノ」自体の位相に注目するところが、本書で重視したい観点である。だからこそブラウンは、セーターに触れたときの、言語化される以前の無意識的な質感を例に挙げたのだろう。

では、どのような方法によって、モノ自体に接近できるのだろうか。二〇〇〇年代以降の人類学では、「ものの人類学」という領域が提唱されている。そこでは、言語情報に回収されない物質性を捉えるために、モノを人という主体によって統御される従属的な客体としてではなく、モノと人との関わりようを包括的な時間・空間のなかで描くことを目指している。例えば、言語に意味を回収された後の「語り」だけではなく、モノをめぐる人々に寄り添う「行為の観察」といった調査方法が用いられる[20]。

例を挙げると、人類学者の大西秀之は、過度の「言語中心主義」に転回した人類学の状況を受けて、ルソン島山地民の土器作りを事例に、非言語的な領域へ接近する方法を探っている。しかし、そうした試みをおこなっている大西でさえも、「モノとヒトが形作る言語化しえない側面にアプローチするための十全な方法[21]」はいまだ確立していないという。このように、言語に回収される以前の「モノ自体」を扱うのは容易ではない。ただ、「言語で埋め尽くされているようにみえる世界が、言語を介さない無数のモノの働きかけを受けて成り立っていることをまず認識すべき[22]」ことは強調されている。

本書でも、こうした試みに倣って、ポピュラー文化における「モノの物質性」、すなわちその言語化されない（あるいは、されづらい）側面を少しでも捉えてみたいと思う。ここで前節でも挙げたマグカップの例を再び取り上げて考えたい。モノの物質性を考慮に入れると、これを持ち続けている理由のひとつとして、「ディズニーランド」という記号とは無関係な、このマグカップに固有の視覚的・触覚的な質感があることが考えられる。実際、言葉にならない「なんとなく肌に合う」感覚からあるモノを買い、それを持ち続けることは多くの人の日常的な経験としてよくあることだろう。もちろんこれは「モノ一般」について言えることだが、だからこそポピュラー文化における「モノ」との関わりに対してもこのような捉え方ができることは無視すべきではない。

このようなあり方は、例えば「ぬいぐるみ」のような、その素材自体で定義されるようなモノに、より典型的に現れるだろう。実際、私の知人でよく「ぬいぐるみ」を買う人がいるが、彼女は例えば「ハローキティ」といった特定のキャラクター（記号）にこだわってはいない。それでも記号論的見方によれば、「ぬいぐるみ」というカテゴリーにこだわり、それを消費しているように思われるかもしれない。しかし、彼女は実は「ぬいぐるみ」なら何でもいいというわけではないという。気に入って購入し、さらにそれを持ち続けるのは、「自分が触ったときに、なんとなくしっくりくる」モノだけだと語ってくれたことがある。つまり、この人の場合は、社会的に共有された記号とは無関係に自分が気に入る感触をもつモノを受容していて、それが結果として私たちが「ぬいぐるみ」と呼ぶモノであることが多いということになる。

触感とプンクトゥム

近代における視覚の支配のなかで毀損された諸感覚について再考しようとする動きは、自然科学の分野でも大きくなりつつあるようだ。

例えば、人間工学や認知科学の領域で、「触感」についての実証研究が進んでいる。(23) そもそも触覚は、五感のうちその認知や行動との関わりを解明する研究が最も遅れてきた分野だという。というのも、触覚は、視覚や聴覚を中心とする他の感覚、また記憶やイメージといった別個の要素が複合的に作用することで感知されるため、これまでの要素還元的な研究ではそのはたらきを明らかにすることが難しかったからである。

しかし、近年の実験方法の発展によって、感覚の複合性をふまえた研究が可能になったという。そこでは、単一の受容器としての分析を超えた複合的感覚を捉える言葉として「触感」が提唱されている。さまざまな実証研究から得られた触感についてのモデルは、以下のように従来の触覚についてのモデルと区別される。

まず、人間が触感を得る過程には、モノ・身体・心的イメージという三つの段階がある。これらの段階について従来は、モノとの接触から触覚的な刺激が得られて、心的イメージが生成するという図式が採用されていた。しかし現在では、モノとの接触から触覚を経由して、その刺激が視覚・聴覚や言語・記憶といった領域とも相互に関わることで、複合的な感覚である「触感」が形成されているというモデルになっている。(24)

実際、こうした現代の人間科学的研究は、人文学で先駆的に指摘されてきた議論と呼応する。モノの魅力を考える際に重要なのは、記号論と決別した後期のロラン・バルトが写真の本質について考察していくために導入した「ステゥディウム」と「プンクトゥム」という対立概念である。ステゥディウムは、文字どおりの「勉学」という意味から展開されて、「道徳的、政治的な教養（文化）という合理的な仲介物(25)」によって媒介された平均的感情、一般的関心をさす。それに対して「プンクトゥム」は、「ステゥディウムを破壊（または分断）しにやってくるもの」であり、「私を突き刺す偶然[26]」と言われる。本書にとって重要なのは、このような写真の受容に際しての「衝撃」であるプンクトゥムが、単なる突飛な印象ではないことである。それならば「突飛なもの」としてコード化できるステゥディウムの範疇にあるにすぎない。バルトは「私が名指すことのできるものは、事実上、私を突き刺すことはできない[27]」と、両者の二項対立性を強調する。そこから、プンクトゥムは、先の言語／物質という対比概念と重なるものだと理解できる。写真の受容に際して立ち現れる、記号＝言語に回収されない物質性が、ここでプンクトゥムと呼ばれている衝撃だろう。

以上の検討からは、ポピュラー文化における「モノ」の受容をめぐる論理のひとつに「物質性」という位相があることがわかる。人々が「あるモノに固有の質感」を触感的な「衝撃」として受容する側面があるからこそ、そのモノが空間的な位置を占めていることが求められるのだ。このようなモノ自体に関する議論は、消費社会論への対抗理論として重要である。

しかし、記号と物質という二つの側面からでもなお、ポピュラー文化における「モノ」をめぐる経験のすべては捉えられていないようにも思われる。私たちは自分が生きてきた時間的プロセスのなかで、記号や物質に還元されない固有の意味付けをもって「モノ」と接してきたのではないだろうか。このようなオルタナティブな側面を捉えるために、次節では「記憶」という視点からの検討をおこなう。

3 記憶

集合表象と集合的記憶

近年の社会学では「記憶」をテーマにした研究が盛んであり、ミュージアムやモニュメント、世界遺産などが

「記憶が保存・想起される場所」として研究の対象になっている。[28] そこで先駆的業績として再評価の中心にあるのが、第5章でも触れたモーリス・アルヴァックスの集合的記憶論である。本節では、集合的記憶論、特に「物的環境」と記憶との関わりをめぐる論点を、ポピュラー文化における「モノ」の受容に応用していくことにする。

アルヴァックスはいわゆる「デュルケム学派」の社会学者で、先行するエミール・デュルケムによる「集合表象」論の影響を受けながらも、ある意味でより柔軟性をもったものとして「集合的記憶」論を提起した。ここでは、両者の比較について整理しておきたい。本書の問題関心からは、それらの比較は二つの違いに集約できる。

第一に、集合表象が「概念」を中心としたソリッドな要素から形成されるのに対して、集合的記憶は「イメージ」などの比較的リキッドな要素からも構成されるという違いがある。大野道邦によれば、デュルケムは「概念」を「感覚的表象」と対比させている。概念のほうが「時間と転成の外部」に存在する「定着され、結晶化された思考の様式」であるのに対して、「感覚・知覚または心象」は「永久的な流動」である。さらに、両者を比べると、概念が「感覚・心象より堅固さをもっている」とされている。一方、アルヴァックスは、集合的記憶を、概念や観念だけでなく、「イメージ」や「印象」からも構成されているとする。[29]

第二に、集合表象では個人と社会が明確に対比されるが、集合的記憶では個人と社会を切り分けないという点が異なっている。『社会学的方法の規準』でデュルケムは、集合表象を個人表象と対比し、「社会がそれ自身および周囲の世界を表象するところの様式を理解するには、個々人の性質ではなく社会の性質を考察しなければならない[30]」とする。この把握を前提として『宗教生活の原初形態』でも、「集合的表象が個人的表象より堅固[31]」だという。しかし、アルヴァックスは、個人的な表象である記憶について、「社会的なもの」が浸透したものだと捉えている。

このような前提をふまえたうえで、次項ではアルヴァックスの記憶論を整理するとともに、本章の問題関心に沿って応用的に展開していく。

集合的記憶と物的環境

アルヴァックスの記憶論は『記憶の社会的枠』（一九二五年）、『聖地における福音書の伝説地誌』（一九四一年）、『集合的記憶』（一九五〇年）といった著作で展開されていて、その論点は多岐にわたる。しかし、本章のテーマとの関わりで重要なのは、以下の三つの点である。

第一に、「概念」からだけではなく「イメージ」からも記憶が構成される点である。アルヴァックスは「集合的記憶」に関して、過去の出来事をめぐって現在想起する「イメージ・印象・感覚・観念」だと述べる[32]。ここからは、ルイス・コーザーがアルヴァックスについての解説で「現在主義」と述べた[33]ような、現在という時点から過去の記憶が再構成されていることが、まず重要である。さらに、記憶が言語による「概念」という明確に共有された部分だけでなく、より断片的な「イメージ」からも構成されていることを読み取ることができる。このことから集合的記憶論は、「言語」を特権的な位置に置く（本章の第1節で検討したような）議論とは異なる視座を提供する枠組みであることがわかる。

第二に「物的環境」（milieu matérial）に関する点である。アルヴァックスは、「物的環境によって保持されていなければ、過去を取り戻せることは理解されない[34]」と、記憶における物的環境の重要性を強調する。この物的環境は、社会学の記憶研究ではミュージアムなどの具体的な場所をさすものとして使われることが多い概念だが、その議論の応用可能性は狭義の「場所」や「空間」に限定されるものではない。例えば、アルヴァックスは「骨董屋では、あちこちに散らばった家具のばらばらになり使いものにならなくなった部分部分の中で、あらゆる時代やあらゆる階級が顔をつき合わせている[35]」と述べているが、ここからは骨董品というモノもまた、記憶を想起させる「物的環境」と捉えることができるだろう。つまり、アルヴァックスによれば、空間や場所だけではなく、モノもまた記憶を想起させる物的環境となるのである。

第三に、集合的記憶と個人的記憶の相互浸透性である。これをアルヴァックスは「記憶の社会的枠」という概念を用いて記述する。それは過去のさまざまな事象についての断片的なイメージを配列する枠組みであり、その組み合わせで個人的記憶は成立する。個人的記憶は「錯綜した集合的思考の多くの系列の作用によって再現される」[36]。このような記憶の集合性は理解しにくい面も含んでいるため、記憶と想起の点でそれぞれ潜在的／顕在的という軸を設定して、アルヴァックスが言う集合性を明確化した浜日出夫の議論を参照しておきたい。浜によれば、まず、友人たちと旅行し、後に友人たちとその思い出話をすることは「顕在的に集合的な記憶を顕在的に集合的に想起」しているのであり、最もわかりやすい集合性である。次に、旅行のときに撮った写真を眺め、一人でそれを思い出すことだが、これは一見すると個人的な営みのようにみえるが、実は「顕在的に集合的な記憶を潜在的に集合的に想起」しているのである。さらに言えば、一人でロンドンを散歩しているとき、ディケンズの小説を想起することさえも集合的記憶の想起になるのだ。この場合、一見個人的だが、実際にはディケンズ本人や他の読者たち（集団）との「潜在的に集合的な記憶を潜在的に集合的に想起」していることになる。[37]

以上で述べてきたアルヴァックスの集合的記憶論から、ポピュラー文化における「モノ」への応用可能性を整理しておくと、ポピュラー文化をめぐる思い出のように明確な言語化がなされていない記憶を扱える点、そこでのモノに関して記憶を想起させる物的環境として捉えられる点、さらにポピュラー文化の流動的な受容者にその「集合的」という概念の性質が適合する点という三つの点にまとめることができる。

このような記憶論で用いられる方法はさまざまだが、そのなかに当事者の実存的な「語り」に注目するものがある。例えば、片桐雅隆は、社会学的な自己論からの記憶研究で、自己の物語の構築と記憶の枠組みとしての歴史との接点を「個人誌」によって探求している。[38] このような方法によって、現在において再構成された過去の記憶の一端を捉えることができる。

それでは、これまで述べてきた集合的記憶論を、事例に即して考えるとどうだろうか。前述の二つの節で挙げてきたマグカップの例についてさらに考えてみると、ディズニーランドで買ったマグカップを見たり触れたりすることによって、私はともにそこに行った親密な他者との思い出を想起するが、これは「顕在的に集合的な記憶」である。ただ、マグカップによって想起されるのはこのような思い出だけではなく、その日ディズニーランドに来たすべての人々と共有するアトラクションやパレードについての記憶もまた呼び起こされる。これは「潜在的に集合的な記憶」である。私はそのような集合的記憶を、マグカップを見たり触れたりすることによって「潜在的に集合的に想起」しているのだ。すなわち、〈かつて・あそこ〉のディズニーランドにおける体験や瞬間的な感情が「かけがえのない思い出」となって〈いま・ここ〉で想起される。逆にいうと、そのような多層化された集合的記憶をある種のリアリティーをもって想起したいがために、私たちはキャラクターグッズを買うのだろう。

以上の議論からは、コンテンツの受容をめぐる潜在的・顕在的に集合的な「イメージ」が時間の蓄積とともに現在の時点から再構成される「集合的記憶」となり、そのような〈かつて・あそこ〉での思い出を〈いま・ここ〉でリアリティーをもって想起するために、「物的環境」として「モノ」を持ち続けるという論理を導出できる。

このように「記憶」という観点を導入することで、時間による再構成を含んだ日常的実感をふまえた、人々が「モノ」にこだわる理由に関する新たな側面を捉えることができた。本章の最後の節では、以上の三つの理論的パースペクティブからの考察を総合することで、ポピュラー文化における「モノ」をめぐる受容の論理を明らかにしたい。

4　時空間を媒介するモノ

以上の節では、ポピュラー文化における「モノ」を、消費社会論から「記号」として(第1節)、物質文化論から「物質性」として(第2節)、集合的記憶論から「記憶」を想起させる物的環境として(第3節)それぞれ論じてきた。私たちはポピュラー文化のコンテンツの記号や情報を消費するひとつのあり方としてモノを受容するが、「モノ」自体のインパクトにこだわる人々のリアリティーは消費社会論の観点では説明がつかなかった。しかし、物質文化論、特にモノ理論の視座からは、そのモノの物質性に固有の視覚的・触覚的な質感にこだわる様相が捉えられ、また集合的記憶論の観点からは、過去に知覚したコンテンツをめぐる体験のイメージをかけがえのない記憶として現前させるモノという側面を見いだすことができた。

では、これらの知見はどのような社会的意味をもつのだろうか。二〇一一年三月十一日の東日本大震災後、例えば「泥にまみれた写真」[39]のような、大切な記憶を宿した個人的なモノを保存の対象にする「思い出工学」の議論が注目されてもいる。これは、個人にとって「なぜか捨てられない」ような「かけがえのないモノ」の存在を示す。

だが、このような「かけがえのないモノ」は、大量生産によって作られたはずのポピュラー文化のなかにも存在する。これらは、確かに「どこでも手に入るモノ」にすぎず、情報による消費の支配のなかで「古びたモノ」や「価値のないモノ」に一瞬にして変化する。けれども、記号としての価値がなくなったからといって、他の価値までなくなるわけではない。モノは使用価値や交換価値だけではなく、本書で見てきたような物質性、記憶を喚起する物的環境としての価値を含んでいる。換言すると、ここには、モノが空間に物理的位置を占めることで人々に与える意味と、モノが時間の流れのなかで蓄積していく社会的意味があると考えられる。

もちろん、これは「モノ一般」にも言えることかもしれない。しかし、モノの物質性はあるコンテンツにおける記号であることによって、ただの物質だけでは得られないインパクトをもつ。また、そのコンテンツに記号としての魅力があるからこそ、その記憶を想起させるモノが実存にとってなくてはならない重要性をもつ。ここからは、デジタル化する社会における「反デジタル」化とも言える、ポピュラー文化のなかの「モノ」への愛着やこだわりが存在し続ける理由が理解可能となる。

一般に、デジタル社会は時間や場所を無化する傾向にあると言われる。[40]それに伴い、私たちの空間や時間にまつわる実感もまた希薄化していくかもしれない。しかし、そのようなデジタル化する社会のなかでこそ、記号的意味に回収されないような、質感や記憶といった「モノ」がもつ空間的・時間的価値が重要になってくるのだ。

ここで本章の議論をまとめておこう。消費社会論に物質文化論、そして集合的記憶論を加えることで、モノについてのある時点の社会に共有された記号論的意味だけでなく、空間面・時間面も合わせた価値を多面的に把握することができた。したがって、ポピュラー文化における「モノ」は、そのモノをめぐる記号・物質・記憶が絡み合いながら、無数の具体的な場面で空間的・時間的に重層化したそれぞれの価値をもつからこそ人々に受容されていると考えられる。本章で探求してきたポピュラー文化における「モノ」の価値は、以上のような「時空間のメディア」としての受容の論理を含む。

本章では、ポピュラー文化における「モノ」がもつ価値について考えてきたが、続く第7章では、そうした「モノ」自体を「メディア」と捉える可能性について検討していきたい。

注

(1)「ポピュラー文化」の意味に関して、ドミニク・ストリナチは「一般に利用されている人工物」であるとし、「厳密で排他的な定義づけをしないのが賢明」だと主張する(ドミニク・ストリナチ『ポピュラー文化を学ぶ人のために』渡辺潤/伊藤明己訳、世界思想社、二〇〇三年、一三ページ)。これは「ポピュラー文化が特定の理論と関連させなければ定義づけられないもの」(同書一五ページ)であるとの認識を前提としているが、本章でもこの「ポピュラー文化」の定義と認識を採用しながら、モノにより即して考察していく。

(2) 文化とポピュラー文化という概念について、本書の立場を述べておく。そもそも、英語の culture は、レイモンド・ウィリアムズが「英語で一番ややこしい語」(レイモンド・ウィリアムズ『完訳キーワード辞典』椎名美智/越智博美/武田ちあき/松井優子訳〔平凡社ライブラリー〕、平凡社、二〇一一年、一三八ページ)のひとつと述べるように、ヨーロッパのいくつかの言語にわたる複雑な歴史的経緯をたどってきた。その古層には「耕作する」というラテン語の動詞 colere と、その名詞形の cultura がある（同書一三九ページ）。そこから西欧でこの言葉はさまざまな意味で用いられてきたが、十七世紀の国際法学者ザミュエル・プーフェンドルフによって、「自然状態から脱した人間のあり方全般」を示す単数集合名詞としてはじめて使われたという（三島憲一「文化」、今村仁司／三島憲一／川崎修編『岩波社会思想事典』所収、岩波書店、二〇〇八年、二七一ページ）。こうした理解から、十八世紀には英語の culture が啓蒙主義者の歴史観のなかで civilization とほぼ同義に用いられ、「知的・精神的・美学的発達の全体的な過程」といった意味が発達した（前掲『完訳キーワード辞典』一四二ページ）。精神的な側面を強調するこのような用法は主に英語とフランス語圏で広がったが、十九世紀には転用されて「知的、とくに芸術的な活動の実践やそこで生み出される作品」という意味になった。これが現在まで続く、音楽や文学、絵画、映画を含む「文化」の意味である（同書一四三―一四六ページ）。だが、一九七〇年代以降のカルチュラル・スタディーズ（CS）では、上記の芸術と結び付く「高級文化」の自明性や固定性が問い直されるようになった。そこでは、伝統的な「文化」の概念や、高級文化／大衆文化の区分は脱構築される。CSのインパクトによって、それ以前はまともな学問の対象ではなかったさまざまなポピュラー文化が重要な研究対象とされてきた。

（3）前掲『現代社会の理論』二二ページ

（4）デイビッド・ライアン『監視社会』河村一郎訳、青土社、二〇〇二年

（5）このようなデジタルメディアの普及とそれをめぐる文化の動向は、社会学の研究対象としても急速に注目を集めている（土橋臣吾／南田勝也／辻泉編著『デジタルメディアの社会学――問題を発見し、可能性を探る』北樹出版、二〇一一年）。

（6）丸山圭三郎『言葉と無意識』（講談社現代新書）、講談社、一九八七年、一九六―一九七ページ

（7）丸山圭三郎『文化＝記号のブラックホール』大修館書店、一九八七年、一九九―二〇〇ページ

（8）同書

（9）ロラン・バルト『神話作用』篠沢秀夫訳、現代思潮社、一九六七年

（10）ジャン・ボードリヤール『物の体系――記号の消費』宇波彰訳（叢書・ウニベルシタス）、法政大学出版局、一九八〇年、二四六―二四七ページ

(11) ジャン・ボードリヤール『シミュラークルとシミュレーション』竹原あき子訳(叢書・ウニベルシタス)、法政大学出版局、一九八四年、一六ページ
(12) 前掲『定本 物語消費論』一四ページ
(13) 前掲『動物化するポストモダン』七七―七八ページ
(14) 例えば、木島由晶は、ライフヒストリー法を導入することで、オタク青年が美少女キャラに「萌える」ようになる過程を明らかにした。そこでは、物語消費からデータベース消費への移行が分析枠組みとして用いられている(木島由晶「なぜキャラクターに「萌える」のか――ポストモダンの文化社会学」、南田勝也/辻泉編著『文化社会学の視座』所収、ミネルヴァ書房、二〇〇八年)。
(15) ジョルダン・サンド「唯物史観からモノ理論まで」、美術フォーラム21編「美術フォーラム21」第二十号、醍醐書房、二〇〇九年、四四―四五ページ
(16) ジェイムズ・クリフォード『文化の窮状――二十世紀の民族誌、文学、芸術』太田好信/慶田勝彦/清水展/浜本満/古谷嘉章/星埜守之訳(「叢書文化研究」第三巻)、人文書院、二〇〇三年、二八三ページ
(17) Bill Brown, "Materiality", in Mitchell, W.J.T., and Hansen, M., ed., *Critical Terms for Media Studies*, University of Chicago Press, 2010, p. 51.
(18) *ibid.*, p. 49.
(19) Brown, "Thing Theory", p. 4.
(20) 床呂郁哉/河合香吏「なぜ「もの」の人類学なのか?」、床呂郁哉/河合香吏編『ものの人類学』所収、京都大学学術出版会、二〇一一年、五ページ
(21) 大西秀之「モノ愛でるコトバを超えて――語りえぬ日常世界の社会的実践」、田中雅一編『フェティシズム論の系譜と展望』(「フェティシズム研究」第一巻)所収、京都大学学術出版会、二〇〇九年、一六八ページ
(22) 同書一六九ページ
(23) 仲谷正史/筧康明/白土寛和『触感をつくる――《テクタイル》という考え方』(岩波科学ライブラリー)、岩波書店、二〇一一年

(24) 同書一一三―一一五ページ

(25) ロラン・バルト『明るい部屋――写真についての覚書』花輪光訳、みすず書房、一九八五年、三八ページ

(26) 同書三九ページ

(27) 同書六五ページ

(28) 例えば、以下の論文や論集がある。浜日出夫「他者の場所――ヘテロトピアとしての博物館」「三田社会学」第七号、三田社会学会、二〇〇二年、五―一六ページ、荻野昌弘編『文化遺産の社会学――ルーヴル美術館から原爆ドームまで』新曜社、二〇〇二年

(29) 大野道邦「記憶の社会学――アルヴァックスの集合的記憶論をめぐって」「神戸大学文学部紀要」第二十七号、神戸大学文学部、二〇〇〇年、一六五―一八四ページ

(30) エミール・デュルケム『社会学的方法の規準』宮島喬訳（岩波文庫）、岩波書店、一九七八年、三三ページ

(31) エミール・デュルケム『宗教生活の原初形態』下（岩波文庫）、古野清人訳、岩波書店、一九七五年、三五四ページ

(32) Maurice Halbwacks, *Les cadres sociaux de la memoire*, P.U.F., 1925（= Lewis Coser, tr., "The Social Frameworks of Memory," in *On Collective Memory*, Chicago: University of Chicago Press, 1992, 35-189.）, pp. 41-42.

(33) Lewis Coser, "Introduction," in *On Collective Memory*, University of Chicago Press, 1992, pp. 1-34.

(34) 前掲『集合的記憶』一八二ページ

(35) 同書一六四ページ

(36) 同書四六ページ

(37) 前掲「記憶のトポグラフィー」六―七ページ

(38) 片桐雅隆『過去と記憶の社会学――自己論からの展開』世界思想社、二〇〇三年

(39) 野島久雄「思い出工学」、野島久雄／原田悦子編著『〈家の中〉を認知科学する――変わる家族・モノ・学び・技術』所収、新曜社、二〇〇四年

(40) 熊谷文枝『デジタルネットワーク社会の未来――社会学からみたその光と影』（Minerva 21世紀ライブラリー）、ミネルヴァ書房、一九九九年、六ページ

第7章　「モノ」のメディア論——メッセージ・ネットワーク・オブジェクト

本章では、インターネット・モバイル時代における「モノのメディア論」を構想していく。その目的は、今後のメディア状況を批判的に検討する視座を手に入れることにある。はたして、「モノ」はどのような意味で「メディア」と捉えることができるのだろうか。

1　メッセージ

インターネット・モバイル時代とIoT

一九九〇年代後半からのインターネットの一般化、二〇〇〇年代以降のさまざまなデバイスのデジタル化、一〇年代のスマートフォンの普及によって、現代社会では、マスメディアからモバイル／ソーシャルメディアへ、という推移・拡散が見られる。そのなかで、関係する社会的・文化的・経済的動向を含んだメディアの理論化が試みられている。

まず、カルチュラル・スタディーズ（以下、CSと略記）の文脈では、デジタル技術の発展によるインターネットの普及を背景としたメディア文化を捉えるために、「アフター・テレビジョン・スタディーズ」と呼ばれる論考が提示されている。(1) そこでは、デジタル録画機器とインターネットによって、従来のテレビ中心的なメディア研究のあり方が再考される。また社会学では、「セカンドオフライン」という概念でインターネットやモバイルメディア時代の社会を捉える議論もある。セカンドオフラインは「人々が日常生活において常にネット上の情報を参照している」状況をさし、そこでは「フィジカルなモノとデジタルなモノの区別が曖昧になる」(2) と言われる。

こうした社会上・研究上の動向に加えて、さらに二〇一〇年代に入ってからは「モノのインターネット」(Internet of Things。以下、IoTと略記)をめぐる産業論で「ネットメディアを介した、モノとモノとのコミュニケーションが日常的になった社会」が広く語られるようになってきている。本章では、IoT論の全体への評価はおこなわない。むしろ、IoTをあくまで社会学的なメディア論の立場から検討し、現代社会におけるモノとメディアについて再考する重要な手がかりとしたい。

IoTについて論じたものは多いが、例えばジェレミー・リフキンは、「既存のコミュニケーションのインターネットが、デジタル化された再生可能エネルギーのインターネットや自動化されたロジスティクスのインターネットと一体化して、すべてを漏れなく結びつける二一世紀の知的インフラ」(3) と定義している。また、IoTが引き起こす経済や社会への影響が、工業化＝産業革命、情報化＝第二次産業革命の後の「第三次産業革命」と呼ばれることもある。こうしたIoTによる産業革命は、「統合されたグローバル・ネットワーク上であらゆるモノをあらゆる人に結びつける」事態とされる。すなわち、「人、機械、天然資源、生産ライン、ロジスティクス・ネットワーク、消費習慣、リサイクルフローなど、経済生活と社会生活の事実上すべての面がセンサーとソフトウェアを介してIoTプラットフォームと結びつき、あらゆる結節点にたえず刻々とリアルタイムでビッグデータを供給」(4) していくという。こうしたIoT言説が資本の流れに影響し、それが実際の社会生活に変化をもたらすことは、多くの企業体や組織で起こってきている。(5)

このように、ＩｏＴ論では「あらゆるモノがインターネットというメディアによってつながり、そうしたテクノロジーが世界を大きく変える」という前提が共有されている。しかし、こうした議論の問題点は、産業としてすでに顕在化しつつある一面だけを自明視してしまうため、現在のメディアやモノのあり方そのものを根本的に再考できないことである。

むしろ、「モノのインターネット」をめぐる状況を批判的に検討するために必要なのは、「モノとメディア」の関係や、「モノ」や「メディア」の存在そのものを原理的な水準で考察していくことである。

メッセージ／環境としてのモノ＝メディア

ＩｏＴ論は、佐藤俊樹がかつて指摘したようなＩＴ（Information Technology）による変革を過剰に評価する情報社会論[6]を想起させる。また、メディア文化をめぐる権力性を問うＣＳや、人間や社会と情報技術の複合的な関係を捉えるソシオ・メディア論[7]の立場からは、ＩｏＴをめぐる現在の言説とは距離を取り、社会的文脈のなかで批判的に捉える視点が得られる。

これらをふまえると、現代社会の「モノとメディア」という問題系に照準しながらも、技術や産業中心的ではない仕方で理論化する必要があると考えられる。本章では、こうした理論を仮に「モノのメディア論（Media Theory of Things）」あるいは「オブジェクトのメディア論（Media Theory of Objects）」と表記することにして、議論を先に進めていきたい[8]。

本章のはじめで述べたように、ここでの目的は、このような「モノのメディア論」がどういった内実をもつ理論になるのかという点について、暫定的な方向性を示すことである。換言すると、本章は今後さらに精緻化されるべき「モノのメディア論」に関する大まかな見取り図を描く試論である。とはいえ、モノのメディア論は、新たな全く独創的な領域を作ろうというのではない。本章の目的は、すでにあるいくつかの隣接する人文学・社会科学領域の視点を整理し、メディア論に導入する（メディア論と架橋する）ことで、まとまった形で提示することである。

ところで、「モノとメディア」について考える手がかりは、従来のメディア論のなかにもすでに存在している。その代表が、マーシャル・マクルーハンの議論である。二〇〇〇年代に入ってマクルーハンの再評価がおこなわれているが、その理由のひとつは、私たちを取り巻く物質的なモノ自体も「メディア」と捉える理論的射程の広さにある。周知のとおりマクルーハンは、有名な「メディアはメッセージ」[9]という言葉で、それぞれのメディウムが特定のメッセージをもつことを示した。こうしたメディウムは、単に他者とのコミュニケーションの伝達手段なのではなく、身体の拡張として人間の認識を形成するものでもある。さらに、彼の視座からは「人工物」(artifice)をすべてメディアと捉えることができる。[10]すなわち、人間を取り巻く人工物のすべてが固有のメッセージをもち、身体の拡張として他の「人」や「世界」とつないだり、特定のコミュニティーを形成するメディアとなっているのである。

またマーク・ハンセンは、「グラモフォン、フィルム、タイプライター」による三頭体制をフェティッシュ化する」ような、フリードリヒ・キットラーのメディア概念の狭さを批判している。そのうえで、マクルーハンによる「狭義の技術的な存在としてのメディウムの概念」ではない、「生物と環境の間の媒介の作用」や「生の環境としてのメディウム」を見直すことを主張する。[11]

こうしたマクルーハン理論とその応用について、それを本章の問題である「モノとメディア」という観点から言い換えると、次のようになるだろう。すなわち、「私たちを取り巻くさまざまなモノが、それぞれ特定のメッセージをもつメディウムとなって、人と人(あるいは人と世界)をつなぎ、コミュニティを形成している」という図式である。本章では、これを「環境としてのモノ=メディア」論と呼んでおきたい。

この捉え方は、IoTにも適用可能である。例えば、スマートフォン、あるいはそれ以外のさまざまな(ICチップやセンサー、Wi-FiやLTEの受信器を付けた)モノが、インターネットとつながるメディアとなって、私たちのセカンドオフラインと呼ばれるモバイル環境を形成している。そして、そこで私たちは他人とコミュニケーションを取っていると考えられる。したがって前記の図式は、現代のネット社会論やＩｏＴ論と親縁性をもつ。

しかし、こうして図式化してみると、この理論枠組みでは解決できない問題があることも明確になる。それは、「あるモノがメディアとなる」ことは確かだとしても、モノがメディア化する際に「何と何を」そして「どのようにつなぐのか」という点については原理的な考察がなされていないことである。そのため、この点については、他の前提をもつ理論枠組みから問い直す必要がある。

そのための手がかりとして、まずはＩｏＴという概念に含まれている things と Internet という二つの言葉から検討したい。これらはともに自明視されがちな点だが、それぞれ「モノのあり方の再考」と「ネットワーク＝つながることの再考」という方向に展開できる。

まず、モノのあり方については、「人とモノの関係」や「モノとは何か」という点が深められてはいないことが指摘できるだろう。すなわち、人やモノはどのようにつながるのか、そのときのモノとメディアはどのような理論的関係になるのか、といったことを問う必要がある。次に「つながる」ことについては、その裏面である「つながらない」ことを視野に入れる必要がある。実際、「常時接続」とされる現代の世界でも、コンピューターやスマートフォンがさまざまな事情でインターネットに（したがって、それを通じた他の存在と）「つながらない」場合はしばしばある。こうした状況を視野に入れると、「つながらない」ことを例外的にではなく捉えるメディア論が必要だろう。

この二つをまとめると、「人」の存在を前提にするのではなく「モノ」（thing）や「オブジェクト」（object）を根源的な水準から捉えること、さらに「つながること」を自明視するのではなく「外部」である「つながらない」状況まで考える理論が要求される。そこで次節以降では、「人」だけでなく「モノ」が（「つながる」だけでなく）「つながらない」ことを組み込んだモノのメディア論を構想していきたい。

次節ではまず、前者を理論化するために、一九九〇年代以降の人類学・社会学で広がりを見せているアクターネットワーク理論を参照していく。

2　ネットワーク

アクターネットワーク理論

一九九〇年代以降の人類学・社会学では、科学技術論を中心に、人間だけではなくモノを含めて社会的現象を記述する立場が出てきている。そのなかで影響力をもってきたのは、ブルーノ・ラトゥールがミシェル・カロンとともに提唱した「アクターネットワーク理論」(Acter Network Theory。以下、ANTと略記)である。ANTについては序章でも少し触れたが、本章では、モノのメディア論という視座から詳しく検討を加えていく。

ANTは独特かつ複雑な論理構成をもつが、その理論的主眼は「非－近代」という立場からの科学的知の形成への根本的な批判にある。したがって、その近代批判の議論は、モノのメディア論という本章には収まらない、多岐にわたる論点を含んでいる。実際、人類学では、言語から物質へという「物質論的転回」や、認識論から存在論へという「存在論的転回」[12]を引き起こしてきた。本節の前半では、まずこうしたANTについて本章の目的と関わる範囲で整理し、後半でそのメディア論への応用を検討していく。

ANTにおける「アクター」は、社会を構成する単位である。この概念の独創性は、近代の諸理論が前提としていた「人間」だけでなく、機械や道具などの「非－人間」すなわち「モノ」をも含むところにある。また、それぞれのアクターは物質かつ記号として互いにはたらき合い、各アクターの性質は常に他のアクターとの関係に規定される。そして、こうした記号と物質からなる「ネットワーク」が社会を構成するとされる[13]。

ラトゥールは、そうした動的なネットワークを「媒介性」(mediation)[14]という概念で把握している。この媒介性が形成されるさまは社会的文脈によって異なるとも言える。しかし、ラトゥールの媒介性については、むしろ、ネットワークの結合の仕方によってさまざまな社会のあり方が形成されていると言ったほうが正確である。そこでは、純粋なオブジェクト（object）は存在せず、言葉とオブジェクトの中間的形態である準オブジェクト（quasi-object）が社会を構成するアクターだとされる[15]。

こうしたラトゥールが言う媒介性を考えるために、アマゾンの森林土壌のサンプリングに関わる研究事例[16]を挙げておきたい。土壌科学者たちは、土壌から区画された幾何学的大地、土壌比較器、断面図、報告の文章という一連のプロセスによって、自然やモノを科学の言語に変換していく。それと同時にこの変換は、逆方向にも再現できるように、人工的な記号として設定されている。土壌、幾何学的区画、比較器、図面、報告書といった各アクターは、固有の記号性と物質性をもつが、そのあり方は常に他のアクターとの関係に規定される。すなわち、土・器械・図面といった、言葉とモノの両方からなるアクターが相互にはたらき合うプロセス自体が、ラトゥールが言う媒介性である。ここでは人間は、同じく記号と物質から構成されているという意味で、非・人間（オブジェクト）と同格のアクターとされる。そして、アクターたる人間やオブジェクトが、物質かつ記号として相互に作用する「媒介性」の動態こそ、ANTが捉えた「社会」の姿なのだ[17]。

このようなANTは「徹底して関係論的な認識[18]」であり、ある意味では構築主義の極致と言える。そのため、次節で詳しく触れるグレアム・ハーマンは、「すべての人間と非–人間なモノ（inhuman things）を等しくアクターとする」ような「近年のラトゥールの哲学以上に、完璧にフラットな存在論（ontology）の例はない[19]」と捉えている。

では、こうしたラトゥールによるANTを応用すると、どのようなモノのメディア論が見えてくるのだろうか。

アクターとしてのモノ／ネットワークとしてのメディア

近年のメディア論では、例えば、従来のCSでは捉えきれないデジタルメディアとユーザーの関係を分析するため、ANTが応用される研究が出てきている[20]。また、日本のメディア文化に関しても、ANTの視座をゆるキャラという具体的なメディア文化現象に応用した論考[21]もある。

しかしこうしたANTのメディア論への導入については、脱人間中心主義・脱言語中心主義からモノと人とを相互に構成的とする視点は評価できるけれども、まだまだ具体的なアプローチが模索されているのが現状である。[22]

これまで確認してきたラトゥールのANTやメディア論への応用をふまえて、その知見をモノのメディア論の立場から言い換えると、次のようになる。すなわち、「同格のアクターであるモノと人が、互いに他のアクターの媒介となり、総体として人とモノのネットワークを形成している」という図式にまとめられる。本章では、こうした捉え方を「アクターとしてのモノ／ネットワークとしてのメディア」論と呼んでおきたい。

では、この捉え方からIoT状況はどのように解釈可能だろうか。例えば、スマートフォンをはじめとする通信機器と人とが相互に作用することによって、モノ・人のそれぞれが、他のモノたち・人間たちを媒介し合うメディアとなって、全体としてインターネットなどのさまざまなネットワークを形成している。こうした例が考えられる。

しかし、ANTの視座をこのように、もとの科学人類学から離れて他の領域に応用するときには注意が必要である。すでに社会学のなかでも、その問題点は指摘されている。本節の残りの部分では、ANTの問題点と解決法について、ラトゥールと（さらに次の第3節で述べるハーマンを）「組織の社会学」分野に応用したディーン・ピエリデスとダン・ウッドマンの研究に即して検討していく。

ピエリデスとウッドマンの研究目的は、二〇〇九年のオーストラリアのブラックサタデー森林火災を事例に、「組織の問題を理解するために、社会学における物質的転回がもたらす方法を探求する」[23]ことだった。彼らはその目的を達成するために、多段階の構成をとった。

まず、オブジェクトを省いた社会学的説明として、ヴィクトリア森林火災に際して設立された王立委員会の「広範囲の分析枠組み」による調査結果が批判的に紹介される。王立委員会によるアプローチは、「危機管理の行為を強調するために、森林火災の諸組織は（略）組織の構造・役割、公的な政策、公的な責任ある地位にある諸個人の決定」に焦点を当てる。つまりそこでは、森林火災という出来事が「人間的にアクセスされた（humanly accessed）諸関係のみによって構成された行為」[24]だと仮定されてしまう。

次に、こうした旧来の図式を乗り越えるために、オブジェクトを含めた「物質的―記号的社会学（material-semiotic sociology）」の必要性が主張される。そこで比較検討されているのが、オブジェクトについてのラトゥールとハーマンによる概念化である。

ラトゥール流の物質的―記号的社会学では、「オブジェクトがどのように組織と呼ばれる複合体の一部になっているか」を追求でき、人間だけでなく「オブジェクトを含んだ組織の複雑な記述を行える」[25]。そうした点で、ラトゥール由来の枠組みはある程度評価されている。

しかし同時に、ピエリデスとウッドマンはこのアプローチの問題点も指摘する。それは「関係にのみ還元する形式主義になっている」点である。ラトゥールの発想は「オブジェクトを安定した関係にのみ預ける」ものであるため、「驚きのうち、ある部分について説明するのを難しく」[26]してしまう。つまり、ラトゥール的なアプローチでは、オブジェクトがもつ「驚き」（surprises）や「潜在力」（capacity）が十分に捉えられないのである。[27]

このように、ピエリデスとウッドマンの研究で指摘されているのは、直接的にはANTを経た物質的―記号的社会学の視座から組織を分析する際の問題点である。しかし、ここで指摘されたラトゥール的な視座では捉えられないオブジェクトの「潜在力」は、組織の社会学にとどまるものではなく、本章のテーマである「モノのメディア論」にも適用できるだろう。つまり、ネットワークという発想を中心に置くラトゥールを応用した発想では、偶然性による破綻やネットワークの外部がうまく捉えられない。

今後の社会が、ＩｏＴに象徴される「モノとモノとのコミュニケーションが全面化する社会」であるなら、ラトゥールのような関係論的なアプローチで捉えられる。それが、すでに示した「アクターとしてのモノ／ネットワークとしてのメディア」論だった。しかし、実際には「互いにつながらないモノ」（孤立や断絶）は存在し続けるだろう。先のピエリデスとウッドマンは、人が課す秩序を超えた「自然の終わりない潜在力」[28]として森林火災を挙げたが、こうした「人の課す秩序を超えた潜在力」自体は、自然災害にとどまらないだろう。それは、私たちが日々接するスマートフォンやコンピューター、あるいはそれ以外のさまざまなモノにもあるにちがいない。「あるモノを媒介にして他者とつながる」（前節の、環境としてのモノ＝メディア）ことや「人とモノが相互につながって、ネットワークを形成している」（本節で述べてきた、アクターとしてのモノ／ネットワークとしてのメディア）ことだけが、これらのモノのあり方ではないはずだ。

この段階に至ると、単なる人・モノの「関係」だけでなく、ある種の「無関係」を射程に入れた理論枠組みでないと捉えられない。これは、前節で述べた課題の二つ目である「つながらないことを組み込んだモノのメディア論」にあたる。

そこで次節では、ラトゥールをオブジェクト指向哲学の立場から批判したグレアム・ハーマンを参照して、その哲学的・美学的理論とメディア論を架橋することを試みる。

3 オブジェクト

ポスト構築主義としてのオブジェクト指向哲学

一九七〇年代以降の人文学・社会科学では、言語論的転回を受けて、ポストモダン思想や構築主義、ポスト構造主義と呼ばれる動向が主流になっていた。その核心は「言語によって社会・文化が構築される」という点にあり、メディア研究でもこうした言語中心的・文化構築主義的な視座に基づく研究が盛んにおこなわれてきた。

しかし二〇〇〇年代以降、特に一〇年代に入ってからは、「ポストモダン」以降[29]の思想、ポスト構築主義時代の研究動向が出てきている。そのなかで、さまざまな領域にインパクトを与えているのが「思弁的実在論」（Speculative Realism）と総称される研究群で、それが主張する思想史上の変革は「思弁的転回」（Speculative Turn）と名付けられている。[30] 思弁的実在論の共通点は、中心人物のひとりであるカンタン・メイヤスーが言う

「相関主義」批判[31]にある。

近代哲学の祖であるイマヌエル・カント以来、哲学的思考の対象は人間にとっての世界だった。現代までさまざまな学問の展開はあったが、こうした「人間と世界の関係」を扱う「相関主義」の前提は、ポストモダンと呼ばれる現代まで持続してきた。これに対してメイヤスーは、相関主義を批判したうえで、改めて「無人の世界」や「モノ自体」について考えようとする。このように思弁的実在論は、人間と無関係な世界の実在を思弁する哲学上の動向であり、ハーマンもそのひとりと目されている。

しかし、ハーマンは、メイヤスーらと相関主義批判の視座は共有しながらも、よりオブジェクトに即した議論を展開している。両者の絶対的無関係論の違いについて千葉雅也は、メイヤスーのほうは「大いなる外部」を想定して、それが「私たちの思考と世界との相関から絶対的に無関係」とするのに対し、ハーマンは「事物の一個一個が絶対的な無関係」と考えていて、「事物＝オブジェクトに、他との絶対的無関係における力の剰余を認める[32]」と述べている。

こうした点を考慮すると、他の存在と「つながらない」ことを組み込んだ「モノのメディア論」の検討については、共時的な無関係論を展開するハーマンを手がかりとするのが適切だということになる。思弁的実在論のなかでも、ハーマンは特に「オブジェクト指向哲学」(Object-Oriented Philosophy) や「オブジェクト指向存在論」(Object-Oriented Ontology。以下、OOOと略記) を主張する哲学者である。本項では、その原則について確認していきたい。

第一の原則は、「オブジェクトをひとつの特権化された種類に縮減するより、あらゆる種類のオブジェクトを扱わなくてはいけない[33]」ことである。ただ、こうした「人間と非・人間を対等に扱う」ことまでは、前節で見たラトゥールのANTとも共通する内容ではある。

ハーマンのOOOに独特なのは、以下で挙げるオブジェクトについての考え方である。まずハーマンは、オブジェクトの存在を毀損してきた従来の考え方を「下方解体」(undermining) と「上方解体」(overmining) に分けて、これらをオブジェクトについての両極端な捉え方として批判している。

一方の下方解体とは、自律的に見えるオブジェクトが、より小さい構成要素の集まりだとする、自然科学者に典型的な立場である。[34] ハーマンはこれを「オブジェクトとは分子、原子、クオーク、電子あるいはヒモの集合体以上のものではないと考える、粗雑な現代のマテリアリズム」[35] だとして批判する。

他方の上方解体とは、オブジェクトが関係性からなる性質だとする、人文学にしばしば見られる立場である。上方解体では、「オブジェクトは観察者に対する現れ方以上のものではない、(略) 物質の下には何もなく、あるのは出来事だけで、それらは知覚されたり他のモノへ影響を与える限りにおいてのみ実在している」[36] とみなされる。そしてハーマンは、すべてのオブジェクトを「関係」に還元するラトゥールを上方解体の典型であるとし、オブジェクトの存在論を検討しない点で批判している。[37]

では、ハーマンは、上方と下方のどちらにも還元されないオブジェクトの存在論をどのように構想しているのだろうか。

その解決策として提示されているのが、「代替因果」(vicarious causation) という概念である。これが、第二の原則である「オブジェクトは人間の精神に対するそれらの現れより深いだけでなく、それらの互いに対する関係より深いので、オブジェクト間のあらゆる接触は間接的あるいは代理的にならざるをえない」[38] となる。ハーマンによれば、オブジェクトの本体は互いにどこまでも「隠れている」(secret) あるいは「引きこもっている」(withdrawn)。そのため、「相互に作用を与えあうとすれば、なにかしら代替物 (vicar) や媒介物 (intermediary) を介してでしかない」[39]。

ハーマンが独創的なのは、こうした代替や媒介物をオブジェクトの「内部」に想定する点である。ここで必要になってくるのが、第三の原則である「すべてのアクセスから引きこもっている実在的オブジェクト (real object) と、人間か非人間かにかかわらず観察者にとってのみ存在する感覚的オブジェクト (sensual object) とを区別する」[40] ことである。

ハーマンによると、あらゆるオブジェクトは実在的オブジェクトと感覚的オブジェクトという二つの面をもつ。そのうち実在的オブジェクトは、「すべてのアクセスから引きこもっている」(withdrawn from all access) ような、オブジェクトの深奥にある部分である。他方、感覚的オブジェクトは、「人間であれ非人間であれ、一部の観察者にとってのみ存在する」(exist only for some observer, whether human or inhuman) ような、他の人やモノとの関係で存在するオブジェクトの表層的な面である。

ここまでで、人とモノの対等性、代替因果、実在的／感覚的オブジェクトという原則を確認してきた。では、ハーマンのOOOをメディア論に応用すると、どのような理論化が可能だろうか。

オブジェクト指向社会学と実在的なモノ／感覚的なメディア

ハーマンによるOOOの視座は、ラトゥールと共通する「人の非特権化」に加えて、「関係主義の否定」という点でも、「コミュニケーションを媒介する」というメディア概念に再考を促す。これは、本節で構想すべき「つながらないことを組み込んだモノのメディア論」に重要な知見を与えてくれる。さらには、現在のメディア論を原理的に捉え直す視座さえ含んでいる。

その手がかりになるのが、前節で挙げたピエリデスとウッドマンである。ピエリデスとウッドマンはすでに検討した、ラトゥールに対する「関係にのみ還元する形式主義になっている」という批判の後、それを解決する視座としてハーマンのOOOを物質的―記号的社会学に導入することを試みている。そこで構想されているのは、物質性を社会学に復活させることによって、「純粋に」関係的ではない (not "purely" relational)「モノ性」("thingness") をもつオブジェクトを社会分析の中心に位置付けた「オブジェクト指向社会学」(Object-Oriented Sociology) である。[41] ピエリデスとウッドマンのこの試みは、本節での検討と同様の方向性をもっている。したがって、その試みに倣うと、本章で探求している「モノのメディア論」は、「オブジェクト指向メディア論」(Object-Oriented Media Theory) とも呼べるかもしれない。

それでは、メディア論の立場からOOOを引き受けると、どのようになるのだろうか。ハーマンのオブジェクトをめぐる原則で独特だったのは、代替因果とオブジェクトの実在的／感覚的という区別であった。ハーマンのオブジェクトと人とモノをネットワークに還元してしまう関係主義的な議論に不足していた部分に新たな論点を加えてくれる。この視座は、ハーマンによると、あらゆるオブジェクトは他のオブジェクトとの関係から「引きこもった」実在的な部分をもつが、社会学的なメディア論の視座からそれを敷衍すると同じ二重性が「モノとメディア」の関係でも成立するのではないだろうか。そのように考えてみると、感覚的オブジェクトは、他のモノとつながる側面であり、あるモノの「メディア」としての部分にあたる。他方、実在的オブジェクトは、あるメディアの物質的なモノとしての側面にあたり、他とつながらない、孤絶した「モノ自体」の領域である。

さらに、ハーマンの代替因果の概念を応用すると、あるモノは一方で引きこもった領域を保持しながら、他方で同じモノが別の表面的な部分で相互に影響を与え合っている＝メディアとしてコミュニケーションをおこなっていることになる。言い換えると、あるモノのうち感覚的な部分が、同じモノの実在的な部分と他のモノの感覚的な部分とをつないでいるのだ。

したがって、ハーマンのOOOを応用したメディア論は、モノの「つながらない」内奥の部分と、メディアとして「つながる」表面的な層の二重性をそのまま把握する理論になる。つまり、あるモノが他のモノたちをつなぐ「メディア」となりながらも、同時にそうした媒介性には還元されない「つながらない」部分を「そのモノ独自の固有性」（モノ性）として、実は内奥で持ち続けている。このような考え方が得られる。

以上のように、ハーマンによるOOOをモノのメディア論に応用すると、実在的オブジェクトと感覚的オブジェクトの二重性を、モノとメディアの二重性として把握できた。本節で検討してきた内容をまとめると以下のようになる。すなわち、「基本的には孤絶している実在的なモノが、その内奥の部分ではモノ性を保持したまま、表面的な層では感覚的なメディアとして他のモノとつながる」という図式である。本章では、こうした捉え方を「実在的なモノと感覚的なメディア」論と呼びたい。

4　モノのメディア論

ネットワーク社会の「つながらないモノ」

最後の節では、前半でこれまでの議論、特に前節での「実在的なモノと感覚的なメディア」論をふまえて、本章のはじめで述べた「インターネット・モバイル時代のモノとメディアをどのように捉えることができるか」という点について考える。そして後半では、「モノのメディア論」の応用と展望を今後の課題として提示していく。

そもそも「つながること」を前提としたメディア論では、「すべての人やモノがインターネットとつながる」IoTの基本的な方向性と一致してしまうため、「つながらない」権利を「特別に保護すべき例外事態」としてしか解釈しえない。ここで必要なのは、何度も繰り返してきたように、「人とモノ」あるいは「モノとモノ」が「つながる」ことの前提を根源的に問い、現在のメディア社会を相対化する視点である。

もう一つ、これまでの節でも挙げたように、ここでもスマートフォンを事例に考えてみたい。インターネット・モバイル社会の象徴であるスマートフォンだが、電池切れや故障などの事態で「つながらない」こと、すなわちメディア性を喪失してモノ性があらわになることがある。それは日常生活でもしばしば起こるが、災害や戦争などの際にはさらに顕在化するだろう。こうした状況におけるメディアのあり方は、非常時＝例外状況のメディア論として考えられてきた。

しかし今日、政治経済的にはグローバリズムの浸透、さらに自然的には多発する災害（そもそもラトゥールやハーマンの視座ではこの二つ＝人間的なものと自然的なものは区別できない）によって、社会は不安定化した状況自体が新たな日常となっている。近代社会で、さまざまなメディアによるネットワークが形成されてきた私たちの「日常」こそが、むしろ特別な条件のもとに成立していた「例外状況」だったことが明らかになってきている。

このような文脈を考慮すると、インターネットやデジタルメディアが普及した社会についての認識も反転して考えなければならない。「すべてのモノがつながる」IoTは現代社会の片方（表面）にすぎず、もう片方（裏側）には、「つながらない」モノとモノ／人と人／モノと人の世界が広がっている／存在しているのである。

インターネット・モバイル時代の「モノのメディア論」

最後に、本章の議論を総括しておこう。これまで論じてきた重要な点は、次のような言い方に集約されるだろう。IoT時代のメディア論は、単に現在の状況を前提に理論を組み立てるだけではなく、メディアとモノについての原理的な視座も含むべきだ。その探求では、関係的ではない固有のモノ性をもちながら、ときに他のモノ・人と関係する人・モノを理論化することが要請される。すなわち、「人」や「関係」を特権化しない、「モノのメディア論」への方向性である。これは、単に「物質的なモノがメディアになる」（第1節）ことだけを意味しない。本章でおこなってきたのは、さらに「モノが他のモノや人と同格のアクターとして関係する」（第2節）ことや「基本的には孤絶した人やモノがときにつながる」（第3節）状況を含み込んだ、メディアの理論化の作業であった。

本章で探求してきた三つの「モノのメディア論」をまとめると、以下のようになる。

①「モノがそれぞれのメッセージをもつメディウムになっている」＝マクルーハンに始まり、近年ではハンセンなどが強調している「環境としてのモノ＝メディア」論。

②「人・モノが他の人・モノと同格のアクターとして関係し、それぞれのアクターが相互に媒介し合って、総体としてネットワークを形成している」＝ラトゥールらによるANTを応用した「アクターとしてのモノ／ネットワークとしてのメディア」論。

③「実在的な内奥としては孤絶している人・モノが、関係性のなかにある感覚的な部分では他の人・モノとつながっている」＝ハーマンによるOOOを導入した「実在的なモノと感覚的なメディア」論。

以上で、本章の目的は果たされたが、最後に今後の課題を述べておきたい。これら三つの理論については、それを構成する概念として、マクルーハンが言うメディアは人工物一般であり、ラトゥールが言うアクターとそれらの媒介性は人とモノの両方を、ハーマンのオブジェクトは人とモノだけでなくその無関係の領域も含む。このように、それぞれの概念や理論の間には、位相の差異がかなりある。しかし、実はどの理論も、「モノとメディア」の関係を考え続けるために不可欠な視点を示している。

つまり、前記三つのメディアの原理的な前提を視野に入れながら、日々変化しているインターネット・モバイル／アフター・テレビジョン／IoT時代のメディア状況にあって、さまざまな具体的なメディウムの展開を含めて絶え間なく理論化の作業をおこない続ける。それこそが、今後さらに精緻化されるべき「モノのメディア論」の目指すところである。

注

(1) 伊藤守／毛利嘉孝編『アフター・テレビジョン・スタディーズ』せりか書房、二〇一四年

(2) 富田英典「メディア状況の概観とセカンド・オフライン」、富田英典編『ポスト・モバイル社会――セカンドオフライン』所収、世界思想社、二〇一六年、三ページ

(3) ジェレミー・リフキン『限界費用ゼロ社会――〈モノのインターネット〉と共有型経済の台頭』柴田裕之訳、NHK出版、二〇一五年、二五ページ

(4) 同書二五―二六ページ

(5) 例えば、二〇一六年七月にソフトバンクがイギリスの半導体設計大手アーム・ホールディングスを約二百四十億ポンドで買収すると発表した（「日本経済新聞」二〇一六年七月十九日付）。これは、日本企業による海外企業へのM&Aでは過去最大だとされるほどの巨額の投資である。本章で注目すべきなのは、ソフトバンク社長・孫正義が「人類史上最大のパラダイムシフトはIoT」であり、「IoTの将来を信じて投資した」と述べている点である。もちろ

ん、こうした宣言の背景にはさまざまな理由もあるだろう。しかし、たとえひとつのスローガンだとしても、こうした意思決定が「IoT」をめぐる言説空間のなかでなされることが重要である。

(6) 佐藤俊樹『ノイマンの夢・近代の欲望――情報化社会を解体する』(講談社選書メチエ)、講談社、一九九六年

(7) 水越伸『デジタル・メディア社会』(「叢書」インターネット社会)、岩波書店、一九九九年

(8) 本章では、thing をモノ、object をオブジェクトと訳しておく。もちろん、英単語の thing が事物一般もさすのに対して、object はより対象化された物理的な(material)実体の意味をもつ。また、第6章で示したように、ビル・ブラウンは、ある物体それ自体としての存在を thing、人間に言語化された対象を object と区別している。しかし本章では、第3節で詳しく述べるグレアム・ハーマンが、むしろ人間を含めた存在一般の意味で object を(thing と重なるような広い意味で)用いていることを重視したい。その最重要概念である object に関しては、現在の少ない日本語訳(グレアム・ハーマン「代替因果について」岡本源太訳、「現代思想」二〇一四年一月号、青土社)や、ハーマンに関する諸論考では、オブジェクトやモノ、対象などと訳されている。本章でも、ハーマンの理論に鑑み、基本的に object を「物理的な事物一般」という意味で用いたうえで、オブジェクトと表記していく。ここで「モノのメディア論」と「オブジェクトのメディア論」を(ほぼ同様の意味で)併記するのは、以上の意図からである。

(9) マーシャル・マクルーハン『メディア論――人間の拡張の諸相』栗原裕/河本仲聖訳、みすず書房、一九八七年

(10) マーシャル・マクルーハン/エリック・マクルーハン『メディアの法則』中澤豊訳、NTT出版、二〇〇二年、一二八ページ

(11) マーク・ハンセン「メディアの理論」堀口剛訳、前掲『アフター・テレビジョン・スタディーズ』所収、一六九―一七一ページ

(12) 春日直樹「人類学の静かな革命――いわゆる存在論的転換」、春日直樹編『現実批判の人類学――新世代のエスノグラフィへ』所収、世界思想社、二〇一一年

(13) 前掲『科学論の実在』八八―九五ページ

(14) 和訳書では「媒介」や「媒介項」と訳されることがあるが、ラトゥールの英語訳などで"mediation"という概念が用いられていることを確認した結果、「媒介」(media)の概念との区別を意図したことと、メディア研究で

mediation が「媒介性」と表記されることがあることから、「媒介性」と記す。

(15) ブルーノ・ラトゥール『虚構の「近代」――科学人類学は警告する』川村久美子訳、新評論、二〇〇八年、二六―二八ページ

(16) 前掲『科学論の実在』第二章

(17) したがって、社会認識としては、純化された「言葉とモノ」という二項対立を理念とするあまり、それらが相互に浸透し合っている〈媒介性〉が見えなくなっていた時代こそが「近代」であるとされる。すなわち近代は、言葉とモノ、人間と非・人間の区分が明確であった、きわめて例外的な時代なのである。だからラトゥールは、現代社会の時代認識として、近代の後にくる時代をさす「ポストモダン」ではなく、主著の題名にあるように「私たちはいまだ近代であったことはない」(We have never been modern) という意味で、「非―近代」(nonmodern) という表現を用いている。

(18) 前掲「人類学の静かな革命」一四ページ

(19) Graham Harman, "The Road to Object", continent., 1(3), 2011, pp. 177-178.

(20) 土橋臣吾「デジタルメディアのユーザーとは誰／何のことか」「社会志林」第五十六巻第四号、法政大学社会学部学会、二〇一〇年

(21) 遠藤英樹「ヒトとモノのハイブリッドなネットワーク――「ゆるキャラ」を事例に」、松本健太郎編『理論で読むメディア文化――「今」を理解するためのリテラシー』所収、新曜社、二〇一六年

(22) 小林義寛「「もの」をめぐるメディア研究へむけて――特集「メディアの物質性」解題」「マス・コミュニケーション研究」第八十七号、日本マス・コミュニケーション学会、二〇一五年

(23) Dean Pierides and Dan Woodman, "Object-Oriented Sociology and Organizing in the Face of Emergency: Bruno Latour, Graham Harman and the Materialturn", *The British Journal of Sociology*, 63(4), 2012, p. 662.

(24) ibid., p. 663.

(25) ibid., p. 666.

(26) ibid., p. 676.

(27) ibid., p. 664.
(28) ibid., p. 676.
(29) ジェームズ・クリフォード以来のポストモダン人類学を乗り越えるという意味で、ラトゥールらによる試みが「ポスト・ポストモダン」と言われる（前掲「人類学の静かな革命」一一一一四ページ）。また、現代思想の領域では、フーコーやドゥルーズ、デリダ以後の哲学である、メイヤスーやハーマンの思想が「ポスト・ポスト構造主義」と呼ばれている（千葉雅也「思弁的実在論と無解釈的なもの」、大澤真幸／佐藤卓己／杉田敦／中島秀人／諸富徹編集『身体と親密圏の変容』（「岩波講座現代」第七巻）所収、岩波書店、二〇一五年、一〇七ページ）。
(30) Levi Bryant, Nick Srnicek, Graham Harman eds., *The Speculative Turn: Continental Materialism and Realism*, Re.Press, 2011.
(31) カンタン・メイヤスー『有限性の後で――偶然性の必然性についての試論』千葉雅也／大橋完太郎／星野太訳、人文書院、二〇一六年
(32) 前掲「思弁的実在論と無解釈的なもの」一一四ページ
(33) Graham Harman, *The Third Table*, Hatje Cantz, 2012, p. 4.
(34) Graham Harman, *The Quadruple Object*, Zero Books, 2011, p. 8.
(35) Graham Harman,"The Road to Object," *continent*, 1(3), 2011, p. 172.
(36) ibid., p. 172.
(37) ただ、ラトゥールの側は、自分が最も関心をもつのは実証的な（empirical）課題について説明することであり、そのために形而上学的な「ボイスオーバー」を書く、と述べている。そのうえでラトゥールは、ハーマンがその「ボイスオーバー」自体により関心をもつと、二人の違いについて意見を表明している（Bruno Latour and Graham Harman, *The Prince of the Wolf: Latour and Harman at the LSE*, Zero Books, 2011, p. 41.）。
(38) Harman, *The Third Table*, p. 4.
(39) 前掲「代替因果について」九八ページ
(40) Harman, *The Third Table*, p. 4.

(41) Pierides and Woodman, "Object-Oriented Sociology and Organizing in the Face of Emergency", pp. 676-677.

終章　模型のメディア論

終章では、本書全体の議論を要約しながら、冒頭で立てた問いに答えを出していく。すなわち、模型の歴史的・経験的分析から得られた知見と、ポピュラー文化やモノ、メディアをめぐる理論的検討の成果とを考え合わせることで、「モノがメディアになるとはどのようなことであるのか」という問題に対して結論付ける。

まず、模型史を「時空間のメディア」という視座から総括する（第1節）。次に、その知見を「モノのメディア論」へと敷衍することで、冒頭の問いに対して暫定的な答えを出す（第2節）。最後に、デジタル化以降という大きな社会変動のなかで本書の意義を示すとともに、本書のような「モノとメディア」研究の今後の課題や方向性について述べたい（第3節）。

1　模型のメディア考古学

本節では、模型のメディア考古学による知見を総括していく。第6章では、ポピュラー文化におけるモノを「時空間のメディア」として捉える発想を示した。その知見を第1部で得られた模型メディア史に応用すると、次のようになるだろう。

まず、「時間のメディア」としての模型については、どの時間的位相に存在する対象を媒介するかがそれぞれの時期で異なっていた。それは、近代化と結び付く「未来」から総力戦体制の「現在」、かつて存在した「過去」へという推移を示していた。こうした移り変わりは、模型の記号的側面の変化と対応している。すなわち、日本社会における記号としての模型は、いまだ存在しない科学的産物から、目下の戦争に必要な兵器、すでにあるミリタリー的なメカニック、二次元のキャラクター、かつての模型の対象を包含するメタレベルの思い出と、その意味する内実を変えてきた。

次に、模型を「空間のメディア」として捉えると、模型が媒介する「空間」は、地域や場所といった通常の意味の空間にとどまらないだろう。その視座からはむしろ、模型が〈実物〉のすべてを複製しているのではなく、その特定の部分領域を空間的に切り取っていることが注目される。こうした模型が媒介する空間的位相は、近代化における「機能」から、帝国日本の「理念」、情報消費社会における「形状」へと変容してきた。こうした移り変わりは、モノとしての模型の物質性とも関わっていた。殖産興業のなかで発達した木製や金属製模型、戦時下の総動員体制での代用材、戦後の石油化学工業によるプラスチックモデル、脱工業化に対応したガレージキットまで、その時代の技術や生産体制を前提にしたさまざまな物質性が、模型という「モノ」を構成してきた。(1)

＊

本書の模型メディア史は「モノ」に記述の主眼を置いてきたため、「人」の動きが相対的に見えにくくなったかもしれない。もちろん、「人間」を記述のうえでも特権化しないこと自体が本書の研究上の立場と大きく関わるので、この問題を解決するのは難しい。

ただ、模型メディアが特定の送り手と受け手、「人と人」をつなぐ媒介性をもっていた側面もあるだろう。本書でも、こうした「人」と関係する側面を無視してきたわけではない。そこで、「人が不在である」というあらかじめ想定される違和感を除くために、第1部・第2部の各章で記述してきた模型メディアの担い手について整理しておく。

まず、模型メディアの受容者は、男性を中心として幅広い年齢層であり続けていた。だが、「人」との関わりで特に重要なのは、模型が「製作する」という能動的な実践がないと成立しないメディア文化領域だということである。そのため、「受け手」とはいえ、当初から単なる受動的な存在ではなかった。

明治期から一九三〇年代までの戦前期では、模型製作の主体は「エンジニア」と呼ばれた。これは、同時代に「未来」の「機能」を媒介する科学模型が主流だったことによるだろう。そこでは「少年」が目立ちながらも、「大人」の担い手も多く見られた。また、生産者は江戸期以来の木材産業や近代に産業化された金属玩具の分散型生産組織だったが、二〇年代後半以降に登場した模型誌で製作法を発表したのは、工学分野の研究者や教育者だった。

次に、一九四〇年代前半の戦時期には、物資統制のなかで従来の模型産業は苦境に陥った。その一方で、公権力が模型メディアの新たな送り手として登場した。模型航空教育を制度化した文部省はその代表的な主体だった。模型誌では、従来の工学研究者や教育者に加えて、軍人が戦時下の「兵器模型」の重要性を啓蒙していった。一方、受け手としては、国民学校に通う「少年」に照準されていた。この背景には、大人の男性は実際に戦地に行ったため、本土で模型を製作するのは年少の世代が中心にならざるをえなかった事情があるだろう。そうした状況で、当時の「少国民」たちは、戦場にいる大人と同様、〈現在〉の実用的な知識や帝国日本の〈理念〉を兵器模型によって身につけることが期待されたのである。(2)

戦後になると、タミヤやハセガワなど現在まで続く模型メーカーが登場し、そこでの精密なプラスチックモデル製品の設計者や金型職人が、模型メディアの生産者と言える位置についた。ただ、そこでの消費者たる「モデラー」は、単に説明書どおりに組み立てる受動的な存在ではなく、「改造」というブリコラージュ的実践をおこなう主体でもあった。こうした個々のモデラーの製作実践の参考書として、模型誌が存在したのである。また、そこで作例を提示するモデラーの多くは、当初は趣味で模型製作をおこなっていたのが、後に模型製作や作例の執筆を職業とするプロのモデラーになった人々である。

こうした「アマチュア」の実践が全面化するのが、一九八〇年代以降のガレージキットだった。ガレージキットは、造形素材と技術の変化を前提にして、少量の複製品を個人単位で生産できる模型であった。それらが即売会などのイベントで販売されることは、モデラーが生産者や販売者の地位を獲得することを意味した。

現在でもプラモデルの製作・改造をおこなうモデラーや、ガレージキットを製造・販売するアマチュアは存在し続けている。しかし、二〇〇〇年代以降に目立つのは、フィギュアを購入したり、半完成品の模型を作るといった受容の仕方だった。こうした変化の背景には、塗装済みで精密で安価なおまけフィギュアの大量供給が可能になったことがある。そこでの受け手の中心は、以前より受動的な消費をおこなう「コレクター」となっている。

もちろん、こうした模型メディアの担い手は、発展段階的に変化してきたのではない。現在でも、模型製作を通じて科学的な「機能」の実現を目指すエンジニア的な作り手や、自身のオリジナルな「解釈」の表現をおこなうモデラーは存在するだろう。また、これらの主体が断絶的に存在するのではない。例えば、同一の人物が、ある模型に対してはエンジニアとして、また別の模型との関係ではコレクターとしてふるまうかもしれない。このように、実際の模型メディアの担い手としては、エンジニア・モデラー・コレクター、あるいはプロフェッショナルとアマチュアが重層的に存在しているのである。

以上のように、模型と関わる「人」は、その媒介性と物質性の形成と対応するように変化してきた。そこで明らかになったのは、(当事者が意識的にメディアという言葉自体では把握していないにしても)実質的には、模型を製作する主体によって、〈実物〉という対象世界の部分領域と〈いま・ここ〉にいる自己とをつなぐ「メディア」として模型が構想・形成されてきたことだった。

次節では、ここで得られた知見を第7章で提示した「モノのメディア論」という枠組みと考え合わせていく。その作業を通して、本書での模型のメディア論をより広い研究領域に開き、本書の冒頭で提起した「モノがメディアになること」をめぐる問題に対して結論を出したい。

2　断絶する時空間と媒介するモノ

本節ではまず、第7章で検討した「モノのメディア論」に含まれていた「断絶する時空間」とそれを「媒介するモノ」という発想を提示する。次に、こうした一般的なモノのメディア論を、前節でまとめた模型の知見と考え合わせる。最後に、本書全体を通じた問いに対して暫定的な答えを出していく。

社会学者のアンソニー・ギデンズは、近代社会を「時間と空間が分離した時代」だと考えた。つまり、「いつ」が「どこ」と結び付けられていた前近代社会と違って、近代社会では時間は定量化・均質化され、特定の場所や地域から独立した空間とが分離していったという(3)。

ところが、こうした時間と空間の切り離しは、逆説的に「時間と空間の再結合」をもたらす。すなわち、時空間の分離によって、社会関係が相互行為のローカルな文脈から引き剝がされる「脱埋め込み」が生じる。しかし、そうした状況で発展してきた「メディア」によって、時間と空間が別の形で結合し、新たな社会関係が形成されるのだ(4)。

このような切り離された時空間の再結合を媒介するのは、新聞やテレビなどのマスメディアや電話などのパーソナルメディア、さらに鉄道などの交通メディアであり、近年ではインターネットによるソーシャルメディアもそれに加えられるだろう。

しかしさらに、こうした社会のなかで目立つ大きなメディア(として通常想起されやすい対象)だけではなく、もう少し小さな、一見目立たない「モノ」も同様の存在として考えられるだろう。

＊

では、以上の考え方から模型のメディア考古学的知見を捉え直すと、どのような発見が得られるのだろうか。

言語論的転回以降の基本的な考え方では、「言語が現実を作り出す」と言われてきた。その原理に基づくと、「模型」という概念によって認識されたモノが、「何らかの〈実物〉を模す」メディアとして形成されることになる。そこでの〈実物〉は、その時代背景のなかでリアリティーをもつ存在であった。確かに、模型史でも、そうした方向性が数多く見られた。

しかし反対に、何らかの〈実物〉を模す「モノ」が、「模型」というメディアとして定義されていく方向性も見られた。つまり、模型史では、一方で、特定の社会的文脈のなかで何らかの〈実物〉が「模す」べき対象として設定され、この〈実物〉に適した「モノ」が新たに「模型」の物質的材料として用いられていた。他方、そうして再編成された「模型」の物質性が、逆に模すべき〈実物〉をゆるやかに方向付けてもきたのである。そこでは、社会的文脈によって制約されながらも、そうした一方的な流れだけでなく、モノの物質性に即した人々の製作実践によって、メディアの媒介性が書き換えられていく動きが見られた。

このような絶え間なきモノと情報の結合・離散のプロセス自体が、ラトゥール的に言えば、模型の〈媒介性〉であった。記号と物質が不可分に関係することで、社会の〈実物〉と呼応する「模型」というメディアを形成してきたことになる。こうしたモノ―メディア―社会の関係は、メディア研究にいまだ見られる技術決定論と社会反映論の対立を乗り越えるための新たな視座となるだろう。

さらに、メイヤスーやハーマンらの思弁的実在論によると、そもそも時間と空間はそれぞれ別個に断絶している。それは、ギデンズが示すように近代社会になってはじめて時間と空間が互いに「分離」したというのではなく、メイヤスーによれば時間が他の時間と無関係であり（つまり、現在は未来や過去と絶対的に切断されている）、ハーマンによれば空間が他の空間から孤絶している（つまり、あるモノが他のモノから引きこもっている）。このような非常にラディカルな視点が、思弁的実在論には含まれていた。(5)

しかし、ハーマンのオブジェクト論でさえ、モノは他のモノと全くの無交渉なのではなく、ある種の関係（と言えるような何か）を取り結んでいるとされていた。すなわち、モノの実在は他から孤絶しているが、その感覚的な部分では他のモノと代替的に関係していた。本書ではこの考えを社会学的なメディア論として引き受け、あるモノと他のモノの深奥（実在的オブジェクト）を媒介する「感覚的メディア」の領域がモノには含まれていると再定式化した。

＊

序章の冒頭で立てたのは「あるモノがどのようにメディアとして形成されるのか」という問いだった。では、本書でおこなってきた考察からは、この問いに対してどのような答えが得られるだろうか。

それは、「断絶する時空間」と「媒介するモノ」の動態である。そもそも、過去・現在・未来は別の時間的位相にある。また、空間にもそれぞれの人やモノたちが別個に存在している。したがってモノたちは、時間的・空間的に独自の領域を保持している。しかし、こうしたモノたちが別の部分では、断絶する時空間を媒介する「メディア」でもあった。これを人間の側から見ると、あるモノに関わる人々は、そのモノの部分領域が自分と他者・世界とをつないでいると感受することになる。そうした人とモノの動態が「メディアの媒介性」や「モノの物質性」を形成する。さらに、それらの集合や痕跡が社会的・歴史的脈絡となるとともに、社会的・歴史的文脈のなかでモノやメディアのあり方が変遷していく。以上が、本書が出した暫定的な結論である。

本書では、模型のメディア史から出発しながら、より広い視座からメディア論や文化社会学の現在的課題を各所で論じてきた。そのうえで新たに要求されるのは、「人」だけでなく「モノ」を含めたメディア文化やポピュラー文化の研究である。モノとメディアをめぐる分析や考察は、さまざまな研究対象によって、今後も展開されていかなければならない。

本書の最後となる次節では、研究の意義を再確認するとともに、モノとメディアをめぐる研究の今後の方向性にも触れていきたい。

3　ポスト・デジタル化社会におけるモノとメディア

本節では、本書の締めくくりとして、研究の知見を現代社会の状況と考え合わせることで、より今日的・実践的な方向から研究の意義を示しておきたい。

マイク・フェザーストンによれば、グローバル化の影響のひとつは、「世界それ自体がローカルなもの、単一であること」を人々に気づかせたことである。それは、地球の脆弱性として「世界が有限であり、取り返しのつかない被害と破壊に無防備であること」を意識させるという。(6)これは直接的には地球環境問題として認知され、現代社会で重要なテーマになっている「持続可能社会」と関わる。

見田宗介は一九九〇年代に出された情報化・消費化社会の議論のなかですでに、アメリカのマテリアル消費量の変化を挙げながら、二十世紀後半からの資源消費が人類史上で最も激しかったことと、七〇年からの技術革新によってそれをある程度抑えることができたことを指摘していた。(7)しかしその増補版では、二十一世紀に入ってからのよりいっそうのマテリアル増加を受けて、消費量の低下は一時的な技術革新、すなわち「情報化」では限界があることが強調されている。(8)そこで見田は、増補版に「資源消費なき成長の可能性と限界」という項目を追加し、以前から対策として提示されていた〈情報化〉のアイデアがやはり重要になると述べている。〈情報化〉はジョルジュ・バタイユの特異な消費社会論を手がかりに、見田が提起した概念である。ボードリヤールの「消費」（consommation）が「商品の大量の消費を前提とする社会の形態」であるのに対して、バタイユによる〈消費〉（consumation）は、「効用に回収されることのない生命の充溢と燃焼を解き放つ社会の経済」である。ここでは、生産主義的な諸産物よりもいっそう力強く直接的な喜びを人に与える〈消費〉が、どのような大量の自然収奪も、他社会からの収奪も必要としない社会を作る可能性を提起している。こうした〈消費〉は、情報による物質の読み替えによってもたらされる。見田によれば、手段としての情報ではない「美としての情報」＝「充足、歓びとしての情報」が、社会システムの〈成長のあとの成長〉の可能性を開くという。

つまり、見田が言う〈情報化〉は「情報によってモノの意味を読み替え、どんな自然や他者からの収奪も解体も必要とすることのない生の喜びを追求すること」だが、これは持続可能社会をもたらすためのきわめて重要な提言であると思われる。

しかし、純化された記号と物質は存在せず、準オブジェクトが社会を構成しているというラトゥールの指摘をふまえるならば、見田による対策は、むしろ「美としての情報」だけを追求するというより、「情報とモノ」の適切な結合、端的にいうと「うまい組み合わせ」を構想することが重要だという命題に展開できるのではないだろうか。本書の締めくくりとして、そのことを「単独性」という概念を通して提示したい。

ある存在が〈いま・ここ〉にしかないという実感である「この性」(this-ness) は、「単独性」(singularity) として議論されてきた。科学的な法則として定位される一般性やそのひとつのあり方である特殊性 (particularity) とは異なって、単独性は「他とは比較できない、あるいは他では替えがきかない存在」であり、普遍性とつながるものである。[9] 単独性は社会学で用いられることが少ない概念だが、近年では、一般化することが難しい現象にこの概念が応用されることもある。[10]

単独性は、ともすると人間主体を前提とした他者に限定された概念だと思われがちだが、そうではない。可愛がっていた飼い犬が死んだときの「替えのきかなさ」もまた、一般／特殊モデルでは説明できない単独性による感情なのだ。[11] だとすると、〈いま・ここ〉にしかないという単独性の感覚は、ある「モノ」の受容に対しても生じるのではないだろうか。[12]

すでにベンヤミンを引いて述べたように、現代のメタ複製技術時代には「モノ」に固有の価値が再発見される。これは、物理的なモノをデジタルデータと比べてみるとより明確になるだろう。デジタル化された情報は、記録メディアの容量が許すかぎり複製可能である。また、デジタルな記録にあっては、すべてをリセットして「初期状態」に戻すことができる。[13] したがって、デジタルな情報はその特徴としての無限の複製性と瞬時の流通可能性によって、「かけがえのなさ」という単独性の価値をもちにくいのである。

現代社会は、デジタル化の途上にあるが、あらゆるメディアが物質的なモノからデジタルデータに置き換わってしまうことはないだろう。ラトゥールが強調したように、「純化された情報」というのは近代的な観念にすぎないからである。その意味で、増大するデジタルデータと物質的なモノが混交することによって形成されている現代社会は、すでに「ポスト・デジタル化社会」に突入しているとさえ言える。

こうしたポスト・デジタル化社会では、複製可能性が高い「情報」だけでは単独性の価値は得られにくいだろう。したがって、自己充足的で「生の歓び」をもたらすバタイユ的な〈消費〉のためには、持続可能性を破壊しない「モノと情報の組み合わせ」が重要になってくると考えられる。

例えば、模型について言えば、そもそも環境破壊的とみなされがちなプラモデルで、廃プラスチックの再生材料で「エコプラ」[14] が作られている。もちろん、これを模型メーカーが産業構造を維持するための「宣伝」や「エクスキューズ」だと批判的に捉えることは容易である。しかし、そうした単純な批判は、前記の考察を経た後ではもはや知的怠慢とさえ言えるだろう。見田が強調したように、環境や資源の限界と両立可能な〈消費〉は、現実的には資本主義経済システムの内部で構想する他にないからだ。実際、エコプラはそれが「エコ」であるからといって、模型メディアに持続的に見られた「製作する」ことをめぐる〈愉しみ〉が減じられるとはかぎらない。もちろん、現在はまだ技術的制約から「黒い」プラスチックになってしまうのが欠点だが、逆にこれを「かっこいい」と捉える人もいる。[15]

ポスト・デジタル化時代におけるモノと情報の魅力ある結合が適切に構想され、そうした組み合わせに基づくメディア文化が人々に広く受け入れられることは、持続可能な〈消費〉がおこなわれる社会の形成につながるだろう。

本書の意義は、日本社会における模型の考古学なメディア史分析を通して、人とモノとの多層的な関係のなかで、あるメディアが形成・変容されてきたプロセスを示したことである。こうした「モノとメディア」の研究は、「人とモノ」の関わり方を人間中心主義的ではない視点で捉えるため、技術が構成する「メディア」と人が構成する「社会」とを分けることを前提にする技術決定論や社会反映論を乗り越えることにつながるだろう。

本書で「模型」を対象としておこなった「モノとメディアをめぐる(社会学的)研究」を発展的に継承するためには、以上で提示した論点をふまえた新たな問題設定をおこなっていく必要があるだろう。

注

(1) また、こうした模型メディアの媒介性と物質性をめぐる変遷は、従来の社会学で論じられてきた「日本社会における想像力の変遷」とは異なった部分を含んでいるようにも思える。見田宗介の図式では、「現実」の対語を用いて、一九六〇年頃までを「理想の時代」、六〇年から七〇年代前半までを「夢の時代」、七〇年代後半からの「虚構の時代」となる(見田宗介『現代日本の感覚と思想』〔講談社学術文庫〕、講談社、一九九五年)。その後、多くの論者がこの図式の「続き」を展開していて、例えば大澤真幸は九〇年代以降を「不可能性の時代」と呼んだ(大澤真幸『不可能性の時代』〔岩波新書〕、岩波書店、二〇〇八年)。また、宮台真司らは、サブカルチャーや少年文化の分析をふまえて見田図式を、それ以前の戦前期にまで拡張した(宮台真司/石原英樹/大塚明子『増補 サブカルチャー神話解体——少女・音楽・マンガ・性の変容と現在』〔ちくま学芸文庫〕、筑摩書房、二〇〇七年〔原著一九九四・一九九五年〕)。

前記の図式は、少なくとも二つの点で模型メディア史の知見と(一見)違った部分がある。第一に、戦時期に関して、先行研究では戦前期を一元化して扱っていたのに対し、模型は一九三〇年代までの戦前期と四〇年代の戦時下に大きく異なる媒介性を形成していたことが挙げられる。第二に、戦後期に関して、従来の図式では「理想」や「夢」を志向していた七〇年代までに、模型はすでに「過去」を媒介していたことがある。

第一の点については、第2章で辻泉の研究(前掲「鉄道の意味論と〈少年文化〉の変遷」)を引きながら述べたように、鉄道文化は戦時下に軍による統制がおこなわれたため目立った展開はなく、鉄道雑誌の廃刊から資料的にも検討するのは難しい状況だったと思われる。それに対して本研究の分析対象だった模型は、兵器模型というかたちで逆に戦時下に公権力が推奨していた。そのため、一九三〇年代までとは異なる媒介性と物質性が、四〇年代の総力戦体制下で成立することになったと考えられる。さらに、戦争が模型に与えたインパクトは戦時にとどまらず、戦後のあり方も大きく規定することになった。それは、物質的側面ではガレージキットにおけるブリコラージュ的製作実践に持続していて、記号的側面では模型の主要な題材が「兵器」であることに残存している。特に、後者については、戦後のスケールモデルにミリタリーが多いだけでなく、ポスト戦後期のキャラクターモデルでも「ガンダム」などの「虚構」の兵器が主要な題材であり続けてきた。この理由としては、「戦後男の子文化」で一般的に見られるミリタリズム（前掲「戦後男の子文化のなかの「戦争」」）もさることながら、模型メディアをめぐる「文化」の基盤が戦時下に形成されたという特殊な事情もあると考えられる。これについては、戦時下における模型を雑誌「機械化」の空想兵器図解との関わりから論じた拙稿も参照されたい（松井広志「戦時下の兵器模型と空想兵器図解――戦後ミリタリーモデルの二つの起源」、大塚英志編『動員のメディアミックス（仮題）』所収、思文閣出版、二〇一七年近刊）。

第二に、従来の社会学的な議論で「理想」や「夢」を志向していたとされる戦後の高度経済成長期に、なぜ模型ではすでに「過去」を媒介していたのかという問題がある。この理由としては、模型が「モノ」と密接な関係を取り結ぶメディア文化領域だからだと考えられる。模型が戦前期に「未来」を媒介していたのは、大量生産品としてのモノの総量自体がその後の時代に比べて圧倒的に少ないことが関係してきただろう。特に、明治期以降の日本が「模する」対象としてきた近代科学の産物に関しては、身近に存在しない状況だったと思われる。そのため、来るべき「未来」における、いまだ存在しない「機能」を媒介する模型が理想とされた。一方、従来の社会学の図式では、戦後初期には「理想」、高度経済成長に入ってからは「夢」を志向していた。しかし、この頃には工業化の達成によって、日本社会でも身の回りに参照すべきモノは数多く存在していた。だからこそ、すでにある「過去」の実物を媒介する模型が主流になったと考えられる。

以上、従来の社会論と模型メディア史の相違点を確認してきたが、前述したそれぞれの理由によって、これらは両立しえない「矛盾」ではなく、一見矛盾するが実は成り立っている「逆説」だったことがわかる。より一般化するならば、模型というメディア文化領域は、「モノ」を重要な論点として含むために、従来のマクロな時代変遷とは少し異なる仕方で展開してきたことになる。

（2）なお、本書ではジェンダーという論点を導入せずに模型をめぐる問いを設定してきた。だが、戦時下の模型雑誌にはしばしば模型飛行機を製作する「少女」の図版が掲載され、東京日日新聞社・大阪毎日新聞社によって全日本少年少女模型飛行機競技大会が開催されるなど、「少女」を模型製作の主体とする動きがうかがえる。この背景には、「「一日もはやく飛行機を」といふ声は、諸君もよく知ってゐるはずですが、それには直接工場に働く産業戦士ばかりでなく、日本中の人々が、大人ばかりでなく少国民も、男も女も、全部が火の玉となってがんばらねばなりません」（「子供の科学」一九四四年二月号、誠文堂新光社、一三ページ）といったように、男も女も同じ「少国民」とされた戦時下の特殊な状況があったと考えられる。

また、ジェンダーの論点をめぐっては他にも、日本の模型文化は「男性文化」として論じるべき対象でもあるだろう。それは「模型」というモノに関して「人形」や「ドール」といった対象との比較で分析する視点を提起する。第1章で述べたように雛人形の生産や消費はすでに江戸期に広くおこなわれていたが、近代化以降は西洋近代の産物であるドールとともに近代日本の人形文化を形成してきた。実際、ドール自体が西洋の伝統というより、近代化による産物である（松井広志「神戸ドールミュージアム――二つの近代性」、前掲『ポピュラー文化ミュージアム』所収）。また、フィギュアとドールの関係については、男性の欲望である「所有」と女性の欲望である「関係」に対応するという見解が示されることもある（イトウユウ「〈フィギュア〉と〈ドール〉」、京都国際マンガミュージアム／兵庫県立歴史博物館編『フィギュアの系譜――土偶から海洋堂まで』所収、京都国際マンガミュージアム／兵庫県立歴史博物館、二〇一〇年）。しかし、こうしたジェンダーによる分類は、より慎重な経験的研究に基づいておこなわれるべきだろう。

（3）アンソニー・ギデンズ『近代とはいかなる時代か？――モダニティの帰結』松尾精文／小幡正敏訳、而立書房、一九九三年、三一―三三ページ

（4）同書三四―三六ページ

（5）したがって、思弁的実在論からは、人間や事物それぞれが「別個の石」であるという認識や、「絶対的な偶然的で

成立する事物一般の複数性を認める」、時間と空間両方にわたる絶対的な無関係性論が展開される(前掲「思弁的実在論と無解釈的なもの」一二五ページ)。

(6)前掲『ほつれゆく文化』一六一―一六二ページ

(7)前掲『現代社会の理論』

(8)見田宗介「現代社会の理論 増補版――情報化・消費化社会の現在と未来」『現代社会の理論』(『定本 見田宗介著作集』第一巻)、岩波書店、二〇一一年、一三三ページ

(9)柄谷行人は、ジル・ドゥルーズの議論を手がかりに、一般性/特殊性モデルに対して、普遍性/単独性の軸について整理している(柄谷行人『探究Ⅱ』〔講談社学術文庫〕、講談社、一九九四年)。

(10)長谷正人は、コミュニケーションに伴う、他と比較できないような「ある関係」といった、コミュニケーションに独自な科学的な法則化が難しい特徴を捉えるために、単独性を社会学的議論に導入したという(長谷正人「単独性とコミュニケーション」、長谷正人/奥村隆編『コミュニケーションの社会学』〔有斐閣アルマ〕所収、有斐閣、二〇〇九年、七二―七四ページ)。

(11)前掲『探究Ⅱ』九―一〇ページ

(12)東浩紀は、哲学的思考のなかで、従来の「家族」概念の大幅な拡張可能性を論じている。そこでは、家族は偶然性を含むゆえに、種の壁さえ超えてしまうことがある(実際に、人間以外の動物であるペットを「家族」のように見なす人もいる)と指摘されている(東浩紀『ゲンロン0――観光客の哲学』ゲンロン、二〇一七年、二一九―二二五ページ)。このような思索を敷衍すると、本書で論じてきた模型のような「モノ」もまた「家族」に入りうるのではないかという、原理的な問いも浮かぶ。そしてこれは、AI時代やロボット社会に即したきわめて今日的な問題でもあるだろう。

(13)データの破損などにその痕跡が残る場合にしても、やはりそれはハードディスクなど記録媒体のモノの水準である。

(14)「エコプラ」は、バンダイが既存のガンプラの金型を使って、成型材料を(真っ黒の)再生プラスチックによって製造した模型である。はじめは二〇〇九年から開催された「GREEN TOKYO ガンダムプロジェクト」で発売されたが、その後は特定のイベントや、静岡のバンダイホビーセンターでも販売されている。

（15）例えば、ある模型製作のブログでは、真っ黒な「エコプラ」の「HG 一／一四四 ガンダム」を無塗装で製作して、「色なしと言ってもこれはこれでカッコいいんじゃないかな～なんて思ってます」という感想が記されている（［http://wheels0x0.blogspot.jp/2012/06/hg.html］［アクセス二〇一四年十月二十八日］）。

おわりに

私はこれまで、モノとメディア文化をめぐる問題系について、社会学やメディア論の立場から研究してきた。二〇一〇年三月に提出した修士論文では、情報社会や監視社会についての理論研究と事例分析をおこなった。この論文は、モノや物質と対極の、情報やデータ監視を扱っているが、こうした「人―モノ」の関係や「情報―物質」の二極化に注目する姿勢は、本書と通底している。

また、同じ二〇一〇年三月、ちょうど修士課程から博士課程に進む時期に、持続可能な文化アーカイブ研究会という場で「フィギュア文化」について発表している。これは、当時ブームが終息しかけたタイミングでのフィギュアをめぐる現象に注目した、オーソドックスな文化社会学的論考であり、この時点では、モノ自体をある種のメディアと考える発想は（少なくとも明確には）打ち出していなかった。

その後、フィギュアから模型へと対象の軸を移し、時期を現代から戦前までさかのぼるとともに、本書に通底する「模型というモノをメディアと捉える」視座、あるいは「モノがどのようにしてメディアになるのか」という大きな問いが、少しずつ形作られていった。そうした論文作成の過程は、まさに「作る」というにふさわしく、幼い頃から親しんできた模型製作とどこか似ていた。

その集大成としてまとめたのが、二〇一五年三月に大阪市立大学大学院文学研究科へ提出した博士論文「〈メディアとしてのモノ〉の文化社会学――日本社会における「模型」の形成と変容を中心に」であった。また、博士論文に至る研究プロセスやその後の展開のなかで提出してきた関連論文は、以下のとおりである。

「記憶・フィギュア・ミュージアム――「海洋堂フィギュアミュージアム黒壁 龍遊館」を中心に」『持続可能な文化アーカイブ研究会活動報告書』二〇一一年
「メディアコンテンツの〈物質化〉と集合的記憶――模型製作についての語りを手がかりに」「人文論叢」第四十号、大阪市立大学大学院文学研究科、二〇一二年
「物語・記憶・擬似アウラ――「実物大ガンダム」の〈魅力〉と物質性をめぐる考察」「KG社会学批評」第一号、関西学院大学先端社会研究所／関西学院大学大学院社会学研究科、二〇一二年
「ポピュラーカルチャーにおけるモノ――記号・物質・記憶」「社会学評論」第六十三巻四号、日本社会学会、二〇一三年
「メディアの物質性と媒介性――模型史からの考察」「マス・コミュニケーション研究」第八十七号、日本マス・コミュニケーション学会、二〇一五年

本書は、前記の諸論文をもとにしながら大幅な加筆・修正を加えて完成したものだ。

＊

本書の研究に関しては、非常に多くの方にお世話になった。

まず、修士課程から博士課程までの指導教員であり、博士論文の主査でもあった石田佐恵子先生には、文化社会学やメディア論、ポピュラー文化研究の手ほどきを受けてきた。それと合わせて、研究者人生での助言も折に触れていただいている。私は石田先生にとって大学院での最初の指導学生だったが、「言葉よりも行動で示す」という先生の姿勢に即して、本書の公刊でこれまでの指導への感謝の気持ちを示したい。

また、博士論文審査での副査の進藤雄三先生と三上雅子先生、オブザーバーで公聴会に来てくださった増田聡先生、出身研究室の大阪市立大学大学院社会学専修の先生方、先輩、同期、後輩たちには、博士論文について貴重なコメントをいただいた。

さらに、これまで参加してきた持続可能な文化アーカイブ研究会（特に、村田麻里子さんと辻泉さんには本書や関連の研究で重要な助言をいただいた）、大阪メディア文化史研究会（特に、難波功士さんと竹内幸絵さん）、日本マンガ学会ジェンダー／セクシュアリティ部会、手作りとジェンダー研究会、日本文化研究センターの「おたく文化と戦時下・戦後研究会」（特に、代表である大塚英志さん）、多元化するゲーム文化研究会やMUKSといった研究会で、多くの方々にお世話になってきた。

他に、博士課程を単位取得退学してから、現在の勤務校に着任するまでの三年間、非常勤講師として勤務した関西大学（社会学部メディア学科）、大阪国際大学（人間科学部心理コミュニケーション学科）、桃山学院大学（社会学部社会学科）の先生方には、お忙しい合間に授業だけでなく研究上のお話もさせていただいた（前記と重なる方もおられますが、重ねてお礼を申し上げます）。

そして、これらの大学や現在の勤務校・愛知淑徳大学でのすべての授業の学生たち、特に現在担当しているゼミの学生たちに感謝を述べたい。大学生の日常的な実感からの授業内のコメントや授業外での会話は、自分の研究や専門領域、ディシプリンを相対化して把握する手がかりになってきました。教員として全力で教えながら、こちらも非常に勉強になっています。どうもありがとう。

合わせて、勤務先である愛知淑徳大学創造表現学部メディアプロデュース専攻の先生方。本当にあたたかい雰囲気の大学と学部であり、スムーズに本書を書き上げられたのもこの職場があってこそだと思っています。特に、同僚の宮田雅子さんには、いつも教育・研究上の刺激を受けているだけでなく、ブックデザインも快くお引き受けくださり、魅力的な装丁にしてくださった。

最後に、青弓社の矢野恵二さんへの感謝を記しておきたい。矢野さんは、もともとは前述した増田先生からご紹介いただいていたが、本書の企画に際しては「ぜひ青弓社で出版を」とわざわざお手紙をいただき、今日の厳しい出版事情のなか、博士論文をもとにした単著の出版というありがたいお話を提案してくださった。その後も、出版へのやりとりのなかで迅速なご連絡と、きわめて的確かつ丁寧なコメントをいただき、無事に出版の運びとなった。

＊

なお、本書は、大阪市立大学都市文化研究センター研究員プロジェクト（二〇一一年度「日本ポピュラー文化におけるモノ化とそのグローバル・シティへの拡大」代表・松井広志、二〇一二年度「モノとしてのポピュラー文化」代表・松井広志）、松下幸之助記念財団研究助成（二〇一五年度「戦時下における少年文化の形成過程の解明」代表・松井広志）、科学研究費（二〇一五―一八年度、基盤研究C「近代日本の手作りとジェンダー」代表・神野由紀）による研究成果の一部である。また、本書の出版に際して、愛知淑徳大学出版助成（二〇一七年度）を受けた。合わせて感謝の意を示したい。

［著者略歴］
松井広志（まつい・ひろし）
1983年、大阪府生まれ
大阪市立大学大学院文学研究科後期博士課程単位取得退学、博士（文学）
愛知淑徳大学講師
専攻はメディア論、文化社会学
共著に『動員のメディアミックス（仮題）』（思文閣出版、近刊）、論文に「メディアの物質性と媒介性」（「マス・コミュニケーション研究」第87号）、「ポピュラーカルチャーにおけるモノ」（「社会学評論」第63巻第4号）など

模型《もけい》のメディア論《ろん》　時空間を媒介する「モノ」

発行――――2017年8月9日　第1刷
　　　　　　2017年9月15日　第2刷

定価――――3000円＋税

著者――――松井広志

発行者―――矢野恵二

発行所―――株式会社青弓社
〒101-0061 東京都千代田区三崎町3-3-4
電話 03-3265-8548（代）
http://www.seikyusha.co.jp

印刷所―――三松堂

製本所―――三松堂

ISBN978-4-7872-3422-3 C0036